KB148927

경계에서 분단을 다시보다

탈분단경계연구총서 01

경계에서
분단을 다시 보다

신한대학교 탈분단경계연구소 엮음

최완규
데이비드 뉴먼
박배균
발레리 줄레조
니콜라이 토이플
도진순
김성경
최용환
프랑크 비예
박현귀
제인 진 카이젠

울력

ⓒ 신한대학교 탈분단경계문화연구원, 2018

경계에서 분단을 다시 보다

지은이 | 최완규 외
엮은이 | 신한대학교 탈분단경계문화연구원
펴낸이 | 강동호
펴낸곳 | 도서출판 울력
1판 1쇄 | 2018년 2월 26일
등록번호 | 제25100-2002-000004호(2002. 12. 03)
주소 | 서울시 구로구 고척로12길 57-10, 301호 (오류동)
전화 | 02-2614-4054
팩스 | 02-2614-4055
E-mail | ulyuck@hanmail.net
가격 | 18,000원

ISBN | 979-11-85136-39-4 94300
        979-11-85136-38-7 (세트)

이 도서의 국립중앙도서관 출판예정도서목록(CIP)은 서지정보유통지원시스템
홈페이지(http://seoji.nl.go.kr)와 국가자료공동목록시스템
(http://www.nl.go.kr/kolisnet)에서 이용하실 수 있습니다.
(CIP제어번호: CIP2018004649)

탈분단경계연구 총서를 내며

최완규

담장을 싫어하는 무엇이 있다.
그것은 담장 아래쪽의 땅을 얼어 부풀게 하고
위쪽의 돌멩이들을 햇빛 속에 무너뜨려서,
두 사람도 너끈히 지날 수 있는 틈을 만든다.
사냥꾼들이 낸 틈은 이와는 다른 틈이다…

…내가 말한 틈이란,
아무것도 보거나 들은 적도 없는데,
봄철 보수 때만 되면 으레 나있는 틈이다.
나는 언덕 넘어 이웃에게 알린다.
그리고 어느 날 우리는 만나서 경계선을 따라가며
우리 사이에 다시 한 번 담을 쌓는다.

…그의 모든 것은 소나무이고 내 것은 사과밭이니,
사실 이곳은 담장이 필요한 곳은 아니다.
내 사과나무가 건너가서
그의 솔방울을 따먹을 리 없다고 나는 말한다.
그는 이렇게 말할 뿐이다, 담장이 튼튼해야 이웃사이가 좋지요…

왜 담장이 튼튼해야 이웃사이가 좋은 가요? 소가 있는 곳에서나
그런 것 아닌가요? 하지만 여기는 소가 없지 않소.
내가 담장으로 무엇을 들이고 무엇을 내몰며,
그리고 누구의 기분을 상하게 할 것인지
담장을 쌓기 전에 생각해 보고 싶군요.
담장을 싫어하는 무엇이 있어서,
자꾸만 담장을 무너트리니 말이요.

— Robert Frost, "Mending Wall" 중에서

현존하는 세계에는 많은 경계(border)와 경계 지역(border-land)들이 존재한다. 근대 국민국가의 배타적 영토주권을 상징하는 경계 또는 국경은 베스트팔렌조약의 산물이다. 국민국가(nation state)의 탄생 이후 아주 오랫동안 경계와 경계 지역은 나(우리나라)와 남(다른 나라)을 명확하게 구분해 주는 역할을 해 왔다. 원래 경계와 경계 지역은 이동과 교류를 차단 또는 억압하는 장벽이었다. 동시에 경계의 당사자들끼리 다른 상대방을 감시하고 상호 도발을 견제하는 안보의 보루였다.

이러한 국가 간의 경계는 주로 전쟁에 의해서 끊임없이 재획정(재영토화)되는 양상을 보여 왔다. 이러한 이유로 경계는 대체적으로 폐쇄와 대립 및 갈등 현상과 동일시되어 왔으며 국가 안보(전통적)의 최전선으로 인식되었다.

그러나 이른바 자본의 지구화(세계화) 현상과 초국경 네트워크의 확대가 본격화되는 과정에서 국민국가의 위상과 역할이 점차 변화되었다. 심지어 국가의 종말과 지역 국가(region state)의 등장을 언급하는 학자까지도 등장했다. 그 결과, 일부 경계와 경계 지역은 서서히 폐쇄와 대립과 갈등에서 개방과 접촉 및 교류 협력의 선과 장으로 전환되기도 했다. 하지만 지구화 현상의 진전을 억제하는 일련의 반동적 사건들(9·11 테러를 비롯한 국제적 테러, 종교적·인종적 갈등으로 인한 내전과 이로 인한 난민의 대량 발생 등)이 빈발함으로써 오히려 경계가 다시 폐쇄되는 사례도 급증했다.

이처럼 범세계적 차원의 경계와 경계 지역들은 어떤 지역에서는 새롭게 경계가 개방되고 있다. 또한 경계의 상대 지역을 자유롭게 왕래하면서 소통하고 관계하고 융합하고 있다. 그리고 경계 지역의 양쪽 공간(접촉 지대)에서 정치, 경제, 사회적으로 새로운 접촉 문화도 만들어 내고 있다. 반대로 또 다른 지역에서는 오히려 개방되었던 경계가 폐쇄되고 있다. 그 여파로 이동과 소통이 차단되고 긴장과 갈등이 고조되고 있다. 어찌 보면 경계는 이러한 양면성이 본질일 수도 있다. 그리고 바로 이 양면성 때문에 경계의 쌍방 당사자끼리 새로운 형태의 소통과 교류 협력의 공간을 만들어 낼 수도 있다.

신한대 탈분단경계문화연구원은 바로 이러한 현상에 주목한다. 그리고 이 현상을 유념하면서 한반도의 평화와 통일의 문제를 '탈분단'과 '경계'라는 새로운 패러다임으로 접근하려고 한다. 그동안 한반도의 통일 문제는 남과 북 모두에서 자신의 체제와 이념을 상대방에게 강요하는 이른바 평화적 흡수통일론 중심으로 다루어져 왔다. '상대방의 타자성을 인정하지 않으면서 어떻게 평화적으로 흡수통일을 성취할 수 있는가?'에 대한 해답을 제시하지 못하는 한 이러한 통일론은 허구로 흐를 가능성이 크다. 결과적으로 흡수통일론은 통일은커녕 남북한 간의 불신과 긴장, 갈등과 대립만을 고조시키면서 전쟁을 자초할 수도 있다.

따라서 탈분단이라 함은 분단을 극복하고 통일을 성취한다는 뜻보다는 분단 체제가 지속됨으로써 감수할 수밖에 없는 여러 가지 모순들(국가 중심의 안보 만능주의로 인한 기본적 인권과 사상의 자유 제한, 상시적인 긴장과 갈등 및 전쟁 위험으로 인한 고통, 한반도 주변 당사국들의 간섭과 이들에 대한 의존으로 인한 국가 자주권의 제한, 과도한 군사비 지출로 인한 경제 발전 제약 등)을 우선적으로 해소하는 것이다. 한마디로 단일국가 방식의 통일을 지향하기보다는 남북한 모두 타자와의 관계에서 나와 타자를 적대를 기준으로 구분하지 않는 평화공존 체제를 정착시키는 것이다.

탈분단 체제의 정립은 불가분 남북한 경계의 상징인 휴전선을 어떻게 재인식하는가의 문제와 직결된다. 반세기가 훨씬 넘는 세월 동안 휴전선은 세계에서 가장 대립적이면서 폐쇄된 경계 중의 하나이다. 정보교환이나 의사소통은 물론이고 인적·물적 교류도 김대중·노무현 정부 시기 10년을 제외하면 사실상 거의 봉쇄되었다. 이 경계를 사이에 두고 남북한은 상대방을 악마화(demonization) 하고 적대적 정체성을 강화시킴으로써 자신의 체제와 이념의 정당성을 확보했다.

이러한 상황 하에서는 남과 북 모두 상대방을 자신을 위협하는 최대의 적으로 간주한다. 그리고 모든 사안들을 국가 안보 제일주의라는 프리즘만을 통해서 볼 수밖에 없다. 이 때문에 남북한 모두 상대방에 대한 공세적인 정책을 선호하게 된다. 그 결과 쌍방 간 긴장과 갈등, 전쟁 위험도 계속 확대 재생산되는 안보 딜레마에 빠지게 된다. 지난 70여 년간의 남북 관계사가 안보 제일주의 때문에 오히려 안보가 계속 위협받는 이 딜레마의 현실을 잘 보여 주고 있다.

안보 딜레마를 극복하려면 결국 고착화된 전통적 안보 패러다임에 대한 발상 전환이 필요하다. 우선 상대방을 늘 자신을 위협하는 절대적 타자로만 간주하지 말고 화해와 협력의 대상으로 볼 수도 있어야 한다. 물론 체제와 이념 등 국가 정체성이 완전하게 다른 상황 하에서 상대방을 용서하고 화해하면서 공존하는 일은 매우 어렵다. 때로는 불가능한 일을 꿈꾸는 일로 조롱의 대상이 될 수도 있다. 분단 이후 남북한의 수많은 사람들은 씻기 어려운 고통과 죽음의 트라우마가 있다.

한국전쟁의 참혹함, 빈발했던 북한의 대남 테러, 간헐적으로 지속되고 있는 쌍방 간의 충돌로 인한 상처 등 뼈아픈 기억들은 쉽게 잊을 수 없는 것이다. 그러나 이러한 비극을 되풀이하지 않기 위해서는 과거의 고통과 상처를 기꺼이 용서하고 극복하는 용기가 필요하다.

마이클 딜론(Michael Dillon)은 안보는 "불안정하고 불공평하고 폭력적으로 방어할 수 있는 근대의 정치적 퇴행에서 벗어나 새롭고 보다 평화로운 정치적 사고를 모색하기 위한 프로젝트가 되어야 한다"고 강조하고 있다. 이 새로운 프로젝트의 하나가 경계 넘기(cross-bordering), 경계 재획정하기(re-bordering), 나아가 경계 지우기(de-bordering)가 될 수 있다. 박배균에 의하면, 경계(국경)는 갈등과 긴장의 장소로서 이동과 흐름을 막는 장소이면서 동시에 교류와 소통의 장소이기도 하다. 최근에는 이 상반된 두 가지 흐름을 변증법적으로 통합시키는 관계론적 영토관이 제시되고 있다. 그는 "장소라는 것이 존재는 하지만 막힌 게 아니라 구멍이 뻥뻥 뚫려 있어서, 그 장소 안팎에 있는 수많은 힘과 행위자들이 교류하고 소통하고 그것이 누적되어 만들어지는 것"이라고 주장한다.

세계에서 가장 폐쇄된 경계 중의 하나인 휴전선도 오로지 극복 내지 제거해야 할 경계로만 보지 말고 정상 국가 간의 국경선으로 인정할 필요가 있다. 휴전선을 제거의 대상으로 간주하면 남북 모두 흡수에 대한 두려움 때문에 경계는 계속 경직될 수밖에 없다. 긴장과 갈등, 전쟁 위험도 그만큼 고조된

다. 분단을 옹호한다는 오해를 받을 수 있지만 휴전선을 국경
선으로 인정하면 오히려 소통과 교류 협력의 공간으로 탈바
꿈시키기가 용이해진다. 그렇게 되면 남북한의 휴전선은 경계
넘기의 장으로 바뀌면서 평화를 제도화하고, 나아가 경계를
재획정할 수도 있다. 궁극적으로는 경계 지우기를 통한 통일
의 길로도 접어들 수 있다.

경계 넘기의 시작은 국가는 물론이고 일반 사회 구성원들의
면대면 접촉과 대화를 촉진시키는 것이다. 상대방의 타자성과
상이성을 인정하면서 정부 간 대화와 협상, 남북한 주민 간의
직접적 접촉의 기회를 최대한 확대해야 한다. 타협은 상대방
에 대한 확신을 전제로 한다. 확신은 정부 및 민간 영역 간의
빈번한 접촉과 교류를 통한 신뢰 구축에서 나온다. 남북한은
이미 노태우 정부 시기와 김대중, 노무현 정부 10년간 남북한
쌍방이 서로를 인정하면서 정부와 민간 차원의 접촉과 교류
협력 사업을 적극적으로 추진하면서 신뢰를 구축해 본 경험이
있다.

그 결과, 경계 넘기가 활발하게 시작되었다. 금강산 관광과
개성 공단 사업이 활성화되었고 이산가족 상봉, 남북 예술단
합동 공연, 올림픽 개회식 공동 입장 등이 경계 넘기를 주도했
다. 요컨대 경계의 재정의를 통해 오랫동안 남북한이 공존하
면서 체제의 상용성(compatibility)을 높인 다음에야 '우리 이
제 같이 살아보자는 이야기를 할 수 있는 것이다. 경직되고 폐
쇄된 경계를 완화시키는 일이야말로 가장 빠르고 평화롭게

남북한이 하나가 되는 길이다.

이번에 신한대학교 탈분단경계문화연구원이 내는 연구 총서 1권(경계에서 분단을 다시 보다)은 바로 이러한 문제의식을 먼저 이론적으로 검토했다. 그리고 몇 가지 경계에 대한 사례 분석을 통해서 그 문제의식을 구체화해 보았다. 곧 출간 예정인 연구 총서 2권(탈분단의 가능성과 평화 프로세스)에서는 탈분단의 구체적 사례를 이미 완성된 아일랜드 평화 프로세스 사례와 현재 진행 중인 한반도 평화 프로세스를 중심으로 분석했다. 앞으로 탈분단경계문화연구원은 전통적 안보 담론과 통일 담론들의 문제들을 드러내고 그 대안을 모색하는 연구 결과들을 연구 총서로 계속 간행할 것이다.

탈분단경계문화연구원은 출범한 지 3년밖에 안 된 신생 연구원이다. 그럼에도 불구하고 탈분단과 경계 문제를 다룬 세 차례의 주목받은 국제 학술회의와 세 차례의 국내 학술회의를 개최하였다. 분단 체제와 정전 체제, 국경선평화학교의 평화운동이라는 주제를 놓고 두 차례의 의미 있는 콜로키움도 열었다. 또한 경계 연구에 관심이 많은 세계의 유수 대학 연구소들(일본 홋카이도 대학 경계연구소, 일본 와세다 대학 한국학연구소, 영국 케임브리지 대학, 몽골 중앙아시아연구원, 아일랜드 트리니티칼리지 평화대학원, 호주 멜버른 대학 아시아연구소)과 연구 협약을 체결하였다.

2018년도에는 '국민국가의 열망과 분리의 현실'이라는 제하의 학술회의를 개최한다. 또한 대북 지원을 놓고 보수와 진보가 치열하게 대립했던 '퍼주기 논란'을 '증여(gift)'라는 개념 틀로 재조명하는 국제 학술회의를 개최할 예정이다. 이러한 회의를 통해서 우리는 퍼주기(증여)가 끼치는 정치, 사회, 경제, 문화적 의미를 정확하게 평가할 수 있을 것이다.

탈분단경계문화연구원은 짧은 기간에 주목받는 학술회의를 개최했고 많은 연구 성과를 낼 수 있었다. 그렇게 할 수 있었던 동력은 신한대학교 김병옥 총장님과 강성종 전 신흥학원 이사장님의 열성적 지원으로부터 나왔다. 김병옥 총장님은 실향민으로서 일찍이 분단의 아픔을 체험한 분이다. 누구보다도 한반도의 평화와 통일에 대한 열망이 큰 분이다. 강성종 전 이사장님은 북한 연구자의 한 사람으로서 경계 연구의 중요성을 누구보다도 잘 알고 있었다. 그리고 접경 지역에 위치한 신한대학교가 경계 연구의 중추가 되어야 한다는 강한 문제의식을 갖고 있었다. 탈분단경계문화연구원에 대한 두 분의 적극적 관심과 지원에 대해서 원장으로서 감사의 말씀을 드린다.

차 례

엮은이의 말

분단 이후 70여 년이 지난 현재 남북한의 경계는 세계 그 어느 곳보다 삼엄하고 닫힌 공간으로 인식되고 있다. 90년대 말에서 2000년대 중반까지 햇볕 정책으로 남북한 교류와 소통의 물꼬가 터지는 듯했으나, 다시 정권이 바뀌면서 10여 년간 만들어졌던 화해의 무드나 교류가 오히려 후퇴하여, 개성공단이 폐쇄되고 금강산 관광이 중단되었다. 작년에 문재인 정부가 들어서면서 대내외적으로 남북 관계의 긍정적인 변화에 대한 기대감이 높아졌다. 그러나 미국의 트럼프 정부와 북한의 김정은 체제 간의 긴장과 갈등은 이러한 기대와는 상반된 불안과 위기감을 고조시키는 분위기를 만들어 냈다. 이 글을 쓰고 있는 시점에 북한의 평창 동계 올림픽 참가가 확정되었다. 그리고 북한 예술단의 사전 점검단이 남쪽을 방문했다. 서울과 강릉에서 두 차례 평창 겨울 올림픽 축하 공연을 하기 위해 삼지연 관현악단은 경의선을 통해 휴전선을 넘어올 예정이다. 또한 남북 단일팀을 구성하기로 한 여자 아이스하키 팀은 코리아(Korea)로, 태극기와 인공기가 아닌 한반도기를 들고, '아리랑'을 국가 대신 연주하게 될 것이다. 이러한 화해 무드에 대해 남한 내부에서 논쟁이 없는 것도 아니고, 이러한 경계넘기와 화해, 평화로운 교류와 소통이 얼마나 확장되고 지속될 수 있을지는 더 두고 볼 일이다.

이러한 시점에 이 책은 '분단은 비극'이며, '통일은 우리의 소원'이라는 이분법적인 고정된 사고의 틀에 문제 제기를 하고자 한다. 이러한 분단-통일이라는 이분법은 전통적인 안보 담론뿐 아니라 민족주의적 통일 담론에서도 공통적으로 전제하는 것이다. 이데올로기적 지향점이 달라도 기존의 통일 담론은 단계적으로 분단을 넘어 평화와 공존의 질서와 가치를 탐색하기보다는, 오히려 분단 너머에 대한 상상력 자체를 차단시켜 왔다고 할 수 있다. 사실, 분단은 적과 동지의 물리적 구별의 선이기도 하지만, 다른 한편으로는 전쟁 위기 속에서 불안정하나마 평화를 지속케 하는 역설적인 역할도 해왔다. 이러한 적대와 평화라는 분단의 모순된 두 측면은 경계가 지니는 양면성의 속성이기도 하다. 따라서 분단-통일의 이분법적 사고에 균열을 내고자 하는 이 책은 양면성을 가진 '경계'에 주목함으로써 분단 너머의 평화 공존 체제에 대한 다양한 상상을 시도한다.

식민 지배에서 벗어나 단일한 국민국가를 형성하지 못한

한반도의 경험은 흔히 왜곡된 현대사로 표현되지만, 사실 근대 '국민국가'라는 것이 '상상의 공동체'이며 세계 여러 지역의 사례는 단일 국민국가 형성이 오히려 예외임을 보여 주기도 한다. 세계 지도에는 2차 세계대전 이후 새로운 영토를 가르는 선이 나타났지만, 냉전의 시대가 끝나고, 크고 작은 분쟁과 전쟁이 일어나면서 계속해서 새로운 선이 그어지고 있다. 그 지도 위의 국가를 나누는 선은 한 나라의 영토를 깔끔하게 나누고 그 내부에 사는 국민과 그들의 주권을 토대로 하나의 근대국가를 우리에게 시각적으로 보여 준다. 그러나 실제로는 박배균이 표현했듯이, "영토라는 것이 존재는 하지만 막힌 것이 아니라 구멍이 뻥뻥 뚫려 있어서, 영토 안팎에 있는 수많은 힘과 행위자들이 교류하고 소통하고, 그것이 누적되어 만들어지는 것"(2장)이다. 앞으로 탈분단연구총서는 그러한 구멍이 뻥뻥 뚫려 안팎의 소통과 교류가 조금 더 활발한 국경이나 접경, 또는 경계 지역들에 대해 주목하면서, 다양한 해외 사례 연구와 국내외 학제 간 연구를 지향해 나갈 것이다. 특히 총서 1권에서는 경계에 대한 이론과 함께, 무장되어 꽁꽁 닫힌 듯하지만 다양한 자연물이 남과 북을 오가는 DMZ, 그 경계의 구분이 애매한 한강 하구나 서해 바다 등의 사례, 북·중 접경 지역, 북·러 접경 지역의 사례 등을 소개한다.

제1부("냉전, 분단, 경계")는 국내에서 거의 소개된 바 없는 경계 연구의 최근 동향과 새로운 과제를 살펴보고, 한반도 사례에 적용할 수 있는 경계 연구의 이론적 탐색을 시도하는 글

을 포함하고 있다. 먼저 1부의 첫 번째 장은 데이비드 뉴먼의 "21세기 경계 연구의 새로운 과제"이다. 이스라엘 벤구리온 대학 교수인 그는 서구 학계에서 오랫동안 경계 연구(Border studies)를 해왔다. 뉴먼은 이 글에서 80년대부터 서구 학계에서 르네상스를 경험했던 경계 연구에 대해 심도 깊게 재검토하면서, 21세기 경계 연구의 새로운 과제를 제시한다. 뉴먼은 경계에 대해 "전 세계에서 열리거나 닫히고 있고 심지어 두 가지가 동시에 일어나고 있기도 하다"고 지적한다. 그러면서, 다양한 경계 연구들이 보여 주듯이, 이제 전 지구화의 과정 속에서 경계(border)는 정치적 혹은 사회적 과정에서 비롯된 물리적이고 불변하는 공간적 결과물로 한정시키기 어렵다고 한다. 경계화(bordering)라는 용어가 말해 주듯이, 경계는 고정불변한 것이 아니라 기능적이며 역동적인 과정으로 이해되어야 한다. 그래서 뉴먼에 따르면, 경계는 구별되는 실체들을 구분하는 지점이나 선으로써 범주를 구분하지만, 어떤 경우에는 존재하는 차이를 제도화하기도 하고, 또 다른 경우에는 기존에 존재하지 않는 차이를 만들어 내기도 한다. 뿐만 아니라 접경지역이 경계가 열린 탈경계 지역이나 경계를 넘을 수 있는 지역으로 진화하면서, 그곳에서 혼종적인 문화가 싹트기도 한다. 뉴먼은 이러한 경계화의 공통된 주제인 포섭과 배제의 동인으로서 영역 구분과 분계, 권력관계와 경계 관리, 이행/혼종지대로서의 접경지(borderlands)와 국경(frontiers), 지구화 담론과 안보 담론이 경계에 미치는 영향, 일상생활 관습 차원에서 지역화 된 경계 내러티브, 경계화 과정에서 드러나는 윤리와 인권의 문제 등을 제시한다. 마지막으로 그는 경계 연구가 더 이상 지리학자, 지도 제작자, 외교관만의 전유물이 아니라 사회학자, 인류학자, 경계 법률가, 정치학자 등 다양한 사회과학자들의 학제 간 연구가 되어 가고 있음을 지적한다. 따라서 경계 연구에 단일한 모델이나 이론을 제시하는 것은 어렵지만, 다양한 학문 분야의 전문가들에게 자신이 제시한 공통의 주제들은 단일 학문 분과의 경계를 넘어 학제 간의 이행 지대를 만들어 내고 공통의 언어를 만들고 있다고 주장한다.

1부의 두 번째 장은 지리학자 박배균의 "동아시아 접경지역 경제특구와 영토화와 탈영토화의 공간정치"라는 제목의 글이다. 박배균은 우리에게 과연 통일이란 무엇인지에 대한 질문으로 시작해, 통일이라는 답을 미리 정해 놓지 말고 차라리 분단으로 인한 문제부터 정확히 파악하여 해결책을 찾아볼 것을 제안한다. 다시 말해, 안보와 민족주의적 관점에서 통일을 접근하기보다 평화의 관점에서 통일에 대한 새로운 접근법이 필요하다고 주장한다. 이는 탈분단의 유일한 길이 통일밖에 없다는 사고를 극복하는 데서 시작한다. 박배균은 이러한 대안적 통일론이 함축하는 사회적·공간적 의미, 영토와 국경, 탈분단과 평화 진전을 이해하고 구체화하기 위해 세 가지 주제에 대해 논의한다. 첫째, 그는 통일 문제를 남북 관계에 국한시키기보다 동아시아의 평화와 영토적 긴장 완화라는 보다 큰 맥락에서 바라보기 위해, 국가 영토를 절대시하지 않는 관점을 바탕으로 영토의 문제를 이해하고자 시도한다. 다시 말해, 그는 관계론적이고 상대주의적인, 영토에 대한 새로운 관점을 제시하고, 동아시아의 국경과 접경 지역의 변화 과정을 살펴본다. 박배균은 '국경의 네트워크적 영토성'을 강조하면서, 본질주의적 영토관과 대비된 관계론적 영토관을 제시한다. 둘째, 그는 대만의 금문과 한국의 서해안 접경 지역을 사례로 동아시아의 접경 지역에서 나타나는 초국경적 교류와 영토적 긴장의 복합적 상황을 영토화와 탈영토화의 공간 정치라는 관점에서 설명한다. 셋째, 그는 동아시아의 평화를 도모하기 위해 특구를 활용하는 공간 전략이 갖는 가능성과 한계를 살펴본다.

한국의 아파트 연구로 한국 독자들에게 익숙한 프랑스 지리학자이자 한국학자인 발레리 줄레조는 1부의 3장 "한국학의 자기 분열: 공간의 경계에서 한국학의 분단적 사고로"에서 프랑스어로 고레(Corée)를 남쪽(한국, 남한) 또는 북쪽(조선, 북조선)을 설정하지 않은 중립적인 방식으로 표현할 수 있을까 하는 질문으로 글을 시작한다. 그녀에게 고레라는 단어는 그 자체로 경계이며, 한반도를 두 국가로 나누고 있으며, 아직도 구축중인 경계이다. 그녀는 분단이 1945년에 일어난 지정학적 사건 이상의 것이라고 주장한다. 따라서 공간적 경계는 경계가 구축되는 과정만이 아니라 고레 문화권을 근본적으로 재규정하였고, 그로 인해 다양한 사회적 경계와 새로운 속지성이 출현하게 되었기에, 분단은 한국학을 어떻게 접근할 것인가에 있어 매우 중요하다고 지적한다. 그녀는 이 장에서 경계에 대한 지리학적, 지정학적 문제뿐 아니라, 한반도의 근원적 문제, 즉 불안정한 한국의 정체성 문제에 대한 논의를 선도하고자 한다. 줄레조는 '한국에 대한 연구'에서 분단이 야기하는 쟁점들에 대해 여러 가지 흥미로운 질문들을 던진다. 한반도의 경계는 '냉전의 흔적이자 극복할 수 없는 장애물'이라는 고정관념으로 인식되지만, 그녀는 그러한 통념에 의문을 제기한다. 이 경계는 계속 구축 중이지만, 또 어떤 의미에서는 실제 경계가 아니라는 것, 즉 〈비-경계〉이자 〈메타-경계〉이기도 하다는 것이다.

1부의 마지막 장인 4장은 니콜라이 토이플의 "역사의 상처에서 새로운 유럽의 실험장으로: 독일-폴란드 사례로 보는 두 개의 한국"이라는 제목의 글이다. 토이플은 유럽 통합이라는 맥락 속에서 '사회적 실험실'이라고 불리는 접경 지역, 특히 제2차 세계대전 이후 폴란드-독일 국경에 주목한다. 그는 폴란드-독일 국경에서의 일련의 과정 및 구조들을 제시하고, 국경 간 협력의 시도와 그에 따른 문제점 및 결과, 접경지대 안에 위치한 지역 단위의 시민사회 등에 주목함으로써, 남북한 문제에 적용 가능한 관점을 제시하고자 한다. 토이플은 월경(cross-border) 과정의 복잡성, 역동성과 국경 형성 과정에 개입하는 행위자들의 다양성 때문에 국경 연구가 정치, 문화, 지역, 경제 연구와 지리학의 공통 연구 분야가 되었다고 주장한다. 특히, 그는 국경 연구에서 종종 등한시되는 통시적 관점을 가지고, 국경을 '기억의 회복과 경합, 재협상이 일어나는 핵심적 장소'로서 주목한다. 그는 이러한 통합된 접근 방식을 국경에 대한 다관점적 연구의 설명 틀로 제시하면서, 국가 중심적 접근보다 행위자성(agency)에 더 비중을 두고, 국경을 분리와 분할의 경계선이자 동시에 문화적 조우의 장소이며 시민들의 일상의 한 부분임을 강조한다. '국경 작업(borderwork)'이라는 용어는 '국경 만들기 또는 경계 만들기(bordering)'가 국가의 일만이 아닌, 시민과 비시민을 포함하는 보통 사람들의 관여를 통해 이루어짐을 강조한다. 다시 말해, 국가가 아니라, 시민, 사업가, NGO 등이 국경을 만들고, 바꾸고, 심지어 없애는 데 적극적인 역할을 할 수 있다는 것이다. 이러한 설명 틀은 한반도에서 남북 관계가 현재까지는 양자 간 선언문과 최고 수뇌부 정치에 의해 주도되고 있지만, 민간 영역에서의 경제 협력과 이산가족 상봉 등이 앞으로 더욱 중요하다는 것을 일깨워 준다. 나아가 다관점적 국경 연구는 미래의 남북한 통일 논의에서 국경 지대를 양측의 정치 및 경제적 가교 형성과 문화적 만남의 장소로 승격할 수 있는 가능성을 생각하게 한다. 토이플은 폴란드-독일의 국경도시들의 국경 간 상호작용을 위한 시도들을 이들의 특수한 역사적 배경과 현재의 전환, 주변화, 인구 감소, 유럽 통합 과정 등의 맥락 속에서 파악한다. 그는 괴를리츠-즈고젤레츠 사례 연구를 통해 지역 정치에서 '유럽 도시'라는 상징과 실제 시민사회 사이의 간극이 존재한다는 비판이 있지만, 시민들의 일상적 실천이라는 측면에서 보면 '국경 간 시민사회의 구상'이 느리지만 꾸준히 발전하고 있다고 주장한다. 그는 유럽연합의 집중적, 다중심적 공간 통합의 경험은 한반도 통일의 발전 경로에 따라 남북 분단과 재통합 사이의 중간 단계들을 세우는 데 유용할 것이라고 주장한다. 또한 그는 폴란드-독일 국경과는 달리, 한반도의 경우 언어 장벽이 없고, 전통문화에 대한 공유, 가족 관계의 존재가 통합과 협력을 구축하는 데 긍정적 영향을 미칠 것이라고 본다.

제2부는 한반도에서 '경계'라는 개념이 가지는 중층성과 역동성에 주목하는 흥미롭고 다양한 사례 연구를 포함한다. 특히, 2부에 수록된 글의 저자들은 역사학자, 사회학자, 정치학자, 문화인류학자, 개념 미술 아티스트 등 다양한 학문 분야의 전문가들이다. 먼저 역사학자 **도진순**은 5장 "남북한의 경계 허물기: 강, 바다, 그리고 죽은 자"라는 글을 통해, 지금까지 남북 접경지대의 평화적 활용의 시도가 좌절된 원인에 대해 여러 가지 중요한 오해가 있었음을 지적한다. 그리고 2015년에 부상되고 있었던 'DMZ평화공원'에 대해 논의하면서 몇 가지 제안을 한다. 2000년 남북 정상회담 이후 남북 변경에 대한 관점이 '냉전적 적대의 최전선'에서 '남북 사이의 소통과 화해의 교두보'로서 획기적으로 전환되고 주목받기 시작했다. 특히, 한강하구에 평화의 배 띄우기 행사와 나들 섬 프로젝트, 서해 남북공동평화수역 설정 등 육지, 강, 바다에서 남북 사이의 경계 허물기를 위한 다양한 시도들이 있었다. 하

지만, 그는 그러한 시도들이 성사 또는 연속되지 않았음을 지적하고, 그 이유를 다음과 같이 세 가지로 지적한다. 첫째, 서울과 평양, 그리고 워싱턴 등 냉전적 대립의 중심이 변하지 않는 한 변경이 변화되거나, 변경의 변화가 중앙을 견인하기가 매우 어렵기 때문이다. 즉, 경계는 역시 경계인 것이다. 둘째, 진보와 보수, 좌와 우를 불문하고, '정전협정'에 대한 몰이해가 남북 사이의 경계를 평화적으로 이용하는 데 적잖은 문제를 야기하였다. 셋째, 여전히 군사 안보 문제가 한반도 정세를 좌우하는 가장 중요한 변수이다. 따라서 그는 한반도의 평화를 위해서는 한국전쟁으로 인한 적대적 대치의 해소, 즉 정전 체제의 법적, 정서적 청산이 매우 중요하다고 주장한다. 이와 관련하여 남과 미국 및 유엔 참전국, 북과 중국에서 한국전쟁 전몰자에 대한 기억의 형태가 여전히 냉전적 대립의 형태를 띤다고 비판하면서, 평화를 위한 대안적인 기억장치의 모색을 제안한다. 다시 말해, 전쟁으로 희생된 죽음이 죽어서도 또다시 자유세계를 지킨 영웅이거나, 제국주의에 맞서거나 조국해방을 위해 싸운 열사로 호명되며 '기억의 전쟁'을 하고 있는 상황에서 벗어나 살아 있는 자의 목소리를 줄이고 죽은 자들에게 주권을 뒤늦게나마 돌려주는 것이 필요하다는 것이다. 따라서 그는 산 자들의 적대적 대치의 상징인 DMZ 안에 남의 한국군, 북의 인민군, 중국의 지원군, 미국과 여러 나라의 유엔군 등을 공동으로 애도할 수 있는 기억장치를 두는 것이야말로 정전 체제의 정서적 경계를 허물고 평화 체제로 나아가는 첫걸음이 될 수 있다고 제안한다.

6장에서 탈북 여성을 연구해 온 사회학자 **김성경**은 근대 사회가 구성한 경계선인 국경과 일상 공간이 복잡하게 얽혀 있는 사례로 북한 여성 월경자들이 경험하는 북·중 접경 지역을 주목한다. 즉, 국경이라는 공식적 영역의 구획된 공간과 일상이라는 비공식적 영역의 공간 실천의 상호 관계에 관심을 기울이면서, 특히 국경을 넘어 중국으로 이주를 감행해 온 북한 여성 월경자들의 이동 선을 따라 이 공간에서 경험하는 국가, 일상, 그리고 젠더의 역동성을 문제시한다. 북·중 접경 지역은 근대국가의 성립 이전부터 조선인의 거주와 교류가 활발했던 지역이다. 하지만 근대의 국경이 구축되면서, 이 지역의 일상은 국경과는 구별되는 비공식적인 네트워크가 촘촘하게 작동하게 된다. 이러한 네트워크는 북한의 경제난 상황에서 상당수의 북한 여성의 이주를 가능하게 하였으며, 또한 이들의 이동은 지구화 시대의 이주 산업에 힘입어 중국 내 대도시와 남한까지 확장되었다. 하지만 북한 여성 월경자들이 경험하는 접경 지역의 공간 동학은 사실 젠더적 불평등과 폭력을 배태하고 있다는 측면에서 문제적이다. 다시 말해, 북한 여성의 국경을 넘는 이동은 접경 지역의 젠더화 된 공간 실천이 합법과 불법의 경계를 무화하면서 광범위하게 작동하고 있음을 증명하는 사례라는 점에서 의미심장하다.

7장에서 **최용환**은 한국전쟁 이후 남북한 접경 지역에 설치된 폭 4km의 비무장지대(DMZ)가 갖는 단절과 그 경계를 넘는 자연, 과학, 기술 등에 주목한다. 그에 따르면, DMZ는 그 명칭과 다르게 세계에서 가장 중무장된 공간이자, 분쟁과 단절의 상징이 되고 있다. 하지만 시간이 흐르면서 남북한의 경계를 뛰어넘는 변화들이 발생하고 있다. 남북한 경계를 가로지르는 공유 하천에서 홍수 대치와 갈수기 수량 배분 문제는 남북한의 협력 없이는 해결될 수 없는 문제이다. 북한의 보건의료 체계 붕괴로 인한 접경 지역에서의 말라리아 확산 문제와 산림 병충해 등 국경을 넘나드는 질병에 대한 대처 역시 남북 협력이 불가피한 영역이다. 이외에도 북한 사회 내부에 시장이 확산되면서 사람의 이동이 증가하고, 통신기기 등 전자제품이 보급되면서 경계를 넘어 외부 정보의 유입이 증가하고 있다. 흥미로운 것은 이러한 변화들은 외부의 의식적인 노력의 결과가 아니라 북한 사회 자체로부터 발생하고 있다는 사실이다. 따라서 최용환은 북한 사회 내부의 변화를 면밀하게 관찰하고, 남북 협력의 불가피한 이슈를 발굴하여 새로운 협력 모델을 개발할 필요가 있다고 주장한다.

8장에서 러시아 극동 지역을 현지 조사한 프랑크 비예는 남북한 국경, 비무장지대(DMZ)가 자신과 같은 국경 이론가들에게 특별히 흥미로운 주제라고 지적한다. DMZ는 절연의 절대적인 선이며 남한과 북한을 나누는 4km 너비의 지역으로 세계에서 가장 많은 지뢰와 인력이 배치된 가장 무장된 지대이다. 그러나 동시에 이 지역은 인간의 방해를 받지 않는 생태 낙원으로, 여기에서 한반도의 자생식물과 멸종 위기의 동물들이 번성하고 있다. 프랑크 비예에 따르면, 이러한 과잉 경계와 생태적 만개라는 놀라운 대조는 상호 배타적이지 않으며 정치 논리의 중단으로 이어지지도 않는다. 오히려 이것은 국경이 국가 보호를 위하여 강력하게 경비되는 통과 불가능한 선이면서, 다른 한편으로 국가의 유기적 자연을 확인해 주는 드러나지 않은 자연환경이라는 '국경 작업'의 두 가지 결정적 측면을 드러낸다. 비예는 DMZ가 논쟁적이고 극단적 국경이지만, 미국-캐나다 국경 등을 포함한 모든 국경들에 공통된 관심을 반영한다고 주장한다. 동시에 DMZ는 한반도를 가로지르며 물리적으로 통과 불가능한 단절을 만들어 내면서, 미해결된 불안을 무의식적으로 응축하고 남북한 정체성을 구조화하는 핵심이 된다. 따라서 비예는 DMZ가 어느 한쪽에만 배타적으로 속하지 않고 모두의 생명을 유지해 준다는 점에서 샴쌍둥이가 공유하는 주요 장기들과 흡사하다고 주장한다. 그는 남북한 모두 공통적으로 DMZ를 더 강조할수록 의도적 분리의 정치적 허구성을 흐릿하게 하고, 양측 군사력을 더 강화할수록 상대방의 중요성을 서로 재확인하게 된다고 한다. 그에 따르면, 남북한 모두에게 다른 한국은 궁극적으로 "침대 밑의 괴물"이며, 통약 불가능한 타자이자 비체적(abjected)이고 양립불가능한 자아의 일부이다. 이러한 비유를 통해, 그는 한반도를 완벽하게 둘로 나뉜 상호 절연된 것으로 묘사하는 것에 반대한다. 그에 따르면, 사실상 DMZ 안에서 그리고 그 너머 인근에서 예외 지대들이 발견되며, 이는 DMZ를 역사와 정동적 투자가 가득한 비균질적인 공간으로 만든다. 따라서 국민국가의 국경에 대한 상징적, 도상학적 재현인 로고화된 지도는 정치적 실체에 대한 진정한 재현이 아니고, 이는 지도상에 표현될 수 없는 추가적인 층위에 의해 보충되어야 한다. 남북한이 서로 상대편을 구조화하고 상대방에 생명력을 주는 부정적 공간을 구성하는 한반도의 사례에서도, 마찬가지로 로고화 된 지도는 환영적 분신에 의해 보완된다. 그것은 모두 상대방의 상실된 사지인데, 이는 더 이상 국가의 일부는 아니지만 환상통으로 알려진 현상과 담론적으로 유사한 정동을 지속적으로 이끌어 낸다.

9장에서 러시아를 연구하는 인류학자 **박현귀**는 금지된 국경 지대의 생태 공간에 주목한다. 그녀는 1990년대 이후 부상한 지구화의 예외 지역이라 할 수 있는 북한의 남쪽 DMZ 지대와 북한의 북쪽인 북한과 러시아 사이의 국경 지대의 생태적 발흥을 안보와 생태라는 주요 관념과 연관지어 이해하고자 한다. 인간의 접근이 허용되지 않는 금지된 국경 지역인 이 두 지역은 멸종 위기의 종들의 존재와 생태적으로 잘 보전된 지역이라는 틀 속에서 표상화되는데, 이러한 안보와 생태의 긴밀한 연관성이 만들어진 배경은 지구 환경의 위기와 함께 나타난 환경문제에 대한 도덕적 우위성이며, 그러한 도덕적 우위성은 '야생의 자연'이라는 인간과 자연을 적대적이며 공존하지 못하는 것으로 바라보는 서구적 자연관에 기반하고 있다. 이러한 자연에 대한 관념은 최근 국경에 담을 쌓고 안보를 강화하는 전 세계적 흐름과 맞닿아 있으며 자연과 인간의 공존을 부정하는 반평화적 안보주의로 이어지고 있다.

마지막으로 10장은 유일하게 인문·사회과학자가 아닌 한국계 입양아 출신의 덴마크 유명 개념미술 아티스트인 제인 진 카이젠의 글과 작품 사진이 수록되어 있다. 그녀는 자신의 예술 활동을 '다르게 번역하기'의 한 시도로서, 비판적 성찰, 대화, 타협의 공간을 창출해 내려는 열망을 가지고 끊임없이 질문함으로써 만들어지는, 경계에서의 실천이라고 정의한다. 그녀에게 '다르게 번역하기'의 실천 또는 경계에서의 실천으로 정의되는 예술은 학문들을 가로지르는 미학적 매개와 장르가 교차하는 지점에서 지배적인 사회·문화·정치 현실과 주변적인 현실들이 합류하는 지점에서 펼쳐지는 탐구 양식이자 미학적 접근이다. 이 장에서 제인 진 카이젠은 남북한을 나누는 DMZ의 경계 넘기에 대해 언급하면서, 동시에 기억, 재현, 인식의 미학과 정치학을 예술적으로 고려하는 방식에 대해 성찰한다. 이는 그녀에게 실천으로서 경계 예술이 '다르게 번역하기'가 될 수 있는 방식에 대한 고찰이기도 하고, 인정의 윤리학과 미학을 성찰하는 또 다른 방식이기도 하다. 카이젠은 분단 70년이 되는 2015년 5월에 6개 대륙 16개국에서 온 30명의 여성 대표의 일원으로 북한에서 출발해 DMZ를 넘어 남한으로 들어왔다. 다양한 배경을 가진 대표단은 비무장화와 국제 평화 협상에서 여성의 역할을 강조하면서, 공식적인 종전을 의미하는 남북 간의 평화 협정이 필요하다고 주

장했다. 입양아였던 그녀는 2001년 제주도에서 한국의 가족들과 재회한 후, 국외 입양 예술인, 학자, 예술가 집단에 관여하면서, 한국전쟁과 남북 분단이 미친 영향에 대해 개인적, 예술적 탐구를 해왔다. 그녀는 이후 남한을 종종 방문하여 전쟁 유산에 주목해 왔으며, DMZ를 넘는 여성 대표단에 참여하면서 북한을 처음 방문할 수 있었다. 그녀는 국외 입양으로 가족을 잃어버리고 대신 덴마크 국적을 얻은 덕에 분단과 이산의 상징인 남북한 국경을 넘은 것이다. 그녀는 덴마크로 돌아가 자신만의 방식으로 북한에 대한 시각적 재현을 어떻게 할 것인가를 고민하며, 외부에 유통되는 북한 이미지들의 제한적인 틀을 인정하면서도 새로운 성찰을 위한 관점을 만들어 내고자 했다. 그녀는 최근 작품 〈구멍 | 유령 | 균열〉에서 이러한 제한적인 틀을 관람자와 이미지 사이에 붉은 필터를 넣는 방식을 취했다. 작품 제목은 경계의 다층적이고 양면적인 이해를 기반으로 하여, 열린 관점을 의미하는 구멍, 부딪히는 기억, 실현되지 않은 열망을 의미하는 유령, 물리적 심리적 균열을 벌리는 상처의 의미를 불러일으킨다. 기억의 윤리와 인식의 미학을 위해, 그녀는 '우리가 자각하는 방식'뿐 아니라 '타자를 인정하는 방식'에서 바라보는 것이 중요하다고 지적한다.

지금까지 이 책에 실린 10편의 글들을 요약해 보았지만, 이 요약이 적확한 핵심을 모두 담고 있다고 말할 수 없을 정도로 각 장들의 내용은 풍부하고, 감흥을 불러일으킬 것이다. 이제까지 경계 연구라는 관점에서 분단을 새롭게 인식하려고 시도한 책은 아직 없었다. 이 책은 그간 보수와 진보 진영이 공통적으로 인식해 온 분단, 통일, 안보 등의 고정된 틀에서 벗어나 경계, 경계 넘기. 평화 등의 새로운 언어와 이론적 자원을 통해 분단을 다시 봄으로써 탈분단의 길을 한 걸음 떼고자 하는 시도이다. 특히 경계 연구에 관심을 갖고 있는 다양한 학문 분과의 연구자들이 이 책에 관심을 갖고, 많은 토론과 논쟁을 불러일으켜 주길 감히 기대한다. 그리고 이 책에 실린 글들은 대부분 경기도와 신한대학교가 주최하고 신한대학교 탈분단경계문화연구원이 주관하여 2015년 10월에 개최한 〈분단과 경계를 넘어: 초국경의 부상과 새로운 통일방향〉, 2016년 11월에 개최한 〈한반도 평화공존과 지역의 역할: 경기도와 세계의 접경지역〉이라는 제목의 국제 학술회의에서 발표되었던 글들을 기반으로 수정, 보완하거나 새로 쓴 글들이다. 이 책의 밑거름이 된 두 국제 학술대회에 발표, 토론, 참관하며 열띤 토론의 장을 만들어 주신 모든 분들께도 감사드린다. 끝으로 여러 가지 어려움에도 불구하고 이 책의 출판을 기꺼이 맡아 준 울력 출판사 강동호 대표님의 노고에 깊이 감사한다.

2018년 1월
박소진 (신한대학교 탈분단경계문화연구원)

I

냉전, 분단, 경계

21세기 경계 연구의 새로운 과제 [1]

데이비드 뉴먼

경계 연구는 지난 20년간 르네상스를 경험하고 있다. 국제 체제에서 국가를 나누는 국경선의 형성과 위치에 대한 기술적 분석에서 경계화가 사회와 공간에 미치는 역동성에 대한 연구까지 경계는 다층적인 의미를 지녀 왔다. 경계 연구는 더 이상 지리학자, 지도 제작자, 외교관만의 전유물이 아니다. 사회학자, 인류학자, 경계 법률가는 상이한 사회적, 공간적 규모에서 자기-역동적으로 움직이는 경계화의 기능적인 중요성에 주목해 경계 연구를 논의하고 있다. 경계는 구별되는 실체들을 구분하는 지점이나 선으로써 범주를 구분하면서, 어떤 경우에는 존재하는 차이를 제도화하고 또 어떤 경우에는 기존에 존재

---

1. 원래 제목은 "경계에 관한 최근 연구 경향 개관"이었으나 전체 책의 흐름을 위해 수정하였다: 엮은이.

하지 않는 차이를 만들어 내기도 한다. 사회적, 정치적 조건에 따라 경계는 경계 분리나 접촉이 일어나는 정도를 반영하며 열리거나 닫히는 과정을 경험한다. 경계가 열려 탈경계 지역이나 접경 지역이 경계를 넘을 수 있는 지역으로 진화하면 차이점들이 만나게 되고, 어떤 경우에는 혼종성(hybridity)이 나타나기도 한다. 이는 종교 집단과 종족 집단 혹은 경제 계층들이 만나는 사회 문화적 접경지뿐 아니라, 국가 혹은 도시의 물리적 경계에 가까운 영토에서 일어난다.

이 장은 경계화의 공통된 주제, 모든 경계 연구자와 법률가들에게 공통된 주제를 확인하고자 한다. 국가, 집단 간의, 사회적 범주 사이에서 다양한 경계 기능들이 표현되는 방식은 매우 상이할 것이다. 그러나 사회적, 경제적, 정치적 조건이 변화하는 세계 속에서 경계가 (구분되고 분리되어) 만들어지고 이어 제도화되고 (관리되어) 영속화되었다가, 마침내 통행이 시작되어 열리고 심지어 완전히 사라지는 방식에 대한 관심을 공통적으로 보이고 있다.

한 가지 상황만 존재하는 경우는 없다. 경계는 전 세계에서 열리거나 닫히고 있고, 심지어 두 가지가 동시에 일어나고 있기도 하다. 사회와 공간에 따라 경계는 달라진다. 어떤 곳에서는 경계를 넘나들기가 점점 쉬워지는 반면, 다른 어떤 곳에서는 이동이 더 제약을 받고 완전히 규제되기도 한다 (Anderson and O'Dowd 1999; Berg and Ehin 2006; Blake 2006; Blake 2000a). 1990년대 북미에서 경계 연구는 지구화가 진행되면서 경계가 더 유연해지고 경계를 넘기 쉬워진 상황, 그리고 NAFTA에 의해 시장 경제의 개방이 진행되어 이웃 국가들 간의 무역 관계가 확대되는 상황에 주목했다. 9/11 테러 사건 이후, 눈앞의 테러 공포나 일부 새로운 안보 담론으로 인해 경계가 닫히고 봉쇄되는 방식에 관심을 다시 기울이기 시작했다. 마찬가지로 경계는 일정한 사회적, 사이버, 경제적 기능에 열려 있을 수 있지만, 동시에 정치적, 안보적 기능에는 닫힐 수 있다. 이는 정부, 군대, 복지, 경제, 인권, NGO 등의 상이한 이해관계를 가진 제도들 간의 긴장 관계를 촉발한다. 따라서 권력관계는 사회적, 경제적 영역들의 상이한 이해관계를 반영해, 경계가 구분되고 공간과 시간을 통해 관리되는 방식을 결정하는 주요한 요인이 된다.

이 책[2]의 상당 부분은 전 지구 체계, 국제 체계 속에서 국가들을 서로 분리하는 지리적 경계에 초점을 맞추고 있다. 그렇지만 물리적·지리적 경계에만 한정해 경계 연구 주제를 논의하지는 않을 것이다. 이 책은 학제적 경계를 넘어, 지리적 범주뿐 아니라 사회적, 경제적, 문화적 범주를 분리하는 경계의 본질적인 측면을 탐구할 것이다. 나아가 이 장은 경계화의 역동성을 논의할 것이다. 이러한 역동성은 지리적인 것과 지리적이지 않은 것을 포함한 모든 형태의 경계에 관련된다. 다만, 비지리적인 경계를 이해하기 위해 지리적인 경계 논의에서 용

2. '이 책'은 데이비드 뉴먼의 이 글이 실린 경계 연구에 대한 책을 가리키지만, 내용적인 면에서는 이 총서에도 해당된다: 엮은이.

어와 범주를 차용할 것이다.

포섭과 배제의 동인으로서 영역 구분과 분계

경계 구분은 경계와 관련한 전통적인 주요 연구 분야 중 하나였다. 경계는 경계의 발생 단계나 시간 단계에 따라 다양한 범주와 유형들로 나누어 볼 수 있다(Hartshorne 1936; Jones 1943, 1959; Minghi 1963; Prescott 1987). 경계의 시간적 범주화는 기존의 종족적, 언어적 차이를 반영하고, 또 종족별로 상이한 집단들이 경계 양측에서 진화해 나가게 만드는 기폭제이기도 했다. 또 다른 분류는 (경계가) 전쟁 혹은 양자 합의 결과에 기인한 정도, 즉 경계의 법적 지위와 관련되어 있다. 이보다는 관련성이 적지만, 국가 간 영역이 탈영역적인 움직임에 얼마나 개방적인가를 반영하는 단순한 기능적 분류와도 관련되어 있다.

대체로 영역 구분의 범주화는 경계화 자체의 역동성이 갖는 기능적, 정치적 중요성이 간과된 채 자연스러운 것으로 기술되는 경향이 있다. 이러한 관점에서 경계는 정치적 과정의 결과이자 배경이 되는 요인이 아니라, 정적인 결과로 간주된다. 그러나 (초기 경계학자들이 물리적 지리학이나 지형학들에서 차용한 용어인) 구분, 분계, 부과, 전례, 결과 등의 전통적인 범주들을 사회, 문화, 정치 행위에 맞게 변용한다면, 그것들은 현재에도 중요성을 가질 것이다.

구분은 지상에 물리적인 장벽이 세워지는 지도상의 선만을 의미하지 않는다. 그것은 사회 관리자들이 다양한 사회적 범주와 집단으로부터의 포섭과 배제의 원리를 결정하는 방식에 대한 것이다. 예를 들어, 한 사람을 종교적 범주에 포섭하는 일은 종교법의 해석 방식에 따라, 종교 내의 특정한 부문이 다른 부문에 비해 구분 절차에서 얼마나 더 큰 혜택을 입을 것인가에 따라 달라진다. 집단을 다양한 사회적, 경제적 범주로 분류함으로써, 한 개인은 정부의 보조나 혜택을 받기 용이하기도 하고 세금을 더 내거나 적게 내기도 한다. 이러한 과정은 특정한 범주에 누구를 포섭하고 누구를 배제할 것인가를 결정하는 독단적인 경계 구분이다. 고정된 경계 구분은 생태학적인 오류(ecological fallacy)를 낳아, 포섭된 사람이 배제되고 배제된 사람이 안에 들어가 있게 된다. 이러한 구획과 경계의 사회적 구성은 사회에 질서를 부여하기 위해서 필요하지만, 항상 논쟁적일 수 있다. 왜냐하면 절대적인 범주에 완전히 부합하는 경계가 존재하기 어렵기 때문이다. 어떤 경우에는 정확한 정보가 부족해, 종종 경계 구분과 공간적·사회적 범주 간의 불일치가 일어난다. 또 어떤 경우에는 사회적, 경제적 역동성을 겪으며 범주가 시간에 따라 변화하는 반면, 경계는 한번 만들어져 사회적·공간적 경관에 부여되고 나면 고정되어 변하지 않기 때문이다. 또 다른 경우에는 정치나 경제 권력에 부합하는, 공간과 집단에 대한 통제 체계 부과와 권력관계 때문이다.

권력관계와 경계 관리

경계는 사회적·정치적 구성물이다. 경계는 한 번 만들어지고 나면, 권력 엘리트의 이익에 기여하는 방식으로 유지된다(Newman 2003). 경계는 처음부터 항상 분리 수단으로서, 양자 사이를 막는 장애물로서, 보통 외국 군대의 침략, 난민 불법 유입, 국내 생산자들에게 피해를 입히는 값싼 재화의 유입 등 외부로부터의 영향을 막는 수단으로서 만들어진다. 따라서 자신이 대표하는 집단의 이해관계 속에서 움직이고 있다고 생각하는 것들, 예를 들어 국가, 종교 신앙 집단, 사적 집단 등이 경계를 만들어 낸다. 특정 시점에서 바람직하지 않다거나 자신의 영역이나 집단에 해를 입힐 수 있는 존재로 인식되는 사람들이나 영향력을 "물리칠 수 있는" 권력을 가진 자가 경계를 만든다.

권력 엘리트들은 마찬가지로 경계를 허물 수도 있다. 이들은 경계를 만들었던 사람들과는 다른 종류의 권력 엘리트일 수 있다. 이들은 기존의 경계의 장벽 기능 너머의 외부 권력 엘리트에 (기존의) 집단이나 국가가 패배함에 따라, 혹은 정부 내 변화나 사회적 관행 변화 등에 따라 생겨난 집단이다. 사회경제적 가치가 변화하는 곳에서는 이전에 경계를 만들어 닫았던 권력 엘리트들이 자신들의 정치적, 경제적 이해관계를 위해 경계를 열어 이동과 탈영역적 통행을 자유롭게 만든다. 이는 원래 자기 이해관계에 따라 관세 경계를 만들었던 경제 엘리트들이 이제 국제 경제 환경이 변화함에 따라 자신들의 이해관계에 맞게 재화와 국제 자본이 자유롭게 이동할 수 있게 경계를 해제하는 사례에서 잘 나타난다.

경계가 일단 만들어져 일상생활 패턴과 사회적 관습에 영향을 미치는 실재이자 일상적인 상황이 되고 나면, 경계는 배제와 포섭의 기본 사항을 결정한다. 또한 사회적·공간적 구획을 영속적으로 유지하는 범주들을 만들어 낸다. 예를 들어, 경계가 제도가 되고 나면, 다른 모든 제도와 마찬가지로 스스로의 유지를 위해 일련의 규칙을 가지게 된다. 하나의 제도로서의 경계는 경계를 넘나드는 사람, 재화, 이념의 이동을 통제하는 방식으로 유지된다. 이것은 경계를 넘는 수단을 통제하는, 경계 관리의 가장 중요한 기능 중 하나이다. 그러나 경계 관리는 경계를 넘는 기능을 통제함으로써, 권력 엘리트가 결정한 역할을 실현한다. 권력 엘리트들에게 경계는 사회적인 기본 사항을 규정하는 통제 수단이 된다.

상황에 따라 경계 양편의 두 권력 엘리트들이 쌍방에서 경계를 구분해 관리할 수도 있고, 강자가 약자에게 경계를 부여할 수도 있다. 쌍방적인 경계는 항상 일방적으로 부여된 경계보다 더 낫지만, 반드시 더 효율적이라거나 덜 효율적이라고 말할 수 없다. '한편'이 경계의 존재 혹은 구체적인 기본 조건을 흔들게 되면, 경계는 변화를 경험하거나 잠재적으로 사라지기도 한다. 흔히 경계가 만들어진 원래 방식에 만족하지 않거나 기존의 영역들이 영토나 사회적 현실이 변화하면서 이와 공존하기 어려워지는 정치·경제·전 지구적 조건의 변화로 인해, 경계의 존재를 둘러싸고 갈등이 나타난다(Newman 2004). 이러한 상황은 국제 체제에서 국가들을 구분하는 물리적인 영토 경계에는 그다지 해당되지 않는다. 이에 반해 장기간 계급과 위계적인 범주를 구분해 온, 혹은 계급 없는 능력주의 사회에서 새로운 일련의 사회경제적 경계가 대체하고 남은 다양한 사회적·경제적·문화적 경계에서 잘 나타난다.

접경지(Borderlands), 국경(Frontiers), 이행/혼종 지대

경계는 선이다. 경계는 범주, 공간, 영토가 교차하는 지점을 구성한다. 한 범주가 끝나고 인접한 범주가 시작된다. 역사적으로 이것은 통치권과 국가의 배타적인 통제 범위를 결정해 국가들을 나누는 영토 영역이라는 측면에서 가장 중요했다. 이는 구분 과정이 절대적인 장소 용어로 강고하게 정의되는 경계 유형에서는 분명히 나타난다. 그러나 경계가 막연히 정의되는 경우에는, 포섭과 배제의 절대적인 개념이 혼란스럽고 잘 정의되지 않는 경계 지대 내에서 일정한 이동성이 허용되는 경우에는 이러한 사례가 잘 나타나지 않는다.

이 같은 혼란스러운 경계 정의로 인해 접경지라는 개념이 만들어졌다. 이 개념은 두 가지 구분되는 범주 사이에서 분명히 구분되지 않는 이행 지대를 구성하는 경계 근처의 지역을 말한다(Blake 200b; Martinez 1994; Minghi 1991; Pavlakovich et al. 2004). 여기서 동일한 영토 혹은 문화적 공간에 거주하는 사람들은 양쪽 중 한쪽에 소속되어 있다고 느끼기도 하고, 심지어 양쪽 문화 모두에서 일부분을 취하기도 하고 두 언어 모두를 말하기도 하는 등 혼종성의 공간에 살고 있다는 감정을 느끼게 된다.

접경지는 경계 양쪽에 존재한다. 기존의 단일한 문화 경관에 경계가 설정된 경우를 생각하면 접경지를 이해하기가 쉽다. (접경지의) 종족 집단은 자신들과 함께 살고 있지만 종교적·문화적·언어적 공통성이 없는 주류 집단보다는 경계 너머에 살고 있는 사람들과 자연적 친밀성을 계속 가지고 있다. 이란, 이라크, 터키의 발칸인과 쿠르드인, 과거 서독과 동독, 이스라엘과 팔레스타인의 분단 등과 같이, 종족 갈등으로 인해 경계가 생긴 경우이다. 이처럼 분리주의적 요구와 영토 회복을 막기 위해 국가는 경계를 막고 양측 간의 접촉을 막으려한다. 심지어 경계가 일정한 기능을 하지 못하게 강하게 막고 있음에도, 이 지역의 경계 양쪽에는 자연적, 종족-문화적 접경지가 존재한다. 흔히, 국가는 이러한 유형의 경계 가까이 사는 소수 종족 집단을 억압한다. 이를 위해 국가는 종족 집단을 경계 지역에서 강제 이주시키는 정책을 쓰기도 하고, 경계 외부나 경계 밖의 집단이 아니라 국가 내부와 중심의 성향이 맞는 집단이 들어와 정착하는 것을 돕는 이주 정착 정책을 쓰기도 한다.

접경 지역은 경계가 개방되는 과정에서 중요하다. EU가 확대되어 경계가 사라지기 전부터 EU는 일련의 탈-영역 지역을 만들었다. 여기서는 종족 특성을 공유하지 않는 경계 양쪽의 사람들이 공통의 경제적, 문화적 협력을 통해 상호 접촉했다(Anderson et al. 2002; Blatter et al. 2001; Perkmann 1999; Perkmann and Sum 2002). 사람들은 만남과 접촉을 통해 자신과 멀리 떨어진 국가와 국제 정치를 고려하기보다는 상업, 교육, 레크리에이션 등 일상생활 관습의 공통점을 인정하면서 서로를 덜 두려워하게 된다.

접경지의 어떠한 존재 혹은 범위도 규정되지 않는다. 사람들은 경계 한쪽에서만 존재할 수 있다. 사람들은 경계 한편에서는 (공간적 혹은 문화적으로) 더 멀리까지 확장될 수 있지만, 경계의 다른 편에서는 매우 제한된다. 사람들의 존재는 공간 내에서 일어나는 사회적·경제적 상호작용에 경계 근방의 자기 위치가 영향을 미칠 수 있는 정도에 따라 달라진다. 경계의 존재는 이러한 공간에서 일어나는 활동들에 영향을 미치고, 이는 부분적으로 이 지역에서 도시 계획, 지역 발전 계획과 상이하게 발전이 이루어지는 이유를 설명해 준다. 정부는 지역 주민들에 대한 영향력을 강화하고 잠재적 접경지가 될 수 있는 환경에 주민들이 머물게 하기 위해, 경합 지역에 자원을 투자해 발전시킨다. 혹은 이러한 투자는 경계 너머의 정부에게 이 지역을 포기하지 않을 것이고 정착하려고 한다는 점을 드러내기도 한다. 마찬가지로 경계 너머의 다른 쪽 정부는 인간이 거주하기에는 너무 위험하다고 판단해, 이 지역을 시민 세계에서 요새화된 군사 지대로 탈바꿈시킬 것이다. 결국 접경지, 즉 경합하는 경계와의 거리에 반비례해 발전이 이루어지며, 다만 발전의 성격이 경계의 양측에서 매우 다르게 나타난다.

이와 반대로 지역 안정과 초경계적인 협력이 이루어지는 곳에서는 접경지가 이행 지대로 바뀔 수 있다. 장기간 폐쇄되어 있던 경계가 개방되는 곳에서, 접경지는 차이에 대한 두려움이 점차 사라지고 접촉이 일어나는 공간이 된다. 이행 지대에서는 탈경계-혼종성이 나타난다. 이는 지역 집단이 경계 양쪽의 성격을 모두 취해, 명확히 구분되는 두 집단을 연결하는 것처럼 보이게 만든다. 그러나 장기 갈등과 긴장을 겪은 뒤의 만남은 반드시 공간적인 혼종성을 만들지 않는다. 양쪽이 차이와 문화적 우월감을 더 발전시켜, 양쪽의 만남이 국가 혹은 집단의 고유성을 강화하는 계기가 되기도 한다. 오스카 마르티네스(Oskar Martinez)가 지적했듯이, 경계의 존재를 거의 느끼지 못하는 완전한 탈경계 통합 상황에서 분리선 양쪽 주민들 간의 접촉이 전혀 이루어지지 않아 접경지가 부재하는 상황까지, 다양한 상황들이 나타난다(Martinez 1994).

또한, 문화적·사회적 경계는 공간적 혹은 영토적 용어로 정의될 수 없음에도 불구하고, 이러한 경계의 특징은 접경지

공간과 이행 지대로 설명될 수 있다. 종교 집단의 소속감은 다양하다. 교리 전체를 고수하며 특정 경계 내에 들어가 있는 사람들부터, 덜 교조적이고 덜 고립적인 종교적 소속감을 더 넓은 환경 특성들과 결합하고 있는 사람들까지 다양하다. 한 가지 종교 범주에서 다른 범주로 이동하기 위해서는 개종이 필요하다. 개종 시의 탈경계는 한 가지 사회적 행동 형식을 버리고 다른 것을 취하는 것을 의미한다.

마찬가지로 부를 쌓아 자신의 경제적 지위가 다른 범주로 이동한 사람은 반드시 자신의 새로운 경제적 지위에 걸맞은 속성을 공유하지 않는다. 이 경우, 그 사람은 자신이 사회-경제적 계급 사이의 이행 지대에 있다는 사실을 깨닫게 된다. 이러한 사례는 무수히 많다. 사람들이 한 사회적 혹은 공간적 범주에서 다른 범주로 이동하려고 노력하면, 항상 경계를 넘는 움직임이 존재하기 마련이다. 몇몇은 영토나 문화적 경계를 넘어서는 일에 성공하는 반면, 몇몇은 성공하지 못한다. 몇몇은 영토 경계를 넘어서는 일에 성공하지만, 문화적 경계를 넘을 수 없다는 점을 깨닫게 된다. 과거에는 주류 종족 집단이었지만 새로운 곳에서는 소수 민족이 되어, 문화적 경계가 국가 간의 물리적 경계보다도 훨씬 넘기 어렵다는 점을 깨닫게 된다. 문화적 경계를 넘거나 종족 게토로부터 벗어나는 일은 결코 일어나지 않을지 모른다. 이에 필요한 문화적, 사회-경제적 조정은 원래 경계를 넘었던 사람의 다음 세대, 다다음 세대가 완수할 때까지 기다려야 할지도 모른다.

지구화, 안보, 경계의 간극

경계는 열리고 있는가, 닫히고 있는가? 1990년대 대부분의 경계 연구들은 경계의 개방, 몇몇 경우에는 경계의 소멸을 가져온 지구화 충격에 주목했다. 지구화는 탈영토화되고 경계가 없는 세계라는 개념을 내세웠다(Dittgen 2000; Hudson 1998; Kolossov and O'Loughlin 1998; Newman 2006a; Newman and Paasi 1998; Ohmae 1990; Paasi 1998; Shapiro and Alker 1996; Toal 1999; Yeung 1998). 장애물 없는 전 지구적 흐름, 특히 자본과 정보의 흐름 속에서 경계는 불필요하다고 여겨졌다. 정부가 일종의 장벽, 담, 엄격한 구역 관리를 통해 장애물을 세우려고 해도, 경계의 존재를 더 이상 설명할 수 없게 만드는 사이버 흐름은 막을 수 없었다. 1980-90년대에 철의 장막이 무너지고 상대적인 정치적 안정이 지속되면서, 경계가 철폐되기에 이른다. 이로써 전 세계적으로 과거에 비해 더 많은 사람들이 더 쉽게 경계를 넘어 다닐 수 있게 되었다. 극단적인 EU 사례처럼, 겨우 50년 전에 역사상 가장 참혹한 전쟁에 휘말렸던 국가들 사이의 경계가 철폐되었다. 정부가 관광과 기념을 위해 보존하기로 한 경계만이 남게 되었다.

이러한 개방과 탈경계 상황은 1980년대와 1990년대 경계 관련 연구서에도 반영되어 있다. 전체적으로 경계가 사라진 세계라는 절대적인 개념은 너무 멀리 나간 것처럼 보이지만, 지구화가 경계의 기능에 미친 충격은 무시하기 어렵다. 경계는 이제 협상하고 넘어서기 쉬운 것이 되었다. 심지어 영역이 사라지지 않은 곳에서도, 많은 정부는 탈영역 지역을 만들기 위해 상호 협력했다. 과거에는 닫혀서 폐쇄되어 있던 곳에 상업, 문화, 관광, 심지어 교육을 위해 양측 사람들이 함께 모였다.

지구화 담론이 경계 개방에 심대한 영향을 미쳤듯이, 9/11 사건과 이후의 안보 담론은 많은 경계들이 다시 닫히는 데 크게 기여했다(Andreas and Biersteker 2003; Andreas and Snyder 2000; Laitinen 2003). 전 지구적 테러 위협으로 인해 정부는 '바람직하지 않은 요소들'이 경계를 넘어 들어오는 것을 막기 위해 안보 위협이라는 이름으로 다시 관리를 시작했다. 미국과 미국 남부의 멕시코, 놀랍게도 미국 북부의 캐나다 간 경계보다 이러한 상황에 더 잘 맞는 사례는 없을 것이다(Andreas 2000, 2003; Ackleson 2004; Brunet-Jailly 2004a; Coleman 2004; Nevins 2002; Nicol 2005; Olmedo and Soden 2005; Purcell and Nevins 2004). 사람들이 경계를 넘는 일, 심지어 합법적인 구직이나 관광을 위해 입국하는 일이 더 어려워지고 있다. 국토안보국의 입장에서 매일 미국을 드나드는 100만 명의 멕시코인은 위협이 아니라는 것이 증명되기 전까지는 잠재적 안보 위협이다. 이와 함께 국경 수비대가 수색하지 않는 지역을 돌며 불법 이민자들을 색출하는, "민병"이라고 불리는 지역 민방위대가 형성되었다. 또, 과거에 울타리가 없던 미국-멕시코 경계에 울타리와 장벽이 세워지기 시작했다. 안보 담론은 또 다른 논쟁, 즉 일자리와 더 나은 삶을 찾아 세계 최강대국으로 들어오는 멕시코 '불법' 이민자 유입을 논의할 때 사용되는 수단이 되고 있다. 마찬가지로 확장 중인 EU의 외부 경계, 소위 셍겐 경계(Schengen border)[3]는 경제 이민자들의 입국이 거부되는 지점으로 변화하고 있다. 대신에 일부에는 EU 영토에 이웃한 국가의 잠재적 이민자들을 검사하는 통행 캠프가 설치되어 있다.

위와 같은 맥락에서 북미의 경계를 연구하는 학자들은 1980년대 경계 관련 연구비가 주로 자본·재화·사람의 이동을 자유화해 국가 간의 경제적 관계가 강화되기를 바라는 북미자유무역협회(NAFTA: North American Free Trade Association)를 비롯한 관련 경제조직에서 나왔다는 사실에 주목한다. 그러나 9/11 이후 이러한 연구비 중 대부분이 삭감되었다. 대신에 완전히 반대의 질문, 다시 말해 경계를 더 넘기 어렵게 만드는 방법, 사람과 수상한 재화의 이동을 막기 위한 수단으로써 경계를 다시 닫고 다시 봉쇄하는 방법에 관심을 가진 국토안보국과 같은 기관에서 연구비를 지원하고 있다. 따라서 경제 담론과 안보 담론은 각각 국가 정책의 동인으로서의 경계에 대한 상반된 전망을 두고 서로 싸우고 있다. 한쪽은 미국의 경제적 번영을 위해 제한을 풀자는 것이고, 다른 쪽은 미국의 안보와 안전을 강화하는 수단으로서 더 엄중한 제한을 도입하자는 것이다.

---

3. 셍겐 지역은 국경을 상호 개방한 유럽의 26개 국가의 영역을 의미한다: 옮긴이.

두 담론은 비록 상반된 측면에서이지만, 모두 국가의 이해에 기여한다. 이들은 중앙정부가 경계를 인식하는 방식을 변화시켜 왔다. 그러나 (1990년대처럼) 경계가 완전히 개방되는 것도, (9/11 이후처럼) 완전히 닫히는 것도 안 된다는 의미에서 어느 한쪽이 절대적이지 않다. 경계의 개방 정도는 지리적으로 매우 상이하게 나타난다. 어떤 곳은 개방되고, 어떤 곳은 여전히 닫혀 있고, 심지어 새로 만들어지고 있기도 하다. 경계의 기능적 변화는 지난 10년 동안 안보상의 전환이 불러온 지정학적 조건의 변화에 따라 다르게 나타나고 있다. 유럽은 유럽인의 영토 개념과는 매우 상이한 영토 질서를 가지고 있던 아프리카나 아시아 식민지에 경계를 부여했었다. 이제 이들 식민지와 유럽과의 관계는 사라졌지만, 역설적이게도 이제 내부 권력들이 그 경계를 인지하고 있다. 유럽이 부여한 경계로 인해, 지난 70여 년간 부족 전쟁, 난민, 심지어 인종 학살이 거의 계속해서 일어났다. 그러나 많은 국가들이 새로운 국가 영토 질서에 따르기 시작했고, 또 유럽은 이 국가들에게 전 지구화와 탈민족주의 시대에 경계는 더 이상 중요하지 않다고 말한다. 사실, 현대 아프리카와 아시아는 이중적인 영토 질서 속에 살고 있다. 물리적인 경계가 부여된 영토의 고정성이 — 이제 국가 경계가 생업을 위해 목초지를 찾아가는 자유로운 계절 이동을 (종종 무자비하게) 막고 있어 점점 어려워지고 있음에도 — 많은 국가들에서 지속되고 있는 부족과 유목민의 이동과 중첩되어 있다.

일상생활 관습: 지역화된 경계 내러티브

일부 경계가 철폐된다고 해서, 경계 가까운 곳의 주민들의 일상생활 관습에 경계가 영향을 더 이상 못 미친다거나 경계의 표상이나 영향력이 개인과 집단의 기억 속에서 사라지는 것은 아니다. 심지어 경계는 존재하지만 경계의 물리적 속성(장벽, 울타리, 감시초소)이 사라지더라도, 경계는 지역 주민들의 생활 관습에 영향을 미치고 있다. 심지어 경계가 이미 철폐되어 더 이상 관련이 없다고 주장되는 곳에서도, 이러한 지역적 영향은 경계에 관한 지역적 내러티브, 경계 이야기와 표상을 만들어 내는 미시적인 경험의 수준에서 나타날 수 있다 (Sidaway 2005; Wastl-Walter et al. 2002).

2007년 7월까지 마을 주민들은 북아일랜드와 아일랜드 공화국 사이에 물리적으로 존재하지 않는 경계를 넘어 술집과 나이트클럽을 다녔다. 아일랜드 공화국은 영국보다 몇 년 일찍 금연법을 시행하였다. 그래서 영국이 금연법을 채택하기 전까지, 경계 너머 북아일랜드에서는 공공장소 흡연이 여전히 가능했다. 마찬가지로, 몇 년 전 영국에서 음주 시간이 연장되기 전까지 북부 주민들은 영국의 음주 허용 시간 이후까지 술을 마시고 싶다면, 길을 따라 내려가 존재하지 않는 경계를 넘어 남부로 들어갔다.

이스라엘과 팔레스타인의 6일 전쟁 이후, 이스라엘 정부는 이스라엘을 웨스트뱅크(West Bank)와 구분하던 녹색 라인을 철거하였다. 녹색 라인은 '존재하지 않는' 선 양쪽의 주민들의 시민권을 결정하고, 테러 사건 이후 바리케이드가 설치되고 야간 통행금지가 실시되는 경계가 되는 등 40년간 계속해 중요한 통치 영역이 되어 왔다. 이스라엘 시민법은 이 선의 한 쪽에만 적용될 수 있었고, 이 선의 다른 쪽에는 군정이 이루어졌다. 다시 말해, 녹색 라인은 팔레스타인의 새로운 국가에서 언제든 되살아날 수 있는 잠재적인 경계였다. 실제로 이 라인은 2003년 이후 분리 장벽이 세워지기 시작하면서 다시 설정되었다.

서유럽 여러 지역을 여행하는 사람은 과거 이 지역에 경계가 있었다는 것조차 알지 못할 수 있다. 과거 경계의 흔적들이 빠르게 사라졌는데, 몇몇 정부는 과거 경계나 울타리의 흔적들이 사라지는 것을 일부러 막고 있다. 정부는 이곳들을 미국과 일본 관광객들이 지난 경계 유적들로부터 유럽 역사를 배울 수 있는 관광 명소이자, 동시에 과거의 경계와 관련한 기념품을 파는 지역 상점의 매상을 올려 주는 상업 지구로 만들고 있다. 벨기에와의 국경 가까이에 거주하는 네덜란드인은 '경계 저쪽'의 교육이 이쪽보다 낮다고 생각했기 때문에, 자신의 자녀들을 '존재하지 않는' 경계 너머의 학교로 보냈다. 코펜하겐에 살던 덴마크 사람들 중 많은 이들이 이제 덴마크-스웨덴을 잇는 새로 건설된 다리(land bridge) 바로 건너, 두 나라의 경계의 다른 편으로 거주지를 옮기고 있다. 그들은 '존재하지 않는 경계선'의 다른 편이 더 낮은 세금과 더 높은 삶의 질을 담보해 준다고 주장한다.

분명히 말해, 경계는 일상생활 패턴과 관습에 영향을 미친다. 국제 외교와 정치 영역에서 동떨어져 있는 대부분의 사람들에게 가장 큰 영향력을 발휘하는 것은 학교, 음식, 세금, 음주 시간 등의 사소한 문제들이다. 만약 영역의 존재나 공식적인 철폐가 이루어져 앞서의 사소한 문제들 중, 혹은 일상생활의 기본 조건 중 한 가지라도 더 나아질 수 있다면, 경계는 삶의 질을 향상시키기 위해 거쳐야 하는 도구가 된다. 이처럼 본래 사람들과 공간들을 나누기 위해 만들어졌던 경계는 사라지고 있다기보다는 이제 일상적인 생활수준 제고를 위해 거쳐야 하는 공간이 되고 있다. '열린' 경계 양쪽의 정부와 지방정부는 경계를 없애기보다는 경계 양쪽 집단이 서로 이익이 되게 경계를 이용한다.

윤리와 경계화 과정

현대 경계 문제와 관련해 중요한 질문 중 하나는 경계화의 윤리에 관한 것이다(Buchanan and Moore 2003; van Houtum and van Naerssen 2002). 이것은 권력관계의 문제와 연관된다. 다만, 여기서 주안점은 영역을 만든 사람이 아니라, 경계가 만들어지면서 영향을 받게 된 사람들에게 있다. 이동 제한, 경계 관리와 완화의 성격, 누구를 들어오게 하고 누구를 넘어오지 못하게 할 것인가의 문제는 윤리와 인권이라는 중대한 문제를 제기한다. 안보 문제로 인해 경계 관리가 이전보다 엄격해지면서, 무수한 잠재적 월경자들은 가혹한 대우를 받고 있다. 잠재적 월경자는 서류 검사를 더 엄격하게 받고 있을 뿐 아니라, 몸수색을 더 많이 받고 장기간 감금되기도 하며, 심지어 다양한 엑스레이나 탐지견 검색을 거쳐야 한다.

"누구의 이해관계에서, 누구에 의해 경계가 만들어지는가?"라는 앞선 논의는 "우리가 정의상 이동을 어렵게 만드는 경계를 만들 권리를 가지고 있는가?"라는 질문을 다루지 않는다. 경계는 자유세계에 대한 근대주의자와 탈근대주의자의 견해, 즉 자기 이웃의 물리적 안녕을 해치지 않는 한에서 인간은 고용과 거주의 자유를 누리고 이동할 수 있는 기본적인 권리를 가지고 있다는 생각과 배치된다. 안보 담론은 경계를 폐쇄하는 한 가지 구실이 될 수 있지만, 이것이 결과적으로 경계를 닫아 폐쇄하는 일이 도덕적으로 옳다는 것을 의미하지 않는다.

특히, 경계가 사람들이 의료 시설에 접근하는 것을 막거나 자기 가족과 사랑하는 사람을 만나지 못하게 만드는 곳에서는 매우 심각한 문제를 일으킨다. 경계를 입국 방해 수단으로 사용하는 것은 분명 나쁘다. 경계를 원래 지역에서 나오지 못하게 만드는 수단으로 사용하는 것은 이보다 더 나쁘다. 이 경우, 경계는 감옥의 담장과 같은 역할을 하는 것이고, 이러한 상황은 지구화 세계에서는 점점 줄어들고 있지만, 결코 완전히 사라지지 않고 있다. 자국의 시민들이 나라를 떠나지 못하게 막는 수많은 정권들이 있다. 그리고 이는 경계를 넘은 사람들이 새로운 목적지에서 성공할 수 있는가와는 별개의 문제이다.

탈출을 막는 가장 노골적인 사례는 물리적 울타리와 장벽을 계속 쌓고 있는 지역에서 볼 수 있다. 이스라엘과 웨스트뱅크 사이에 세워진 분리 장벽은 (자살 폭탄을 예방하여) 안보에 기여할 수 있다. 그러나 이로 인해 무고한 시민들의 삶이 고통 받게 되어 심각한 문제를 낳고 있다. 이 장벽에 앞서 독일, 사이프러스, 한국, 최근에 미국-멕시코 경계에 세워진 장벽과 울타리는 정당한 정치적 목적이나 안보 목적을 떠나, 일종의 보이지 않는 위협이 된다. 이에 기반해 국가는 더 인간적인 세계를 향한 기본 가치와 윤리에 의문을 던지며 경계를 유지할 수 있다. 안보 개념은 9/11 이후 국가의 일부에 대한 조치들, 지구화되고 경계 없는 세계인 서유럽에서 사라진 듯했던 조치들을 정당화하는 핵심어가 되고 있다. 자국민 보호라는 정당한 요구와 무고한 시민의 인권을 부정할 수 있는 정도 사이에서 국가가 적절한 균형을 이루는 일이 점점 복잡해지고 있다.

맺음말: 경계 연구에 단일한 모델이 있는가?

이 장에서 논의한 경계 개념을 단일한 모델이나 경계 이론 속에 통합할 수 있을까? 특히, 인류학자, 지리학자, 국제 관계 전문가가 각기 인지하듯이 경계를 구성하는 것을 경험적으로 이해하는 방식이 매우 상이하다는 점을 감안하면, 경계가 너무 다양하기에 한 가지 모델에 적용할 수는 없을 것이다(Brunet-Jailly 2004b, 2005; Kolossov 2005; Newman 2003, 2006b; Paasi 2005; van Houtum 2005). 그럼에도 불구하고 이장에서는 전부는 아니더라도 대부분의 경계 문제에 적용해 볼 수 있는 공통의 주제, 즉 물리적 영역이나 경계 위치에서 경계화의 역동성과 기능성 분석까지 다루었다.

경계가 공간 범주 혹은 문화적 소속감과 정체성이라면, 모든 경계는 차이를 만들거나 반영한다. 모든 경계는 처음에는 국가든, 종교나 사회 계층이든, 권력 엘리트들이 집단의 질서와 위계를 만들고 유지하고 통제하는 수단으로서 만들어진다. 권력 엘리트들은 바로 권력기관과 강하게 연계해 경계를 구축하고 영속적으로 유지하기 위해 (경계의) 구분과 분계 기준을 결정한다. 자신이 위치한 (사회적 혹은 공간적) 범주로부터 탈피하기 위해, 혹은 저 너머는 이곳보다 더 푸를 것이라고 믿기 때문에, 경계를 넘고 싶어 하는 집단과 개인은 항상 있기 마련이다. 모든 경계 가까운 곳에는 이행 지대, 국경(frontier), 접경지 공간이 존재한다. 어떤 경우에는 경계가 열리거나 느슨해진 곳 내에서나 주변에서 만남, 상호작용, 혼종의 탈경계 지대가 만들어지고, 또 다른 경우에는 경계가 닫히고 봉쇄되어 경계 한쪽 편의 차이만을 강조하기도 한다. 이것은 대부분의 경계가 정의상 '여기'와 '저기,' '우리'와 '그들,' '포섭'과 '배제' 사이에 이중적인 구분을 만들어 낸다는 사실과 관련되어 있다.

　이러한 의미에서, 비록 단일한 모델이나 이론을 자체적으로 만들어 낼 수는 없겠지만, 모든 유형의 경계에 적용될 수 있는 공통의 주제들이 존재한다. 다른 분과와 구별되는 자기 전문 분야의 경계를 넘으려는 의지나 능력이 부족해 단일 분과 학문에 국한해 제한적으로 이해하는 것이 아니라, 이를 넘어 경계의 역동성을 이해하는 데 사회과학자들이 많이 기여해 왔다. 이러한 측면에서 가장 중요한 진전은 세부 전공 분야와 관계없이 경계학자들이 함께 인식할 수 있는 공통의 언어, 용어를 만들었다는 점이다. 이러한 진전이 학제 간의 이행 지대, 최전선에서의 물리적인 만남을 넘어 의미 있는 공통의 담론을 만들었는지에 대해서는 아직 알 수 없다. 그러나 지난 10년간의 집중적인 경계 연구와 학제 간 워크숍을 통해 이러한 공통의 언어 중 일부가 만들어져 왔다.

이 글은 데이비드 뉴먼의 허락을 받고 그의 다음 글을 번역한 것이다. David Newman, 2011, 'Contemporary Research Agendas in Border Studies: An Overview' in D. Wastl-Walter (ed.) *Ashgate Research Companion to Border Studies*, AshgatePubCo.

참고 문헌

Ackleson, J. (2004), 'Constructing security on the U.S.-Mexico border,' *Political Geography* 24: 2, 165-84.

Anderson, J. and O'Dowd, L. (1999), 'Borders, border regions and territoriality: Contradictory meanings, changing significance,' *Regional Studies* 33:7, 593-604.

Anderson, J., O'Dowd, L. and Wilson, T. (2002), 'Why study borders now? New borders for a changing Europe: Cross border cooperation and governance,' *Regional and Federal Studies* 12:4, 1-13.

Andreas, P. (2003), 'Redrawing the line: Border security in the twenty-first century,' *International Security* 28:2, 78-111.

Andreas, P. (2000), *Border games: Policing the U.S.-Mexico Divide* (New York: Cornell University Press).

Andreas, P. and Biersteker, T. (2003), *The rebordering of North America* (New York: Routledge).

Andreas, P. and Snyder, T. (eds.)(2000), *The Wall Around the West: State Borders and Immigration Controls in North America and Europe* (Oxford: Rowman & Littlefield).

Berg, E. and Ehin, P. (2006), 'What kind of border regime is in the making? Towards a differentiated and uneven border strategy,' *Cooperation and Conflict* 41:1, 53-71.

Blake, G. (2000a), 'State limits in the early twenty-first century: observations on form and function,' *Geopolitics* 5:1, 1-18.

Blake, G. (2000b), 'Borderlands under stress: some global perspectives,' in Pratt, M. and Brown, J. (eds.), *Borderlands Under Stress*

(London: Kluwer Law International), 1-16.

Blatter, J. and Norris, C. (eds.)(2001), 'Cross border cooperation in Europe,' *Journal of Borderland Studies* 15:1, 13-15.

Brunet-Jailly, E. (2005), 'Theorizing borders: An Interdisciplinary perspective,' *Geopolitics* 10:4, 633-49.

Brunet-Jailly, E. (2004a) 'NAFTA, economic integration and the Canadian-American security regime in the post-September 11 era,' *Journal of Borderland Studies* 19:1, 71-93.

Brunet-Jailly, E. (2004b), 'Toward a model of border studies,' *Journal of Borderland studies* 19:1, 1-18.

Buchanan, A. and Moore, M. (2003), *States, Nations and Borders: The Ethics of Making Boundaries* (Cambridge: Cambridge University Press).

Coleman, M. (2004), 'U.S. statecraft and the U.S.-Mexico border as security/economy nexus,' *Political Geography* 24:2, 185-209.

Dittgen, H. (2000), 'The end of the nation state? Borders in an age of globalization,' in Pratt, M, and Brown, J. (eds.), *Borderlands Under Stress* (London: Kluwer Law International), 49-68.

Hartshorne, R. (1936), 'Suggestions on the terminology of political boundaries,' *Annals of the Association of American Geographers* 26:1, 56-7.

Hudson, A. (1998), 'Beyond the borders: Globalization, sovereignty and extra-territoriality,' *Geopolitics* 3:1, 89-105.

Jones, S. (1959), 'Boundary concepts in setting time and space,' *Annals of the Association of American Geographers* 49, 241-55.

Jones, S. (1943), 'The description of international boundaries,' *Annals of the Association of American Geographers* 33, 99-117.

Kolossov, V. (2005), 'Border studies: changing perspectives and theoretical approaches,' *Geopolitics* 10:4, 606-32.

Kolossov, V. and O'Loughlin, J. (1998), 'New borders for new world orders: territorialities at the fin de siecle,' *Geojournal* 44:3, 259-73.

Laitinen, K. (2003), 'Post-Cold War security borders: A conceptual approach,' in Berg, E. and van Houtum, H. (eds.), *Routing Borders Between Territories, Discourse and Practices* (Aldershot: Ashgate), 13-34.

Martinez, O. (1994), 'The dynamics of border interaction: new approaches to border analysis.' in Schofield, C. (ed.), *Global Boundaries: World Boundaries 1* (London and New York: Routledge), 1-15.

Minghi, J.V. (1991), 'From conflict to harmony in border landscapes,' in Rumley, D. and Minghi, J.V. (eds.), *The geography of border landscapes* (London: Routledge), 15-30.

Minghi, J.V. (1963), 'Boundary studies in political geography,' *Annals of the Association of American Geographers* 53, 407-28.

Nevins, J. (2002), *Operation Gatekeeper: The Rise of the 'Illegal Alien' and the Making of the U.S.-Mexico Boundary* (London: Routledge).

Newman, D. (2009), 'The Green Line and the Separation Fence: Oddly shaped boundaries for Israel/Palestine,' in Diener, A. and Hagen, J. (eds.), *Border Lines: Stories of Odd Borders and Contemporary Dilemmas in World Politics* (New York: Rowman & Littlefield).

Newman, D. (2006a), 'The lines that continue to separate us: Borders in our borderless world,' *Progress in Human Geography* 30:2, 1-19.

Newman, D. (2006b), 'Borders and bordering: towards an inter-disciplinary dialogue,' *European Journal of Social Theory* 9:2, 171-86.

Newman, D. (2004), 'Conflict at the interface: the impact of boundaries and borders on contemporary ethno-national conflict,' in Flint, C. (ed.), *Geographies of War and Conflict* (Oxford: Oxford University Press), 321-45.

Newman, D. (2003), 'On Borders and Power: A Theoretical Framework,' *Journal of Borderland Studies* 18:1, 13-24.

Newman, D. (1993), 'The functional presence of an "erased" boundary: the re-emergence of the "green line,"' in Schofield, C.H. and Schofield, R.N. (eds.), *World Boundaries: The Middle East and North Africa* (London: Routledge), 71-98.

Newman, D. and Paasi, A. (1998), 'Fences and neighbours in the post-modern world: boundary narratives in political geography,' *Progress in Human Geography* 22:2, 186-207.

Nicol, H. (2005), 'Resiliency or change? The contemporary Canada-US border,' *Geopolitics* 10:4, 767-90.

Ohmae, K. (1990), *The Borderless World* (New York: Harper Collins).

Olmedo, C. and Soden, D. (2005), 'Terrorism's role in re-shaping border crossings: September eleventh and the U.S. borders,' *Geopolitics* 10:4, 741-66.

Paasi, A. (2005), 'Generations and the development of border studies,' *Geopolitics* 10:4, 297-325.

Paasi, A. (1998), 'Boundaries as social processes: territoriality in the world of flows,' *Geopolitics* 3:1, 69-88.

Pavlakovich-Kochi, V., Morehouse, B., and Wastl-Walter, D. (eds.) (2004), *Challenged Borderlands: Transcending Political and Cultural Boundaries* (Aldershot: Ashgate).

Perkmann, M. (1999), 'Building governance institutions across European borders,' *Regional Studies* 33:7, 657-67.

Perkmann, M. and Sum, N.-L. (eds.)(2002), *Globalization, Region-*

alization and Cross-border Regions (Houndmills: Palgrave).

Prescott, V. (1987), *Political Frontiers and Boundaries* (Chicago: Aldine).

Purcell, M. and Nevins, J. (2004), 'Pushing the boundary: State restructuring, state theory, and the case of U.S.-Mexico border enforcement in the 1990s,' *Political Geography* 24:2, 211-35.

Shapiro, M.J. and Alker, H.R. (eds.)(1996), *Challenging Boundaries: Global Flows, Territorial Identities* (Minneapolis: University of Minnesota Press).

Sidaway, J. (2005), 'The poetry of boundaries: reflections from the Spanish-Portugese borderlands,' in van Houtum, H., Kramsch, O. and Zierhoffer, W. (eds.), *Bordering Space* (Aldershot: Ashgate), 189-206.

Total, G. (1999), 'Borderless worlds: Problematising discourses of deterritorialization in global finance and digital culture,' *Geopolitics* 4:2, 139-54.

van Houtum, H. (2005), 'The changing geopolitics of borders and boundaries,' *Geopolitics* 10:4, 672-9.

van Houtum, H. and van Naerssen, T. (2002), 'Bordering, ordering and othering,' *Tijdschrift voor Economische en Sociale Geografie* 93:2, 125-36.

Wastl-Walter, D., Varadi, M. and Veider, F. (2002), 'Bordering silence: Border narratives from the Austro-Hungarian border,' in Meinhof, U. (ed.), *Living (with) border: Identity discourses on East-West borders in Europe* (Aldershot: Ashgate), 75-94.

Yeung, H. (1998), 'Capital, state and space: Contesting the borderless world,' *Transactions of the Institute of British Geographers* 23:3, 291-310.

2

동아시아 접경지역 경제특구와 영토화와 탈영토화의 공간정치

박배균

I. 들어가며: 통일은 우리에게 과연 무엇인가?

최근 우리나라에서 남북관계가 큰 사회적 이슈입니다. 제4차 북핵문제가 터졌고, 그에 대한 대응으로 우리나라 정부는 개성공단에서 철수할 것을 결정하고, 그에 또다시 북한 정부는 개성공단 폐쇄를 결정하는 식의 줄다리기가 계속되면서 남북 간에 군사적 긴장이 차츰 고조되고 있습니다. 이런 상황들을 보면서 여러 고민이 생길 수밖에 없는데, 그것은 바로 통일이란 것이 우리에게 도대체 무엇인가라는 겁니다.

얼마 전까지만 해도 통일은 민족의 숙명이자 역사적 당위라고 여겨졌습니다. 본래는 하나의 나라였으나 해방되고 나서 강대국들의 이권 때문에 불행히도 분단된 민족을 하나로 통일하는 것이 자연스러운 상태로의 복원이며, 시대의 숙명이자 누구도 거부할 수 없는 책무라는 식으로 우리는 배웠습니다. 더불어, 한국 정부는 민족공동체 통일론이란 이름하에 1) 남북 간의 화해협력단계, 2) 남북연합 단계를 거쳐, 3) 통일국가 단계로 나아가는 3단계 통일 방안을 제시하고, 2000년대 초중반까지 남북 간의 교류를 적극 추진하였습니다. 남북정상회담, 남북 간 스포츠 교류, 이산가족 상봉, 금강산관광, 개성관광 등 다양한 방식의 남북 간 교류가 추진되었고, 그런 배경하에서 이제 조금만 더 노력하면 통일이 될 수도 있겠다는 생각이 우리 국민들 사이에 널리 퍼지기도 했습니다.

그런데 최근 상황이 급변하고 있습니다. 2000년대 후반부터 지금까지의 상황을 보면 과연 통일이 가능할 것인가 의문이 자연스럽게 들 수밖에 없습니다. 특히, 북핵위기와 남북 간 군사긴장 등과 같은 불편한 상황이 지속되면서 통일의 현실적 가능성에 대해 심각한 회의감이 드는 것이 사실입니다. 더구나 통일의 문제를 보다 더 냉철하게 살펴보면, 과연 통일을 당위적으로 반드시 이루어야만 하는 것인가 의문이 들기까지 합니다. 어떤 사람들은 경제적 측면에서 통일의 당위성을 이야기하기도 합니다. 남한의 자본주의가 지속적인 성장을 할 수 없는 한계에 봉착했는데 이것을 돌파하기 위해서는 북한과 합쳐 새로운 시장을 형성하는 것이 필요하다는 것입니다. 하지만, 이러한 주장과는 반대로 서로 다른 체제하에서 60년을 살았기 때문에 통일을 하려면 치러야 할 비용이 너무 크다고 지적하면서, 통일에 보다 신중할 필요가 있음을 지적하는 사람도 있습니다.

지난 60여 년간 남북한 사회가 경험한 여러 상이한 경험들은 이 둘을 매우 이질적으로 만들어 놓았습니다. 특히, 지난 2-30여 년간 남한사회가 겪은 민주화와 세계화의 경험은 남과 북 사이에 매우 큰 차이를 만들어 놓았습니다.[1] 민주화의 영향으로 이전 반공 이데올로기를 바탕으로 독재를 펴던 권위주의 정권 시절에 팽배했던 북한에 대한 많은 편견과 이데올로기들로부터는 상대적으로 자유로워졌지만, 동시에 북한 체제의 억압성에 대한 반감도 증가하였습니다. 또한, 세계화가 진전되면서, 민족적인 것이 무엇인가에 대한 의문이 증가하고 있기도 합니다. 이러한 상황 속에서 통일로 인해 초래될 현실적인 여러 문제를 신중하게 생각하지 못하고, 통일을 막연히 지향해야 할 것으로 받아들이고 추구하는 경향에 대한 비판론이 최근 늘어나고 있습니다. 즉, 유럽처럼 평화롭게 공존하면서 자유롭게 왕래할 수 있고 교류하고 소통하는 관계 정도만 되어도 충분하지, 굳이 그 많은 비용을 지불해 가면서 통일까지 해야 할 필요가 있느냐는 것입니다.

이러한 상황들을 고려해 보면 통일에 대한 새로운 접근법이 필요하다는 생각이 듭니다. 이제는 통일에 대해 좀 더 거리를 두고 생각하는 것이 더 현명할 수 있습니다. 통일의 필요성을 이야기할 때 전제로 설정하는 것이 분단으로 인한 문제와 불

---

1. 박명규·이근관·전재성 외(2010). 「연성복합통일론: 21세기 통일방안구상」, 서울대학교 통일평화연구원.

편함이고, 이에 대한 유일한 해결책이 분단 이전의 원래 상태로 돌아가는 것, 즉 통일이라는 믿음입니다. 하지만, 통일이란 답을 미리 정해 놓지 말고 차라리 분단으로 인한 문제부터 정확히 파악하고, 그다음에 이 문제를 해결하기 위해서 좋은 방법이 무엇인지 찾는 방식으로 접근해 보는 것은 어떨까요? 통일만이 유일한 방법이라고 좁게 바라보지 말고, 여러 가지 다양한 방법과 가능성들을 열어 놓고 유연하게 사고해 볼 필요가 있습니다. 통일을 당위로 설정하지 않고 탈분단의 문제를 해결하고, 남북 간에 평화적 관계를 진전시킬 수 있는 방법은 무엇일까요?

간단히 요약하면, 이제는 안보와 민족주의적 관점보다는 평화의 관점에서 통일에 대해 접근해야겠다는 말입니다. 즉 탈분단의 유일한 길은 통일밖에 없다는 사고를 극복할 필요가 있습니다. 분단을 극복하는 것이 반드시 통일일 필요가 없다는 점을 객관적으로 인정해야 합니다. 통일보다 평화가 더 중요한 가치입니다. 남과 북 사이에는 독자적 개별성, 역사성이 뚜렷하게 있는 것이 사실인데, 무조건적이고 급격한 통일 추구는 남북한 중 어느 한쪽을 부정해야 할 가능성을 키우게 되고, 그것은 오히려 평화를 위험에 빠뜨리고 군사적 긴장을 더욱 심화시킬 수 있습니다. 즉, 하나의 원리를 강압적으로 강요하거나 동화시키려고 하는 통일보다는 현재 존재하는 차이와 개별적인 상이함을 인정하면서 유연한 방식으로 통합과 평화를 고민하는 태도가 더 적절하지 않을까 생각됩니다.

본 글은 이러한 문제의식하에서 다음의 질문들에 대한 답을 찾기 위해 쓰였습니다. 대안적 통일론이 함축하는 사회·공간적 의미는 무엇일까요? 이런 통일론 속에서 우리는 영토와 국경을 어떻게 이해해야 할까요? 한반도의 탈분단과 평화 진전에 기여하는 국가 영토성은 어떤 것일까요? 이를 구체화하는 데 도움을 줄 수 있는 공간전략은 어떤 것일까요? 이 문제들에 대한 답을 구하기 위해서, 구체적으로는 다음 3가지 이슈에 초점을 두고 논의를 전개하려고 합니다. 첫째, 통일문제를 남북관계라는 특수한 시공간적 맥락과 조건에 국한해서 파악하기보다 동아시아의 평화와 영토적 긴장 완화라는 보다 큰 맥락에서 바라보기 위해, 국가 영토를 절대시하지 않는 관점을 바탕으로 영토의 문제를 이해하고 설명하려 합니다. 특히, 영토에 대한 관계론적이고 상대주의적인 입장을 바탕으로 동아시아의 국경과 접경지역의 변화과정을 살펴보려 합니다. 둘째, 대만의 금문과 한국의 서해안 접경지역을 사례로 동아시아의 접경지역에서 나타나는 초국경적 교류와 영토적 긴장의 복합적 상황을 영토화와 탈영토화의 공간정치라는 관점에서 설명하려고 합니다. 셋째로 이러한 논의들을 바탕으로 동아시아의 평화를 도모함에 있어서 특구를 활용하는 공간전략이 어떠한 가능성과 한계를 가지고 있는지를 살펴보려고 합니다.

II. 국가 영토성에 대한 관계론적 이해: 이론적 배경

1. 국경의 복합적 의미

먼저 국가의 영토와 국경에 대해 생각해 봅시다. 우리에게 국경이란 어디일까요? 국경이라고 하면 연상되는 곳은 어디 인가요? 국경을 가 본 적은 있나요? 이러한 질문들에 대해 대부분의 사람들은 휴전선, 판문점, DMZ, 혹은 독도나 마라도 등을 연상하면서, 군복무 시절을 휴전선의 철책에서 보냈거나, 휴전선이나 독도를 관광차 다녀온 사람이 아니면 대부분 국경이란 곳을 가 본 적이 없다 생각할 것입니다. 하지만, 해외여행을 다녀온 경험이 있는 사람은 모두 국경 통과를 경험하게 되어있습니다. 게다가 여기서 국경 통과를 경험했다는 것은 단지 비행기를 타고 하늘 위에서 국경을 통과하는 것이 아니라, 실제로 발로 걸어서 국경을 통과하는 것을 말합니다. 이렇게 이야기하면 대부분은 황당하다는 표정으로 의아해하면서 그것이 어떻게 가능하냐고 되묻습니다. 우리는 비행기를 타고 해외여행을 갈 때 공항에서 반드시 〈사진 1〉과 같은 출입국심사대를 통과하게 되어 있습니다. 이러한 공항의 출입국심사대가 일종의 국경 역할을 하는 곳입니다. 대한민국 입국을 위한 적절한 비자가 없는 사람들은 이 출입국심사대에서 입국이 저지되어 본국으로 돌아가야 합니다. 하지만, 아주 예외적이긴 하지만, 어떤 사람들은 공항의 출입국심사대 안쪽

사진 1. 인천국제공항의 출입국심사대

공간에서 오랜 기간을 머물며 난민처럼 지내기도 합니다. 이
처럼 대한민국 입국이 허용되지 않더라도 공항의 특정 공간에
서 머무는 것이 가능한 것은 출입국심사대 안쪽의 공간이 완
전한 대한민국 영토가 아니라고 인정이 되기 때문에 가능한
것입니다. 즉, 공항의 출입국심사대는 대한민국 영토의 경계
선과 같은 기능을 수행하기 때문에 국경이라 할 수 있습니다.
실제로 영국 런던의 히드로우 국제공항에서는 출입국심사가
이루어지는 곳을 명시적으로 '영국 국경(UK Border)'이라고
표시하고 있습니다(〈사진 2〉 참조). 이처럼 국경은 우리의 일상
으로부터 아주 멀리 위치하고 있는 것이 아니라, 우리의 삶 속

사진 2. 영국 히드로우 국제공항의 출입국심사대

에 의외로 가까이 존재하고 있습니다.

　이것을 통해 알 수 있는 것은 국경이 의외로 우리 상식과 다른 모습을 띠고 있다는 것입니다. 그렇다면 국경, 접경지대는 어떤 공간이며, 우리에게 어떤 의미와 이미지로 다가오는 곳인가요? 국경에는 상반되는 의미와 이미지가 부여될 수 있습니다. 하나는 갈등과 긴장의 장소로서 이동과 흐름을 막는 장벽입니다. 국경에 대한 이러한 이미지는 다음의 〈그림 1〉과 〈사진 3〉에서 잘 나타납니다. 〈그림 1〉은 2010년 11월 23일 벌어진 연평포격에 대한 같은 해 11월 24일자 동아일보의 기사에서 서해안의 남북한 접경지대와 포격의 상황을 도식화하여 보여준 그림이고, 〈사진 3〉은 2010년 12월 1일의 한경닷

그림 1. 연평포격을 다룬 동아일보 기사(2010년 11월 24일자)에서 형상화된 서해안 접경지대의 이미지 (http://news.donga.com/3/all/20101124/32820177/1?ref =false)

컴 기사에서 보여준 연평포격에 대한 텔레비전 뉴스의 화면을 캡처한 이미지입니다. 이 두 이미지는 국경을 군사적 긴장과 충돌이 가득한 갈등의 공간으로 묘사하고 있습니다.

하지만, 앞에서 보여준 〈사진 1〉과 〈사진 2〉에서 나타나는 국경의 이미지는 많이 다릅니다. 물론 공항의 출입국심사대에 서도 출국과 입국을 심사하는 과정에서 어느 정도의 긴장과 갈등이 발생할 수 있습니다. 특히, 입국 비자의 자격을 둘러싸 고 심사관과 입국하려는 사람 사이에 극도의 긴장 상태가 발 생하기도 합니다. 하지만, 대부분의 사람들은 공항에서의 출 입국심사대를 통과할 때 그리 큰 긴장감을 느끼지는 않습니 다. 오히려 해외여행을 떠난다는 약간의 설렘, 혹은 긴 여행 끝에 이제 집으로 돌아왔다는 안도감 같은 긍정적 느낌과 이 미지를 가질 가능성이 더 큽니다. 즉, 이런 식의 국경에는 교

뉴스속보
북, 연평도 도발

연평도 대피소
김혜영 주민

뉴스속보
"연평도는 현재 불바다"

사진 3. 연평포격에 대한 뉴스보도 화면 (http://hei.hankyung.com/news/app/
newsview.php?aid=201012015986k)

류와 소통의 통로로서의 의미가 더 크게 부여됩니다. 이와 비슷한 예를 한두 가지만 더 들어보겠습니다.

〈사진 4〉는 중국 단둥의 북-중 국경지역에서 흔히 볼 수 있는 북한과 중국 사이 국경임을 나타내는 표지판입니다. 이 표지판에는 여러 가지 경고문구와 사인들이 있습니다. 철조망 위로 올라가거나 넘어가지 마라, 물건을 던지거나 주고받지 마라는 내용과 함께 국경이란 점을 명확히 드러내는 표시를 해 놓았는데, 왜 이렇게 해 놓았을까요? 북한과 중국 사이의 이동을 제약하는 장벽임을 드러내고 북한에 대한 경비를 강

사진 4. 중국 단둥지역의 중국-북한 국경 표지판 (필자 촬영)

화하여 중국으로 탈북하는 사람들을 막거나, 혹은 중국이 북한의 핵실험에 대한 국제적 대북제재에 동참하여 북한에 대한 봉쇄를 더욱 확실히 하기 위해서 이런 표시판을 만들어 놓았을까요? 그것보다는 관광객을 끌어모으기 위해서입니다. 국경임을 드러내는 표지판을 만들고, 다른 장소와 다른 국경적 특성을 과도하게 드러냄을 통해 구경거리를 만들어 관광객을 유인하려는, 일종의 국경관광의 전략인 것입니다. 〈사진 5〉는 〈사진 4〉에서 보여진 국경 표지판 바로 옆에 위치한 좌판대의 모습입니다. 국경 표지판을 만들어 사람들을 끌어모은 다음 그 바로 옆에서 각종 상품과 기념품을 파는 장사를 하는 것입

사진 5. 중국-북한 국경표지판 옆에 설치된 가판대 (필자 촬영)

니다. 즉, 국경이 장벽 역할을 하면서 이동과 흐름을 막고 있음을 극적으로 드러나게 하여 하나의 구경거리 상품으로 만들고, 이를 통해 사람들을 끌어들이고 경제적 이득을 추구하는 전략을 중국 정부가 적극적으로 활용하고 있는 것입니다.

이와 비슷한 곳은 북-중-러 접경지역에서도 발견됩니다. 〈사진 6〉은 러시아의 하산지역에서 두만강 하류의 북-중-러 접경지역을 보고 찍은 사진인데, 이 사진에는 중-러 국경 너머 높이 세워진 거대한 타워가 하나 있습니다. 국경을 안보와 통제의 관점에서만 보면, 이 타워를 국경지대의 허가받지 않은 이동과 통행을 감시하기 위해 세워진 감시탑으로 이해할

사진 6. 북-중-러 접경지대에 국경관광의 일환으로 세워진 중국의 전망대 (필자 촬영)

수도 있지만, 실제는 감시탑이 아니라 관광객을 끌어모으기 위해 중국 정부가 설치한 전망대입니다. 일상에서 보기 힘든 국경의 경관을 관광상품으로 만들기 위해 설치된 국경관광의 중요한 수단인 것입니다. 이러한 사례들을 통해 강조하고 싶은 바는 국경이나 접경지대가 쉽게 생각하는 것처럼 장벽으로 인해 막힌 긴장과 갈등의 장소만이 아니라, 장벽이 만들어낸 차이와 이질성으로 인해 역설적으로 사람들이 모여들고 새로운 교류와 소통의 필요를 만들어 내는 공간이 되기도 한다는 것입니다. 즉, 국경은 1) 갈등과 긴장의 장소로서 이동과 흐름을 막는 장벽, 혹은 2) 초국경적 교류와 소통의 통로라는 두 가지의 상반된 의미를 가지는 공간이라 할 수 있습니다. 그리고, 이 두 가지의 상반되는 의미와 그와 관련된 힘들이 다층적인 공간 스케일을 통해서 복합적으로 상호작용함을 통해 구체적으로 구성되는 현실의 국경은 근대 국민국가의 영토적 주권 개념에 입각한 닫혀 있는 국경이라는 이념형과는 매우 상이한 모습을 보여줍니다.

2. 국경의 네트워크적 영토성

관계론적 관점에서 국경을 이해하기 위해서는 극복해야 할 인식론적 경향들이 있습니다. 하나는 국민국가의 영역성을 근대국가의 고정불변하고 영속적인 속성으로 간주하는 '방법론적 영역주의(methodological territorialism)' 입니다.[2] 근대 사회과학의 많은 이론들은 이러한 방법론적 영역주의의 영향하에 세계가 경계가 지워진 배타적인 영토들로 구성되어 있다는 생각을 너무나 당연시하면서, 실제로 이들 영토들이 사회적으로 구성되고, 끊임없는 갈등과 논쟁 속에 놓여 있으며, 경계를 가로지르며 넘나드는 다양한 이동과 흐름의 힘들에 의해 항상 영향을 받고 있다는 사실을 무시하고 있습니다.

또 하나는 영토(혹은 경계)와 이동(혹은 네트워크)을 서로 모순적이고 대칭적 관계에 놓여 있는 것으로 치부하는 이분법적

---

2. Brenner, N. 2004. *New State Spaces: Urban Governance and the Rescaling of Statehood*. Oxford: Oxford University Press.

태도입니다. 많은 경우에 영토는 배타적인 울타리가 쳐져 있고, 그 내부에는 영토의 성격을 특정 방향으로 규정하는 특정한 방식의 규제, 질서, 시스템, 가치 등이 존재하며 작동하는 공간이라고 이해합니다. 특히, 영토 내부에 포함된 사회-문화적 속성들을 특정한 방식으로 규정하기 위한 통제와 억압의 시스템이 작동하고, 이를 통해 사람들과의 사회적 관계를 그 영토에 뿌리내리게 만들며, 이러한 영토화된 시스템은 자신의 내재적 논리를 가지기 때문에 새로움과 변화에 소극적이거나 저항적인 경향을 보인다고 이해되기도 합니다. 반면에 네트워크는 경계를 뛰어넘는 이동, 연결, 흐름 등을 통해, 영토적 속박에서 벗어나 자유와 해방을 추구하게 해 주며, 새로운 변화를 추구할 수 있게 해 주는 역동성의 매개체가 된다고 이해되는 경향이 있습니다. 이처럼 영토와 네트워크는 서로 대립하면서 충돌하는 관계에 있는 것으로 이해되는 경향이 있습니다.

하지만, 최근 이러한 사고에 대해 다양한 도전들이 이루어지고 있습니다. 전통적 사고관은 영토 내부에는 고유한 어떤 것, 그리고 그 장소의 진정성을 지닌 어떤 특별한 것이 그 영토에 뿌리내려져 있다고 믿는 경향이 있습니다. 하지만, 이러한 전통적 입장에 대한 한 대안으로 최근 관계론적인 영토관이 제시되고 있습니다. 〈그림 2〉에서 볼 수 있듯, 영토라는 것이 존재는 하지만 막힌 것이 아니라 구멍이 뻥뻥 뚫려 있어서, 영토 안팎에 있는 수많은 힘과 행위자들이 교류하고 소통하고, 그것이 누적되어 만들어지는 게 영토라고 생각하자는 것이 관계론적 영토관의 핵심적 주장입니다.[3] 실제로 대한민국 영토가 그렇습니다. 최근 인천공항에 누군가 몰래 들어오려다가 잡혔다거나, 항구에서의 밀항시도가 적발되었다는 기사들이 언론매체에 자주 등장하고 있습니다. 하지만, 이는 전혀 새삼스러운 이야기가 아닙니다. 이런 식의 국경의 넘나듦은 옛날부터 있었으며, 이러한 일들을 100% 막는다는 발상 자체가 비현실적입니다. 국경을 몰래 넘나드는 일들이 마치 예전에는 없었다가 요즘 갑자기 생긴 엄청난 큰일인 것처럼, 그리고 이로 인해 우리 국가의 안보가 절단 날 위협 사태에 빠진 것처럼 호들갑을 떠는 것은 영토를 절대시하는 전통적 사고에 빠져 영토에 대한 완벽한 통제가 현실적으로 가능하다고 믿는 전형적 태도라고 할 수 있습니다.

영토와 국경을 대안적으로 이해하기 위해서는 영토-네트워크 이분법을 극복하고, 영토와 네트워크가 복합적으로 상호규정하는 관계에 있는 것으로 파악하는 것이 중요합니다. 사실 영토는 그 경계가 뚜렷한 공간 범위가 아니라, 네트워크를 바탕으로 만들어진 영향권이라고 봐야 합니다. 깡패조직의 예를 들어봅시다. 각 집단의 영향권인 소위 영역은 누가 선으로 그어 놓아서 만들어진 것이 아니라, 각 깡패집단들이 그 구성원들 사이의 네트워크를 바탕으로 만들어 놓은 세력권입니

3. Massey, D. 1997. "A Global Sense of Place." In Barnes, T. and Gregory, D. (eds.), *Reading Human Geography*, 315-323, London: Arnold.

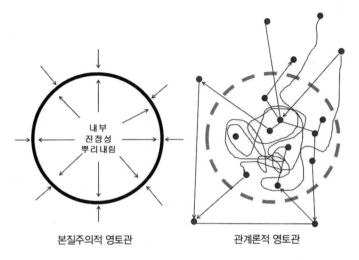

| 본질주의적 영토관 | 관계론적 영토관 |

내부
진정성
뿌리내림

그림 2. 본질주의적 영토관과 관계론적 영토관

다. 국가의 영토도 비슷합니다. 물론 국제법상 선을 긋고 경도와 위도를 정해 놓지만, 이를 선언했다고 해서 영토가 자동으로 지켜지는 것이 아닙니다. 영토를 제대로 유지하고 관리하기 위해서는 젊은이들을 징집하여 군대에 보낼 수 있는 능력, 이 젊은이들에게 전기와 수도를 공급할 수 있는 능력, 군인들을 이곳저곳으로 이동시키는 데 필요한 도로망 등과 같은 다양한 망과 네트워크가 있어야 합니다. 즉, 영토는 네트워크의 효과라 말할 수 있습니다.

그렇다면 네트워크란 무엇인가요? 최근 들어, 유목민적 주

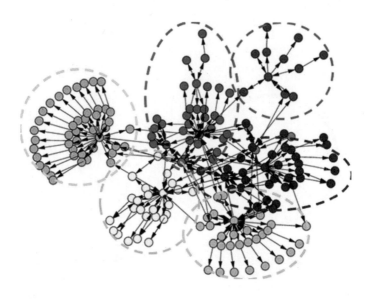

그림 3. 네트워크적 영역성

체성과 탈영토화의 논리와 힘을 강조하면서 네트워크적 사고를 지향하는 주장들이 많이 제기되고 있지만, 네트워크의 분포와 연결을 실제로 보면 탈영토화의 논리로만 설명하기 힘든 부분을 발견하게 됩니다. 즉, 현실의 네트워크적 연결이 펼쳐지는 방식은 공간상에서 균등하게 펼쳐지는 무한대의 확장과 그로 인한 탈영토화의 경향이 아니라, 네트워크의 몇몇 주요 지점을 중심으로 뭉치고 집약되어 국지화된 연결망이 공간상에 차등적으로 분포하는 것입니다. 따라서, 네트워크적 연결성은 탈영토화와 영토화라는 두 상반된 힘을 동시에 지니고 있다고 할 수 있습니다.

결국 영토와 네트워크는 서로 모순되고 상충되는 대립적 힘이 아니라, 서로 섞여서 불가분적으로 결합되어 있다고 볼 수 있고, 이를 가리켜 '네트워크적 영역성(networked territoriality)'이라고 부릅니다.[4] 〈그림 3〉은 네트워크적 영역성을 형상화하여 보여주는 것인데, 여기서 한 꼭지에 달린 포도송이처럼 군데군데 네트워크들이 국지화되어 있는 모습을 볼 수 있습니다. 이렇게 국지화된 네트워크망들을 중심으로 사회적 관계의 영토화가 발생할 수 있고, 이렇게 나타나는 영토화의 힘이 네트워크적 영역성이라는 것입니다.

이러한 네트워크적 영역성의 관점에서 국경을 바라보게 되면, 국경과 접경지역이라는 것도 안보와 장벽이라는 영토화의 논리로만 설명되어서 안 되고, 이동과 연결성에 바탕을 둔 탈영토화의 논리도 동시에 작용하는 곳으로 이해되어야 합니다. 즉, 접경지역은 영토성과 이동성의 복합적 교차공간으로 이해해야 하는 것입니다. 국경과 접경지역에는 항상 이동과 연결을 지향하는 힘과 반대로 이러한 흐름을 저해하는 다양한 힘들이 복합적으로 상호작용하면서 만들어 내는 영토화와 탈영토화의 공간정치가 작동하며, 이를 통해 국경과 접경지역의 현실적 모습과 의미가 구성됩니다. 국경에는 이동과 흐름을 막고 저해하려 하는 힘도 있지만, 동시에 경계를 뛰어넘어 이

4. Painter, J., 2006, Territory-network, Paper presented in the Annual Meeting of the Association of American Geographers.

동과 흐름을 촉발하려는 힘도 존재합니다. 그 둘 사이에 긴장관계가 발생하는 곳이 국경지역이고, 그 길항관계 속에 국경지역의 성격이 규정됩니다. 이러한 영토화와 탈영토화의 공간정치를 어떻게 규정하고 통제하는가에 따라 국경과 접경지역이 긴장과 갈등의 장소가 될 수도 있고, 초국경적 교류와 소통의 장소도 될 수도 있는 것입니다.

　접경지역에서 형성되는 경제특구는 국경 인근에서 경제활동의 초국경적 이동과 교류를 허용하는 특수한 지역입니다. 국민국가의 영토 내에서 주권의 차별적 적용이 허용되는 일종의 '예외적 공간(spaces of exception)'으로서,[5] 접경지역에서 이동성과 영토성이 특정한 방식으로 만날 수 있도록 조율해 주는 공간이 될 수 있습니다. 따라서, 접경지역의 경제특구는 이동성과 영토성의 길항관계에서 기인하는 영토화와 탈영토화의 공간정치를 관리하고 통제하는 데 있어 매우 유용한 공간전략이라 할 수 있습니다. 경제특구라는 공간 전략을 어떻게 잘 활용하느냐에 따라 국경 혹은 접경에서 이동성과 영토성의 긴장관계를 영토적 긴장을 완화하고 평화를 진작시키는 방향으로 조절할 수도 있고, 그 반대의 방향으로 끌고 갈 수도 있을 것입니다.

---

5. Ong, Aihwa 2007. *Neoliberalism as exception: mutations in citizenship and sovereignty*. Durham: Duke University Press.

Ⅲ. 대만의 금문과 한국 서해안 접경지역에서 나타나는 영토화와 탈영토화의 공간정치

이제까지 국경과 접경지역을 바라보는 대안적인 관점에 대해 이야기하였습니다. 이제는 이러한 관점을 바탕으로 동아시아의 두 접경지역에서 일어난 영토화와 탈영토화의 공간정치에 대해 이야기해 보겠습니다. 두 이야기 중 하나는 중국과 대만 사이의 접경지역에 위치한 대만의 금문도에 대한 것이고, 다른 하나는 한반도 서해안에서 북한과 남한 사이의 접경지역인 서해 5도를 둘러싸고 벌어진 일에 관한 것입니다. 전자는 성공적인 탈영토화의 과정을 거쳐 국경이 긴장과 갈등의 장소이기보다는 소통과 교류의 통로로 작동하고 있는 경우이며, 후자는 탈영토화의 힘이 영토화의 힘에 의해 제압되면서 더 큰 긴장과 갈등의 장소로 국경이 자리매김한 경우입니다. 이 두 사례에 대한 비교를 통해 우리는 분단을 극복하고 평화를 촉진할 수 있는 공간전략은 어떠해야 하는지 보다 구체적으로 고민할 수 있을 것입니다.

1. 영토화와 탈영토화의 롤러코스터: 대만의 금문도

1) 금문과 전통적인 흐름의 경제

150평방km의 면적과 7만여 명의 인구를 가진 금문은 대만의 영토에 속한 섬이지만, 대만의 본섬으로부터 남서쪽으로 350km나 떨어져 있는 외딴 변방의 섬입니다. 하지만 이 섬은 중국 복건성의 샤먼으로부터는 불과 8km의 거리에 위치하여 육지와 매우 인접한 섬입니다. 원래 중국의 샤먼과 같은 경제적 생활권에 속해 있던 금문이 대만의 영토에 속하게 된 계기는 1949년 국공내전에서 국민당이 인민해방군에 패퇴하여 중국 본토에서 대만으로 물러나는 와중에 금문이 중국과 대만 사이 군사적 대치의 최전선에 놓여지게 되었기 때문입니다. 특히 1949년 하반기 금문의 古寧頭지역에서 국민당군이 인민해방군을 패퇴시키고 나서, 대만에 자리를 잡은 蔣介石정권은 금문과 마조도를 중국 본토를 되찾기 위한 전진기지로 건설하기 시작합니다. 이로 인해 금문과 샤먼 사이에는 굉장히 굳건하고 폭력적인 냉전적 장벽이 놓여지게 되었고, 금문은 고립된 변방의 섬이 되었습니다.

그런데, 이러한 고립된 변방의 섬이 되기 전의 금문은 남중국과 동남아에 걸쳐 형성된 해상무역과 교역의 네트워크를 중심으로 형성된 흐름의 경제에 깊이 편입되어 있었습니다. 특히, 19세기 중반 이후에는 금문인들의 해외 이주가 본격화되면서 초국가적 노동력 이주의 흐름에서도 중심적 역할을 담당하였습니다. 1600년대 이전부터 형성된 금문의 국제적 교역 네트워크는 금문의 노동력이 해외로 나가 일할 수 있는 중요한 기반으로 작용하였습니다. 금문인들의 해외 이주가 본격화된 것은 19세기 중반부터 20세기 중반까지의 기간 동안

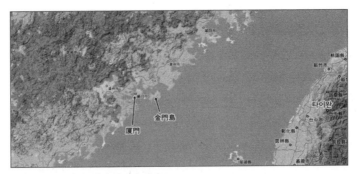

그림 4. 금문, 샤먼, 대만 본섬의 위치

이었는데, 이때 상당수의 금문인들이 경제적 기회를 찾아 싱가포르, 인도네시아, 브루나이, 말레이시아, 태국, 필리핀 등 동남아 곳곳으로 진출하였습니다. 금문인들이 형성한 국제적 이동과 이주의 네트워크는 금문 지역이 흐름의 경제를 바탕으로 형성되는 데 중요한 기반이 되었습니다. 특히, 해외로 이주한 금문인들이 고향에 있는 그들의 가족과 친지에게 보내는 송금은 금문의 경제를 지탱하는 중요한 바탕이 되었습니다. 이처럼 1949년 이전 금문 지역은 동남아를 비롯한 넓은 지리적 범위에서 형성된 교역과 이주의 네트워크에 깊이 연결되어 있었고, 그러한 네트워크에 기반하여 형성된 흐름의 경제가 금문의 경제적 삶을 뒷받침하고 있었습니다.

2) 흐름의 단절과 새로운 연결, 그리고 국가 스케일의 영토화

흐름의 경제에 기반하여 경제적 삶을 영위하던 금문은 냉전 지정학의 영향 속에서 국공대치의 최전선이 되면서 금문과 샤먼 사이에 국경이 설치되면서 흐름의 경제로부터 단절된 외로운 고도로 변하게 됩니다. 양안의 군사적 대치와 긴장은 1954년의 '구삼전쟁,' 1958년의 '팔이삼포전,' 1960년의 '육이칠포전'과 '육이구포전' 등과 같은 국지적인 전투로 인해 특히 고조되었습니다. 게다가, 1958년의 '팔이삼포전' 이후부터 중국의 인민해방군은 '홀숫날에 공격하고 짝숫날에 쉬는' 포격을 시작하여 1978년 12월 중미수교가 이루어질 때까지 지속하였습니다.[6] 이런 상황 속에서 금문 전역은 요새화되고 군사적 영토화를 경험하게 됩니다. 전지정부체제가 수립되어 군인에 의한 통치가 시작되면서, 주민의 일상생활은 엄격히 관리되고 통제받게 됩니다. 군사적 영토화에 의해 야기된 금문의 고립은 심각한 경제적 어려움을 낳았습니다. 특히, 해외의 금문 출신 이주자들이 보내주던 송금에 의존하던 이민송금경제가 붕괴되면서, 많은 금문인들이 경제적 궁핍에 시달려야 했고, 심지어 해외의 자녀로부터 송금이 도착하지 않아 생계가 힘들어진 노인들이 자살하는 일이 발생하기도 하였습니다.[7]

---

6. 김민환(2014). 「경계의 섬과 포격전의 기억: 단절과 이동의 변증법과 대만 금문島의 냉전 및 탈냉전」, 『사회와 역사』 104, 45-76.
7. 지앙붜웨이(江柏煒)(2013). 「변경과 과경: 동아시아 시선 속의 금문 지역사

중국 복건성의 일부로서 샤먼과 동일한 경제권을 형성했던 금문은 흐름의 경제가 단절되면서 샤먼으로부터 떨어져 나와 졸지에 대만 영토의 일부가 되었습니다. 하지만, 1950년대 말까지 금문은 대만과도 완전히 연결되지 않은 고립의 섬으로 남아 있었습니다. 이러한 고립의 섬이 대만의 본섬과 새로운 연결을 맺고 대만의 국민경제에 편입되어 국가 스케일의 영토화를 이루게 되는 중요한 계기를 제공한 것은 금문산 고량주의 전국적 확산이었습니다. 금문의 전지정부는 흐름의 경제의 단절로 인한 경제적 어려움을 해소하기 위해 여러 시도를 하였는데, 그중 하나가 금문 주둔 군인들의 술 수요에 대응하기 위해 시작한 고량주의 자체 생산이었습니다. 금문고량주가 지금은 대만을 대표하는 술로 인정되고 있지만, 1950년대 중반까지만 해도 금문고량주는 금문도에 주둔한 군인들만을 위한 술이었습니다. 게다가, 1950년대 중반까지 금문도에 주둔한 군인들은 대부분 중국대륙 출신이었습니다. 그러다 보니 금문의 고량주가 대만 본토에 알려질 기회는 거의 없었습니다. 이러한 상황이 바뀌게 된 계기는 1950년대 말 무렵이 되면서 중국대륙 출신 군인들이 노쇠하여 대만 본섬 출신의 군인들로 교체되기 시작한 것입니다. 대만 본섬의 군인들이 금문도에 배치되면서 비로소 대만 본섬과 금문도 사이에 본격적인 대규모의 이동과 연결이 시작되었습니다. 그리고 이들의 이동

연구」, 『아시아리뷰 3(2)』(통권 6호), 65-104.

을 따라 금문고량주도 대만 본섬에 알려지기 시작합니다. 전장에서의 군인들의 무용담과 독한 술이 결합되어서 금문도의 고량주가 남자의 술이라고 각인되면서, 대만에 날개 돋친 듯 팔려 나가기 시작했습니다. 고량주가 그렇게 팔리기 시작하니까 금문도의 경제적 수입도 급격히 늘어났습니다. 이를 계기로 금문은 대만 본섬과 본격적으로 연결되고, 대만 중심의 국민경제에 완전히 통합되면서, 〈그림 5〉에서 보여지는 것과 같이 진정한 의미의 국가적 영토화를 경험하게 됩니다.

3) 민주화, 탈냉전, 그리고 탈영토화의 힘: 부활하는 흐름의 경제

1980년대 이래 탈냉전, 민주화와 같은 변화들이 대만 사회에 영향을 미치게 되고, 이러한 변화의 소용돌이 속에서 대만을 중심으로 한 국가적 영토화에 완전히 편입되었던 금문은 새로운 탈영토화의 힘에 영향을 받게 됩니다. 1979년 1월 1일, 미국은 중국 본토의 중화인민공화국과 국교 정상화를 하고, 대신 대만의 중화민국과는 국교를 단절하였습니다. 그와 함께, 중국은 20여 년간 지속되었던 금문과 마조에 대한 포격을 중지하였습니다. 1949년 이래로 양안 사이에 존재하던 군사적 긴장이 극적으로 완화된 것입니다. 이러한 탈냉전의 상황은 대만 정부의 권위주의적 통치방식에 대한 국민적 저항을 불러왔고, 그간의 경제적 번영을 통해 성장한 중산층을 중심으로 민주화 운동이 촉발되었습니다. 1987년 마침내 비상사

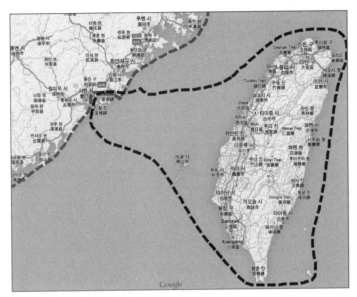

그림 5. 금문의 국가적 영토화

태와 계엄령이 해제되고, 대만은 전반적인 민주화의 길로 들어서게 됩니다. 민주화의 진전과 함께 중국 본토와의 연결과 접촉을 금지하던 여러 규제들도 완화되면서 탈영토화의 힘들이 등장하기 시작합니다. 중국 본토인과의 직접적이고 공식적인 접촉은 여전히 금지되었지만, 비공식적이고 개별적인 경제적 거래는 이루어지기 시작했고, 대만 사업가들이 중국 본토에 투자하기 시작하였습니다.

그런데, 이러한 탈영토화의 힘에 저항하는 영토화의 힘도 만만치 않았습니다. 양안 사이의 군사적 긴장의 완화가 금문의 탈군사화를 즉각 이끌지는 않았으며, 1980년대 내내 금문에는 지속적으로 군사시설이 유지되거나 확충되었습니다. 또한, 1987년, 대만 본섬에서는 계엄령이 해제되었지만, 안보상의 이유로 금문도와 마조도에서는 계엄령이 계속 유지되었습니다. 하지만, 이러한 영토화의 힘은 금문 주민들을 중심으로 로컬한 스케일에서 조직된 탈영토화의 힘에 의해 극복됩니다. 안보의 논리하에서 폐쇄와 고립, 권위주의적 통치에 고통을 겪던 금문과 마조의 주민들은 연대하여 연안 섬들에 대한 계엄령 해제를 요구하는 시위를 벌였고, 다양한 민주화 운동을 전개하였습니다. 이러한 주민들의 저항에 의해 갖가지 탈영토화의 조치들이 취해졌습니다. 1989년 대만 본섬으로의 민간 전화가 허용되었고, 1990년 출입허가시스템이 폐지되어 금문도 주민들이 대만으로 자유롭게 오갈 수 있게 되었으며, 1992년 7월 금문도의 계엄령이 마침내 해제되었습니다. 이와 함께 금문에 주둔하던 군대도 철수하여 본격적인 탈군사화가 이루어집니다.

금문의 탈영토화가 급격히 진전된 또 하나의 계기는 2001년 1월 1일, 중국과 대만 사이에 실시된 '소삼통' 정책이었습니다. 소삼통이란 중국과 대만 정부가 양안관계를 좀 더 발전시키기 위해 대만의 금문과 마조, 중국의 廈門과 馬尾사이에 무역, 우편, 화물의 직접적 교류를 허용하는 정책을 지칭합니다. 이 소삼통의 실시를 계기로 대만의 금문과 마조는 접경지역에서 예외적인 조치가 허용되는 특구로서 기능을 하게 됩니다. 소삼통은 1949년 이래로 금문과 廈門 사이에 놓여졌던 장벽의 높이를 급격히 낮추었고, 이를 계기로 중국 관광객의 금문 방문이 허용되었습니다. 소삼통을 통한 이러한 변화는 금문이 냉전 시기의 고립과 영토적 단절의 상황에서 서서히 벗어나, 양방향을 향한 흐름의 경제로 재접합하고 있음을 의미하는 것입니다.

이제까지 간단히 살펴본 것처럼 1990년대의 탈냉전 지정학의 조건은 냉전적 갈등의 최전선으로 군사적 영토화에 의해 중국 쪽으로는 단절된 채, 대만 쪽 방향으로 연결과 이동이 고정되어 있던 금문이 탈영토화를 통해 양방향 흐름의 경제에 재접속하는 계기를 마련해 주었습니다. 특히, 탈군사화로 인한 지역경제의 침체를 극복하기 위한 대안으로 추진된 관광업 육성정책으로 인해 대만 본섬과 중국으로부터의 관광객 방문을 장려하였고, 이를 통해 금문은 초지역적인 이동과 흐름에 보다 열려 있고, 그러한 이동과 흐름으로 인해 만들어진 경제적 부에 좀 더 의존적인 장소로 변모하였습니다.

4) 지속되는 영토화와 탈영토화의 긴장관계

이처럼 금문에 중국과의 교류에 있어 특별한 혜택과 지위를 부여한 소삼통 정책은 중국과 대만 사이의 접경지대를 긴장과 갈등의 장소에서 평화와 교류의 장소로 바꾸어 매우 성공적인 특구 전략이었다고 평가할 수 있습니다. 하지만, 이러한 전반적인 탈영토화와 흐름의 경제가 복원되는 와중에도, 여전히 영토화와 탈영토화의 긴장은 지속되고 있습니다. 특히, 탈냉전과 탈군사화 이후 금문의 경제를 재형성하는 데 있어 이동과 흐름의 논리가 경계와 영토의 논리를 완전히 대체하지는 못하고 있습니다. 탈영역화를 경험한 이후에도 금문의 경제에는 여전히 이동성과 영토성의 모순적 상호작용이 역동적으로 이루어지고 있습니다. 또한, 금문이 흐름의 경제와 이동의 네트워크 속에 다시 복귀하는 이러한 상황이 오랜 기간 동안 고립과 단절을 겪은 금문에 장밋빛 미래를 보장해 주는 긍정적인 조건인 것만은 아닙니다. 흐름과 이동의 경제는 가치와 사람을 금문으로 불러오는 기회를 제공하기도 하지만, 장소적으로 형성된 사회경제적 기반을 붕괴시키고 새로운 착취와 경제적 불평등의 가능성을 높이기도 하는 이중적 성격을 가졌기 때문입니다. 실제로 소삼통 이후 금문과 廈門 사이의 이동과 흐름이 강화되고 있는 현재의 상황은 금문의 장소성과 대만의 영역성을 둘러싼 새로운 논쟁과 갈등의 조건을 제공하고 있습니다.

2. 물음표로 남겨진 탈영토화: 한국의 서해 5도

1) 분단체제와 영토화의 논리: NLL을 둘러싼 영토적 갈등

한국에서 대만의 금문도와 비슷한 역사와 장소성을 지닌 곳이 백령도, 연평도 등을 포함하는 서해 5도 지역입니다. 이곳도 대만의 금문과 비슷하게 북한과는 지척의 거리에 있지만 국경에 가로막혀 단절되어 있고, 그보다 훨씬 멀리 떨어진 (백령의 경우 인천까지 220km) 인천과 연결되어 있는 외로운 고도입니다. 대만의 금문과 비슷하게, 한국의 서해 5도 지역도 냉전 지정학의 상황에 의해 영토적 분단을 맞이하기 전에는 북한의 인접 지역들과 동일한 생활권에 속하여, 이동과 흐름을 공유하고 있었습니다. 하지만, 냉전 지정학에 의해 한반도에 강요된 분단체제는 이들 생활권을 가로지르는 장벽을 서해안에 설치하면서, 영토화의 논리가 이 지역을 지배하도록 만듭니다.

1953년 정전협정에 의해 한국전쟁이 끝난 이래로 정전협정이 평화협정으로 바뀌지 않고 지속되어, 평화상태를 보장하는 평화체제가 한반도에 부재하였고, 이러한 조건은 서해안 접경지역에도 영향을 주었습니다. 특히 휴전협상에서 유엔군측과 공산측의 첨예한 이견으로 인해, 서해상에서 서해 5도 등 수역 도서의 통제주체를 의미하는 규정 이외에 해상 경계선이 어딘지에 대한 어떠한 규정도 정전협정에서 제시되지 않았습니다. 그렇게 뚜렷한 해상경계가 설정되지 않은 상태에서 정전이 이루어지고, 정전협정이 시행된 지 한 달 후인 1953년 8월 27일, 유엔군이 이전에 일종의 전쟁수역으로 규정하였던 클라크 라인을 철폐하고 대신 NLL(서해북방한계선)을 설정합니다. 여기서 NLL은 유엔군의 함정과 항공기의 북상 항행을 방지하기 위해 설치된 것으로, 서해 5도와 북한측 육지와의 중간선에 연하는 좌표와 동해상 육상분계선의 동일 위도에 설정되었습니다.

이처럼 서해상에서 남북 간의 경계선이라 할 수 있는 NLL이 남북 간의 합의가 부재한 상태에서 유엔군의 편의에 의해 임의적으로 설정됨에 따라, 이후 서해상에서 남북 간에 영토적 긴장과 충돌이 지속되는 빌미가 됩니다. 정전 후 북한은 한동안 잠잠했으나 전쟁의 상처를 어느 정도 극복하고 해군전력을 재건하고 나서 1955년 3월, 12해리 영해 설정을 선포하고, 이를 서해안에도 적용함으로써 간접적으로 NLL에 대한 거부의사를 표시합니다. 그리고 1970년대 초반부터 NLL에 대한 명시적 거부의사를 표시하고 침범하기 시작합니다. 1974년 어선 피격 및 피랍, 1975년 북한 선박 23척의 월선, 1976년 1월 북한공군기 백령도 상공 침범 등이 대표적 사례들입니다. 그리고 이러한 NLL에 대한 북한의 저항은 지속되어 1999년 9월, 북한은 NLL보다 남쪽에 해당하는 서해 해상군사분계선을 선포하면서(〈그림 6〉 참조), NLL을 정면으로 부정합니다. 이러한 상황 속에서 1999년과 2002년의 1, 2차 연평해전이 벌어지게 되는 것입니다. 이처럼 분단체제하에서 만들어진 NLL을 둘러싼 남과 북의 갈등이 서해상에서 영토적 긴장과 갈등을 야기하는 중요한 조건이라 할 수 있습니다.

2) 서해에서 존재했던 탈영토화의 힘과 논리

분단체제하에서 서해 5도 지역은 남과 북의 갈등 속에서 안보의 논리에 기반한 영토화의 힘이 강하게 표출된 곳이지만,

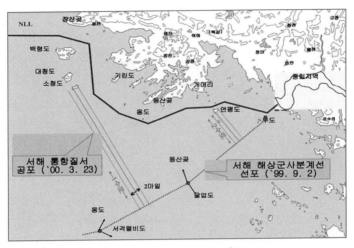

그림 6. NLL과 북한이 주장하는 서해해상군사분계선[8]

서해 5도의 지리적 특성은 이 지역이 영토화의 논리에 의해서
만 지배되도록 내버려 두지는 않았습니다. 분단에 따른 영토
화의 과정이 진전되기 이전에 서해 5도 지역은 현재 북한에 속
한 대동만, 룡연반도, 해주 등과 연결된 생활권을 형성하고 있
었습니다. 백령도와 대청도는 북한의 룡연, 태탄, 장연 등과 하
나의 생활권을 이루고 있었고, 연평도는 북한의 해주, 옹진, 강
력, 벽성, 청단 등을 중심으로 형성된 생활권에 속해 있었습니
다(〈그림 7〉 참조). 이러한 지리-역사적으로 형성되고 존재해
왔던 생활권은 서해의 접경지역에 영토화의 논리뿐 아니라 탈

8. 한반도 평화포럼(2011). 「서해평화협력특별지대 구축 실행방안 연구: 서해 평화
번영과 인천 이니셔티브」

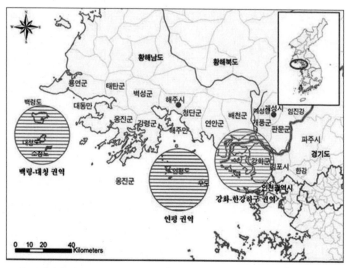

그림 7. 서해안 접경지역의 주요 생활권[9]

영토화의 논리도 작동하게 만드는 중요한 맥락적 조건입니다.

서해안의 전통적 생활권에 기반한 경제적 활동과 사회적 관계망은 분단에 따른 남북의 영토화와 그로 인한 남북 간 사람과 물자의 통행과 교류의 금지로 인해 파괴되었지만, 해류의 흐름과 물고기의 이동과 같은 자연현상은 인간이 만든 경계와 영토를 초월하여 지속되어, 현재 서해안 접경지역에서 탈영토화의 힘이 발생할 수 있는 물질적 근거로 작용합니다. 연평도를 위시한 서해 5도 지역은 예로부터, 조기, 꽃게, 놀래미,

9. 한반도 평화포럼(2011). 위의 글.

우럭 등 어족자원이 풍부한 중요 어업지역이었습니다. 원래 연평도는 일제시기부터 우리나라 3대 조기 파시 중 하나로 꼽힐 정도로 큰 조기 파시가 열리던 곳이었습니다.[10] 이후 어업의 현대화로 인한 조기 어족의 고갈로 1960년대부터 연평의 조기 어업은 쇠퇴하고, 그 대신 1980년대 무렵부터는 꽃게잡이가 이 지역의 중요한 어업 활동이 되었습니다. 그런데 이 조기나 꽃게와 같은 어족 자원들은 남과 북이 만들어 놓은 경계선에 구애받지 않고 움직이는 초국경적 존재이기 때문에, 이를 쫓는 남북의 어민들이 종종 NLL과 같은 경계선을 우발적으로 가로지르는 사건이 발생하기도 하였습니다. 따라서, 남북한 당국은 어족 자원의 초경계적인 이동과 흐름으로 인해 초래되는 어민들의 우발적 월경을 통제하고 관리하는 데 상당히 많은 노력을 기울여 왔습니다. 하지만, 그러한 노력이 항상 성공했던 것은 아니고, 우발적인 경계의 돌파는 남북 간의 군사적 긴장과 충돌을 야기하기도 하였습니다. 1999년과 2002년에 각각 발생한 1, 2차 연평해전은 모두 꽃게잡이를 위해 NLL을 넘어 남하한 북한 주민의 어선과 그를 호위하던 북한해군 함정에 대해 남한의 해군이 대응하던 과정에서 발생한 불행한 사건들이었습니다.

이처럼 서해안에서 지속적으로 강화되는 영토화의 힘과 그에 따른 남북 간 긴장상태의 심화는 남북관계를 진전시키는

10. 인천광역시 역사자료관 역사문화연구실 편. 2005. 「(근대문화로 읽은) 한국 최초 인천 최고」, 인천광역시.

그림 8. 서해평화협력특별지대 조성 계획도 (출처: http://www.pressian.com/news/ article.html?no=61396)

데 도움이 되지 못할 뿐만 아니라, 서해안 접경지역에 거주하는 주민들의 생활도 힘들게 만들고 있습니다. 이에 이런 긴장의 상황을 다소나마 해소하기 위해 다양한 탈영토화의 시도들이 추진되었습니다. 먼저 남북 공동어로에 대한 시도가 있었습니다. 이는 서해 5도 지역이 중요한 어장으로서 서해안 접경지역 남북한 어민들의 경제활동에 중요한 기반이 되는데, 해상경계선이 어민들의 자유로운 어업활동을 방해하고 있으니, 남북의 어민들이 해상의 경계선에 구애받지 말고 자유롭게 어로활동을 할 수 있는 구역을 만들자는 아이디어입니다. 이는 남한의 통일부 장관이 1982년 2월, 20개 항에 걸친 남북협력과제들을 북한에 제의하면서, '남북공동어로수역을 설정

해주경제특구 건설	- 남측에게는 기업의 활로이자 신성장동력, 북측에게는 산업 발전의 토대 마련 - 중장기적으로 해주-개성-인천을 연결하는 '서해3각 경제벨트' 형성
해주항 활용	- 단기적으로 물자수송로 확보 및 남북 항만간 교류 촉진 - 중장기적으로 해주와 남측을 연결하는 물류 네트워크 형성
한강하구 공동이용	- 남측에게는 골재난 해소, 북측에게는 경제적 수익 - 골재채취로 인한 수위저하 효과, 만성적인 임진강 수해방지에 도움 - 준설을 통한 내륙 뱃길 확보, 개성공단의 해상수송로 확보
민간선박의 해주직항로 통과	- 해주-남측 항로단축으로 인한 물류비용 절감 - 남북 해군 및 해운당국 간 협력을 촉진하고, 해주경제특구 활성화에 기여
공동어로 구역과 평화수역	- 조업구역 확대와 수산협력을 통한 남북 어업인의 직접적 소득 증대 - 남북 군사력의 해상완충수역 형성, 서해 평화정착에 기여 - 제3국 어선의 불법조업 방지, 민족 자원 보호 효과

표 1. 서해평화협력특별지대의 주요 사업과 추진 방향[11]

하자'는 제안을 포함함으로써 시작됩니다. 그리고, 1992년 9월 17일에는 남과 북이 '남북 사이의 화해와 불가침 및 교류·협력에 관한 합의서'에서 수산자원에 대한 공동개발에 합의하기도 합니다. 이후 공동어로에 대한 남북 간의 협의는 2002년의 남북정상회담을 기화로 급진전되었고, 급기야 2007년에는 남북 정상이 서해평화협력특별지대를 설치하고, 그 일환으로 공동어로수역을 설정하기로 합의하기에 이릅니다.

---

11. 남북정상선언 이행종합기획단(2007). 「제1차 남북총리회담 합의서 해설」, 12-13쪽(2007년 11월 16일).

서해상에서 추진된 탈영토화의 시도들 중 가장 포괄적이고 종합적이면서 야심차게 추진된 것이 노무현 대통령에 의해 추진된 서해평화협력지대 사업이었습니다. 2007년 10월 4일 남북정상회담에서 "남북관계를 통일 지향적으로 발전시켜 나가기 위한 한 방편으로 서해지역을 공동어로수역으로 지정하고 평화수역화하고 이와 관련해서 서해평화협력지대를 건설하자"고 남북 정상이 합의를 합니다. 특히, 서해 해상의 평화정착을 위해서는 군사적 대결의 관점이 아니라, 경제협력의 관점에서 문제를 풀어 나가자는 발상의 전환을 강조하면서, 서해에서 NLL을 중심으로 공동어로수역을 만들고, 해상평화공원을 설립하고, 한강하구는 공동이용 개발하는 수역으로 하고, 해주와 인천, 강화를 연결하는 공동경제특별구역을 만들어 대결 상태를 해소하고 평화를 구축하자는 합의를 남북 정상들이 하게 됩니다. 중국과 대만 사이의 소삼통 합의와 비슷한 식의 합의가 남북 정상 간에 이루어진 것입니다.

3) 탈영토화 노력의 좌절과 영토화 논리의 강화

하지만, 남북의 정상이 큰 틀에서 합의한 이 계획은 구체화되어 실현되지 못합니다. 특히, 남북정상회담 이후 공동어로와 평화수역 설정에 있어서 구체적 합의를 위해 개최된 남북국방장관회의에서 실질적 합의에 이르지 못합니다. 이는 양측이 공동어로와 평화수역의 설정을 논함에 있어서 NLL이라는 선에 의해 규정된 영토의 논리에서 벗어나지 못하였기 때문입니다. 이처럼 서해평화협력특별지대 조성 사업이 구체적 성과를 내지 못하고 있는 동안 남한에서는 2008년의 대통령 선거에서 정권교체가 되면서 남북 정상 간의 합의는 급격히 무력화되게 됩니다. 특히, 2008년 대통령 선거 이후, 안보와 영토성의 논리를 강조하는 보수 세력으로 정권이 교체되면서, '서해평화협력지대' 사업은 사실상 좌절됩니다.

게다가 분단체제에 기대어 기득권을 유지하고 있는 보수정치세력은 정치적 반대세력을 공격하기 위해 NLL 이슈를 정치적으로 이용하기 시작합니다. 특히 국제법적으로 여전히 애매한 지위에 있는 NLL에 영토선적 의미를 부여하면서, 2007년의 남북정상회담에서 탈영토적 상상을 통해 남북 간 긴장과 갈등을 완화하기 위해 이루어 내었던 여러 가지 합의들을 정치적으로 공격하고, 안보와 영토화의 논리를 바탕으로 부정하였습니다. 설상가상으로 2009년 이후 북한의 로켓발사, 핵실험, 천안함 침몰사건, 연평도 포격 등의 사건들이 연이어 발생하면서, 서해안에는 탈영토화의 논리보다는 영토화의 논리가 다시금 득세하게 되었습니다. 즉, 서해에는 분단체제가 여전히 강하게 유지되고 있고, 영토화의 힘이 지속되고 있습니다. 게다가, 4차 북한 핵실험과 이에 따른 한국 정부의 개성공단 폐쇄로 서해에서 남북 간의 군사적 긴장과 영토적 갈등은 그 어느 때보다 높은 상황에 이르렀습니다.

3. 금문과 서해 5도의 차이

금문과 서해 5도 지역 모두에서 영토화와 탈영토화의 공간 정치가 긴장관계를 유지하면서 나타났지만, 현재 그 두 힘의 균형추는 양 지역에서 상이한 지점에 위치하고 있습니다. 대만의 금문에서는 탈영토화의 힘이 영토화보다 우위를 점하고 있고, 한국의 서해안 접경지역에는 영토화의 힘이 탈영토화의 힘보다 훨씬 강하게 표출되고 있습니다. 이러한 차이가 일어난 것은 어떠한 원인과 배경 때문일까요? 아마도 양 지역의 차이를 만드는 가장 큰 요인은 두 지역이 처한 거시적 차원의 지정-지경학적 조건의 차이일 것입니다. 중국의 개방, 중미수교, 중국의 정치-경제적 부상 등과 같은 조건들은 중국-대만 간의 양안관계에서 탈냉전 지정-지경학적 힘의 영향력이 증가하는 상황을 만들었습니다. 이러한 조건은 대만의 금문에서 탈영토화의 논리가 영토화와 안보의 논리를 넘어 강하게 표출될 수 있는 거시적 기반을 제공했다고 할 수 있습니다. 반면, 한반도에는 여전히 분단체제가 지속되고 있고, 남과 북 사이에 냉전적 긴장관계가 지속되고 있습니다. 특히, 북핵문제가 심화되면서, 남북 간의 긴장과 갈등 또한 더욱 깊어지고 있습니다. 이러한 상황 속에서 서해안의 접경지역에서 탈영토화의 논리가 힘을 얻기란 쉽지 않습니다.

이러한 거시적 지정-지경학적 차이는 많은 사람들이 이미 잘 알고 있는 사실이어서, 굳이 또다시 반복할 필요는 없을 것 같습니다. 따라서, 이 글에서는 대만의 금문과 서해 5도 지역이 로컬한 스케일에서 가지는 정치-경제적 조건의 차이에 대해 주목하고자 합니다. 대만의 금문도에서 탈영토화의 논리가 더 큰 영향력을 가지게 된 배경 중의 하나는 금문의 로컬 행위자들이 자신들이 처한 장소기반적 이해와 정체성을 바탕으로 국가 스케일의 안보 논리에 의해 강요된 영토화 논리를 거부하고자 하는 의지가 더 강했기 때문이라 생각합니다.

이와 관련하여 1) 인구, 2) 역사, 3) 경제의 3가지 차원에서 간단히 살펴보겠습니다. 첫째, 금문은 현재 인구가 7만 명으로 1만 명에 못 미치는 서해 5도보다 훨씬 많은 인구를 가지고 있는 섬이어서, 금문도 로컬 스케일의 정치-경제적 이해관계가 대만 중앙 정치에 미치는 영향력이 서해 5도에 비해 훨씬 큽니다. 이는 대만의 민주화 이후 계엄령이 해제되는 과정에서 잘 드러났는데, 80년대 후반 민주화가 진전되면서 대만의 국민당 정부는 대만 본섬에서는 계엄령을 해제하였지만, 금문과 마조 등 양안의 접경지역에 대해서는 계엄령을 계속 유지하려 하였습니다. 하지만, 앞서도 논하였듯이, 금문과 마조의 주민들이 자체적으로 조직한 민주화 운동의 여파로 대만 정부는 금문과 마조의 계엄령도 해제할 수밖에 없었습니다. 이러한 역사적 경험에서도 잘 드러나듯이, 금문의 지역 행위자들은 로컬한 차원의 이해와 정체성을 바탕으로 국가적 스케일의 안보 논리에 기반하여 강요된 영토화의 힘을 극복할 여지를 더 크게 가지고 있었습니다. 둘째, 근대 시기의 역사적 경험이 대만 본섬과 금문에서 상이합니다. 특히, 금문은 대만 본섬과 달리 일제강점기를 겪지 않았습니다. 이러한 차이는 금문의 주민들이 대만 본섬의 사람들과 다소 상이한 장소적 정체성을 가지게 하는 중요한 배경이 됩니다. 물론 오랜 기간 동안 중국과 겪었던 영토적 긴장과 전쟁의 위험 속에서 깊이 각인된 국민당 지향의 정체성이 여전히 강하게 작동하고 있지만, 대만 본섬과는 상이한 역사 속에서 만들어진 금문의 장소적 정체성은 탈냉전의 새로운 상황 속에서 로컬한 정치-경제적 이해관계를 위해 탈영토화의 논리를 쉽게 받아들이게 하는 조건이 됩니다. 셋째, 금문은 고량주 경제의 성공을 기반으로 상대적으로 높은 경제적 자립의 조건을 가지게 되어, 경제적 차원에서 대만의 중앙정부와 국가에 대한 의존도가 낮습니다. 따라서, 금문의 지역 행위자들은 국가적 차원의 안보적 이해에 기반한 영토화의 논리를 절대시하기보다는, 지역 차원의 경제적 이해를 바탕으로 탈영토화의 논리를 보다 쉽게 받아들일 수 있었습니다.

서해안 접경지역의 로컬한 정치-경제적 조건은 대만의 금문과는 많은 차이를 보입니다. 물론 서해안 접경지역에서도 지역 주민들이 로컬한 스케일에서 가지는 장소의존적 이해는 국가적 차원의 정치적 이해와는 상이하기 때문에, 로컬한 스케일에서 나타나는 영토화와 탈영토화의 길항관계는 대한민국이라는 국가적 스케일의 그것과는 다소 차이를 보입니다. 서해안 접경지역은 오랜 기간 동안 안보의 논리하에서 경제활동과 개발행위에 제약이 가해져서, 경제적 낙후의 문제가 심각했습니다. 그러다 보니 자신들의 생활에 또 다른 제약을 가할 수 있는 과도한 안보 논리에 대해서는 거부감이 강하고, 동시에 새로운 경제적 기회를 가져다줄 수 있는 지역개발에 강한 욕구를 가지는 경향이 있습니다. 따라서 '서해평화협력특별지대'를 일종의 지역개발의 기회로 여기고 긍정적으로 받아들이기도 하였습니다. 또한, 서해 5도의 어민들은 공동어로를 통해 이전에는 접근 불가능하던 북한 지역의 어장에서 작업할 수 있는 가능성에 대해 긍정적으로 생각하였고,[12] 또한 서해안에서 급증하고 있는 중국 어선들의 불법어로에 대해 공동어로를 통해 남과 북이 공동으로 대응할 수 있을 것이라고 우호적으로 생각하는 경향도 존재하였습니다.

하지만, 서해안 접경지역의 정치-경제적 조건은 대만 금문의 그것과는 많이 달라 탈영토화의 논리가 강하게 표출되기 힘들었습니다. 먼저 대만 금문에 비해 서해 5도 지역의 경제적 기반은 매우 취약합니다. 서해 5도 지역에는 금문의 고량주 산업과 같이 지역경제에 많은 이익을 가져다주는 특출한 산업활동이 존재하지 않습니다. 꽃게어업과 관광업이 약간의 경제적 이득을 가져다주지만, 꽃게어업은 어족자원의 감소와 중국 어선들의 불법조업으로 인해 어획량이 급감하고 있고, 관광업은 안보불안과 관광 인프라의 미발달 등으로 지역경

---

12. 홍성걸 (2007). 「남북정상회담, 남북수산협력을 위한 새로운 출발점」, 『월간 해양수산』 277, 1-3.

제에 큰 도움이 되고 있지 못합니다. 이런 상황에서 서해 5도의 지역경제는 거의 전적으로 중앙정부의 지원과 군부대의 주둔으로 인해 초래되는 기지경제에 의존하고 있는 형편입니다. 따라서, 대만의 금문과 달리 지역 행위자들이 국가로부터 자율적인 목소리를 내기 힘든 구조를 가지고 있습니다. 이와 더불어 서해 5도 지역은 한국전쟁 이래로 역사적으로 매우 강한 반공적 정체성을 가진 곳입니다. 이는 서해 5도 지역에서 탈영토화의 논리가 지지를 얻기 힘들게 만드는 역사적 조건입니다. 특히, 남북 간 군사적 충돌의 최전선으로서 여전히 강고하게 작동하는 분단체제의 이데올로기하에서 지역 주민들의 상당수는 보수적인 정치적 성향을 가진 경우가 많아, 안보와 영토화의 논리를 쉽게 극복하지 못합니다. 로컬한 차원에서의 탈영토화와 영토화의 공간정치는 국가적 차원보다는 다소 다른 양상을 보이지만, 정작 중요한 것은 서해 5도가 분단의 역사성 속에서 만들어진 곳이다 보니 여전히 분단체제의 이데올로기와 영토화의 논리가 강하게 작동하는 곳이라는 점입니다. 결국 대만의 금문에서와는 달리 한반도의 서해안 접경지역에서는 이동성과 탈영토화의 논리가 영토화의 논리를 극복하지 못했습니다.

III. 맺음말: 영토화 - 탈영토화의 롤러코스터 속에서
특구 전략의 가능성과 한계

결론적으로 서해안에서는 여전히 분단체제가 강력히 유지되고 있고, 영토화의 힘이 지속되고 있다고 볼 수 있습니다. 이런 상황 속에 4차 북핵실험과 개성공단 폐쇄라는 일련의 사건 속에서 지금 긴장이 극단적으로 증폭되고 있습니다. 대만 금문도와 서해 5도는 안보 장벽 논리로만 설명되지 않는 이동성과 영토성이 복합적으로 교차하는 접경지대라고 할 수 있습니다. 그러나 상이한 방식의 영토화-탈영토화의 공간정치 과정을 통해 두 접경지역의 현 상황은 매우 다릅니다. 한국 서해 5도는 안보와 영토성 논리가 중심이 되면서 갈등과 긴장의 장소로 계속 남아 있는 반면, 대만의 금문도는 이동성과 경제의 논리가 중심이 되는 교류와 소통의 통로로 변하고 있습니다.

두 지역에서 모두 특구 전략이 적극 사용되었습니다. 하지만 그 효과는 상반되게 나타났습니다. 대만의 소삼통 전략은 성공을 거둔 반면에 한국의 서해평화협력지대 전략은 실패했습니다. 특구전략은 1) 축적의 스케일을 확장하여 정치-경제적 이익을 얻으려는 탈영토화의 힘과 2) 기존의 지방적이거나 국가적인 영토 내의 사회적 질서와 조절의 방식을 유지, 보호하려는 영토화의 힘 사이에 벌어지는 매우 구체적인 권력투쟁과 타협의 결과물로 이해해야 합니다. 즉, 특구 전략의 구체적 모습과 그로 인한 효과는 영토화 논리와 탈영토화 논리가 복합적으로 상호작용하면서 만들어내는 결과물입니다. 영토화의 논리보다 탈영토화의 논리가 우세를 점하게 되면 특구 전략은 국가의 영토성을 약화시키면서 접경지역을 교류와 소통의 장소로 바꾸는 데 성공할 가능성이 크겠지만, 반면 영토화의 논리가 여전히 강고하게 작동하면 접경지역의 특구는 갈등과 긴장의 장소로 작동할 가능성이 큽니다.

이러한 경험을 앞서 언급했던 새로운 통일의 관점과 연결시켜 생각해보면, 한반도의 평화를 위해서는 동아시아에서 국가 간의 영토적 긴장을 완화시키고 평화를 진전시킬 수 있는 새로운 이동성의 체제를 만들 필요가 있음을 알 수 있습니다. 특구 전략은 여기서 가능성과 한계를 동시에 가지고 있다고 말할 수 있습니다. 특구 전략의 가능성으로서는 국가의 영토적 유연성을 증가시켜서 이데올로기적 갈등과 충돌의 여지를 줄여 주고 다양한 사회경제의 공존가능성을 높인다는 점입니다. 이를 통해 분단체제의 극복과 평화체제의 정착에 기여할 수 있습니다. 하지만 그 한계도 존재하는데, 이는 다양한 공간적 스케일에서 발생하는 영토화와 탈영토화 사이의 길항관계에 영향을 받기 때문에 그 효과를 쉽게 낙관하기 힘들다는 것입니다. 흐름의 경제를 활성화하고 자본의 이동을 촉진하는 방법에만 과도하게 의존하다 보면 착취와 투기에 노출될 위험이 있고, 특구를 유치하려는 도시와 국가 간에 과도한 경쟁을 유발시킬 수도 있습니다. 또한 특구를 둘러싸고 새로운 영토적 긴장이 발생할 가능성도 존재합니다. 한반도를 둘러싸고 계속 변화하는 상황 속에서 통일전략으로서, 또한 탈분단과 평화증진의 전략으로서, 접경지역에 어떠한 특구를 만들 것인가라는 문제는 우리가 보다 적극적으로 고민하여 현명한 판단을 해야 할 주제가 아닐까 생각합니다.

이 글은 박배균 교수와 박영사의 허락을 받고 수록하였다: 박배균, 2017, 「접경지대 경제특구와 통일의 신지정학: 대만의 금문과 한국의 '서해평화협력지대' 사업에서 나타나는 영토화와 탈영토화의 공간정치」, 『통일의 신지정학』, 박영사.

참고 문헌

Brenner, N. 2004. *New State Spaces: Urban Governance and the Rescaling of Statehood*. Oxford: Oxford University Press.

Massey, D. 1997. "A Global Sense of Place." In Barnes, T. and Gregory, D. (eds.) *Reading Human Geography*, 315-323, London: Arnold.

Ong, Aihwa 2007. *Neoliberalism as exception: mutations in citizenship and sovereignty*. Durham: Duke University Press.

Painter, J., 2006, "Territory-network," Paper presented in the Annual Meeting of the Association of American Geographers.

김민환 (2014). 「경계의 섬과 포격전의 기억: 단절과 이동의 변증법과 대만 금문島의 냉전 및 탈냉전」, 『사회와 역사』 104, 45-76.

남북정상선언 이행종합기획단 (2007). 「제1차 남북총리회담 합의서 해설」, 12-13쪽 (2007년 11월 16일)

박명규 · 이근관 · 전재성 외(2010). 「연성복합통일론: 21세기 통일방안구상」, 서울대학교 통일평화연구원.

인천광역시 역사자료관 역사문화연구실 편. 2005. 「(근대문화로 읽은) 한국 최초 인천 최고」, 인천광역시.

지앙뷔웨이(江柏煒) (2013). 「변경과 과경: 동아시아 시선 속의 금문 지역사 연구」, 『아시아리뷰 3(2)』 (통권 6호), 65-104.

한반도 평화포럼 (2011). 「서해평화협력특별지대 구축 실행방안 연구: 서해 평화번영과 인천 이니셔티브」.

홍성걸 (2007). 「남북정상회담, 남북수산협력을 위한 새로운 출발점」, 『월간 해양수산』 277, 1-3.

3

한국학의 자기 분열
공간적 경계에서 한국학의 분단적 사고로

발레리 줄레조

남쪽(한국, 남한) 또는 북쪽(조선, 북조선)을 설정하지 않은 중립적인 방식으로 고레(Corée)[1]를 어떻게 표현할 수 있을까? 고레(Corée)라는 단어는 그 자체로 경계를 의미한다. 한반도를 대한민국과 조선민주주의인민공화국 두 국가로 나누고 있으며 아직도 구축중인 경계 말이다.

이 장에서 이러한 객관적 사실에서 출발하여 분단이 1945년에 벌어진 지정학적 사건 이상의 것임을 밝히고자 한다. 공간적 경계는 실제로 경계가 구축되는 과정만을 의미하는 것이 아니다. 공간적 경계는 고레 문화권을 근본부터 재규정하

---

1. 줄레조는 의도적으로 '코레'나 '꼬레' 대신에 '고레'를 썼다고 한다. 줄레조는 자신의 그러한 선택이 현대적 번역이나 로마자 표기법으로서가 아니라 사실상 불어 Corée가 '고려'에서 유래되었다는 어원학에 근거한 것이다: 옮긴이.

였고, 그로 인해 다수의 사회적 경계와 새로운 속지성(남과 북, 반도와 아시아 지역, 디아스포라)이 출현하게 되었다. 분단은 무엇보다도 고례에 대한 연구들이 어떤 접근 관점을 취해야 할지를 조건 짓는다. 따라서 '남한 또는 북한으로 단순하게 지칭될 수 없는' 고례의 문화 또는 문명권에 대한 사유는 분단에 대한 사유, 즉 분열의 한국학이 될 것이다.

경계에 대한 지리학적, 지정학적 문제도 중요하지만, 이에 그치지 않고 한반도의 근원적 문제, 흥미진진하며 때로는 고통스럽고 가슴을 에는, 불안정한 한국의 정체성 문제에 대한 논의 역시 중요하다. 이 글은 지리학자의 연구 주제들(이를테면 경계)에서 출발하여 한반도의 경계가 문화적·인식론적으로 어떻게 이해되는지 검토하려는 목적을 띠고 있으며, 이를 통해 한국의 정체성을 논의하는 작업에 앞장서고자 한다.

경계와 한국학: '한국에 대한' 연구에서 분단이 야기하는 쟁점들

이 장의 제목에 대한 논의부터 시작하고자 한다. '분열(schizo)'이라는 단축어의 의미는 그 어원이 'schizé'로서, 그리스어로 〈경계, 국경〉을 뜻한다. 이 글에서 'schizé'는 경계의 의미로 사용될 것이다. '분열(schizo)'은 정신분열증이란 명칭으로 알려진 심리적 질병을 가리키기도 하며, 때로는 인격 분열을 뜻하기도 한다. 따라서 이 글은 궁극적으로는 개인의 내면에 존재하는 경계에 대한 이야기가 될 것이다.

한반도가 1948년 이래로 정치적으로 두 국가로 나뉘었다는 것은 주지의 사실이다. 북쪽은 조선민주주의인민공화국, 남쪽은 대한민국이다. 북한(조선)과 남한(한국)은 대치하고 있으며, 외부 세계, 특히 서구에서 볼 때에 이 두 국가는 적대적 관계로 인식된다. 오늘날 남한은 경제 기적의 상징이 되어 선진국 반열에 올랐고, 민주화를 이루었으며, 최근에는 K-pop, 영화, 드라마 등의 문화 산업으로 아시아와 서구를 사로잡기에 이르렀다. 전체주의 국가인 북한은 체제 전반에 걸쳐 심각한 위기에 직면하고 있다. 사회주의를 표방하는 북한 체제는 서구의 관점에서 보자면 지리학자 로제 브뤼네(Roger Brunet)가 표현한 '반세계(antimonde)'의 모습을 띠고 있다.

이러한 차이에도 불구하고 이 두 체제 모두 실재하고 있으며, 양자 모두 고레이다. 그런데 정말로 양쪽 모두 고레일까? 정치적으로 분단된 상황에서 고레를 어떻게 표현해야 할까? 이 질문을 그 자체로 논했던 경우는 매우 드물지만, 이 글에서는 한국의 국경에 대한 지난 연구를 바탕으로 이 문제에 접근해 보고자 한다.

모순적 조치 ― 부정, 욕망 그리고 경계의 연출

한국인들이 경계를 지각하고 표현하는 방식은 모순적 조치로 보인다. 어떤 면에서 그러한지부터 살펴보겠다. 한반도의 공간은 분리되어 있고, 그 경계를 넘는 것은 현실적으로 불가능하다. 그런데 남한 주민이든 북한 주민이든 거의 모든 한국인들에게 이 사실은 매우 추상적이고 상징적이기까지 한 차원에서 (그 경계를 가로질렀다고 가정함으로써) 경계를 부정하는 형태로, 또는 반대로 경계를 연출하는 형태로 나타나고 있다.

1998-2008년은 남한의 '햇볕 정책'으로 두 고레가 정치적으로 가까워졌던 시기이다. 남한에서는 '햇볕 정책'으로 알려진 이 정책을 국제 관계상의 의미와 용어로 바꿔 말하면 '북한에 대한 남한의 지원 정책'이다. 남한과 국외의 많은 자료들이 말해 주듯, 이때는 경계가 자유롭게 열린 시기였다. 남북 교통을 다시 이어 지역 간의 연결을 구체화하고, 개성과 금강산을 경제특구로 지정하여 공동 개발계획을 수립한 점이 널리 알려진 성과이다. 이 기간 동안, 경계 넘나들기는 상상 차원, 상징 차원에서 양국 모두에게 매우 중요했다. 예를 들면, 북한은 2008년 아리랑 축제에서 꽃이 만발하고 환희에 찬 한반도를 가로질러 신의주와 부산을 잇는 초고속 열차의 광대한 모습을 선보였다. 2007년 경의선 철도를 다시 연결한 남한의 도라산역에서는 '남쪽의 마지막 역이 아니라 북쪽으로 가는 첫 번째 역입니다'라는 표지판이 생겼다.

그러나 개방의 시기였던 이 당시, 경계를 넘나든 사람이 적지 않았음에도 불구하고,[2] 정치적으로 분단된 현실은 여전했다. 2000년대 초반 10년 동안 사용된 '통일 시대'라는 표현이 함축하고 있는 통일에 대한 기대와 꿈이 서린 전망 그리고 슬로건의 의미는 어떤 관점에서 보자면 모순적 조치이다.

마찬가지로, 한국의 경제계획이 제시하는 2000-2030년 접경 지역 개발계획 역시 모순적 조치의 한 형태로 보이는데, 이 계획은 거기에 그치지 않고 현실을 부정하고 있다. 국가 경제계획에 관여하는 주요한 준공공기관 중의 하나인 국토연구원(KRIHS)은 두 개의 고래 사이에 있는 비무장지대(DMZ) 접경 지역을 개발하는 주요 계획들을 제안하였는데, 여기에서 경계는 단절의 공간이 아니라(단절의 공간인 것이 실상인데도!), 마치 긴밀한 접촉이 이루어지는 공간인 것처럼 파악되는 것을 알 수 있다. 남한의 국가 경제정책에 따르면, 국경 지대는 동으로, 중앙으로, 또 서로 연결되는 통신망이 깔려 있는(깔릴 예정인!), 다수의 공동 개발계획이 이루어지는 곳으로 되어 있다(될 예정이다!). 임진강과 북한강 수계 관리를 위한 남북한 협력, 개성과 서울권에 속하는 강화도 일부를 포함한 경제자유구역 조성, 금강산과 설악산 일대에 국제 관광특구 조성, 그리고 동해와 서해의 수자원 공동 관리 등이 그것이다. 그러나 1998년에서 2008년에 이르는 10년간의 화해 모드의 성과는 남북을 잇는 철로와 도로가 다시 연결되는 것에 그쳤다. 게다가 오늘날에는 북한 내에 있는 개성공단만이 유일하게 남한의 관리 하에 유지되고 있을 따름이다.[3] 금강산 관광특구는

2. 2004-2008년 사이 백만 명이 넘는 남한 관광객들이 금강산을 방문했다.
3. 이 글은 2015년 10월 국제 학술회의에서 발표된 것이다. 이후 2016년 2

중국인들에게는 여전히 개방되어 있지만, 남한 관광객들의 출입은 허용되지 않고 있다. 2008년 아침 산책을 하다 부주의로 금지 구역에 들어선 것으로 추정된 남한 관광객이 북한 경비대에게 죽임을 당한 비극적인 사건[4]이 벌어진 뒤로 폐쇄되었기 때문이다. 나머지 개발계획들은 미래의 가설로 남게 되었다.

남한의 개발계획은 정치적인 이유로 인해 북측과 협의될 가능성이 없는 것으로, 대한민국 정부가 구상하고 바라는 경계의 모습에 그칠 따름이다.

한편, 남한과 북한 모두 전쟁과 분단의 〈기억을 품은 장소〉(P. Nora)로 경계를 연출하고, 사람들은 이를 보러 온다. 1953년 한국전쟁의 휴전 협정이 체결된 마을이자 양국이 마주하고 있는 판문점은 가장 널리 알려진 〈기억을 품은 장소〉이다. 남한에서 방문하러 온 사람들로 여기는 늘 북적거린다. 특히 서울에 잠시 체류하는 서양인 관광객들의 호기심을 자극하는 유명 관광 가이드 책자의 표현을 빌리자면, "지구상에서 가장 기이하고 소름 끼치는 곳"[5]을 향하여 그룹을 지어 방

월 10일 정부가 개성공단 가동을 전면 중지함으로써, 지금은 폐쇄된 상태이다: 엮은이.

4. 이 사건의 정황은 명확히 규명되지 않았다. 왜냐하면 남한, 북한 양측이 수사 착수에 합의하지 못했기 때문이다. 이에 대해서는 Christian Park 2013, 46-47쪽을 참조할 것.

5. "서울에 왔다면 지구상에서 가장 기이하고 살벌한 곳 — 남한과 북한의 경계인 비무장지대 DMZ에 꼭 가 보십시오."(Seoul, Guide Lonely Planet,

문한다. 판문점에 주둔한 남한 군인들이 병영을 지키는 모습은 대중들에게도 널리 알려져 있고, 이제는 비무장지대(DMZ)가 갖는 분단의 이미지의 일부가 되었다. 군모와 선글라스를 쓰고 특별한 유니폼을 입은 헌병들은 태권도 자세를 하고 관광객들이 방문하는 병영의 문을 지키고 있다. 이런 모습이 이 장소가 연출되어지는 부분이다.

요컨대, 경계가 묘사되고 지각되는 방식은 분단 상황과 전시 상태[6] 사이에서 벌어지는 모순적 조치를 극명하게 보여 준다. 분단 상황과 전시 상태는 현실 정치의 문제로서, 한편으로는 극복할 수 없는 단절로, 다른 한편으로는 가상적인 평화의 영역, 대화, 개방과 소통을 동반한 통일된 미래의 모습으로 구체화되고 있다.

구축 중에 있는 〈비-경계〉 또는 〈메타-경계〉?

이 경계는 일반적인 경계일까? 우리는 이를 냉전의 흔적이자 극복할 수 없는 장애물이라는 고정관념으로 인식하고 있지는 않은가? 필자는 그러한 통념에 의문을 제기한다. 그리고 이 경계는 계속 구축 중이지만, 또 어떤 의미에서는 실제 경계

Lonely Planet Publication 2006, p. 147).
6. 한국전쟁이 종결될 때 남한과 북한 간에는 평화조약이 체결되지 않았으므로, 한반도는 실질적으로는 평화가 아닌 휴전 상태이다.

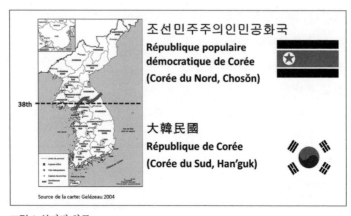

조선민주주의인민공화국

République populaire
démocratique de Corée
(Corée du Nord, Chosŏn)

大韓民國

République de Corée
(Corée du Sud, Han'guk)

Source de la carte: Gelézeau 2004

그림 1. 분단된 한국
출처: Valérie Gelézeau, "Le pouvoir des provinces coréennes," *Géographie
et cultures*, n° 51, 2004, p. 3-13. 지도 p. 11.

가 아니라는 점을 강조하고 싶다.

한국이 둘로 나뉜 그 시기를 기억한다면, 아마도 여러 개의
날짜가 머릿속에 떠오를 수 있다. 일본군의 항복으로 식민지
의 굴레에서 해방된 1945년 8월 15일은 한국에서 제2차 세
계대전이 종전한 날이다. 일본 군대는 무장해제 되고, 곧이어
한반도의 38선 이남에는 미국이, 이북에는 소련이 들어오면
서 나라는 양분되었다. 1948년 여름이 끝날 무렵인 8월 15일
에는 대한민국(남쪽)이, 9월 9일에는 조선민주주의인민공화
국(북쪽)이 들어서면서 두 개의 나라가 세워졌다. 1950-1953
년에는 두 나라 사이에 전쟁이 벌어졌다. 1953년 7월 7일, 한
국전쟁의 종전이 선언되고 판문점에서 휴전협정이 맺어졌다.

그렇게 분단은 받아들여졌다. [그림 1]의 지도는 1945-1953년 사이에 어떤 지형상의 변화가 있었는지 보여 준다. 38도를 따라 찍힌 직선의 점선에서 38선 부근의 구불구불한 선으로 경계가 변한 것이다. 이 같은 국경선의 변화는 지구를 나누는 가상의 평행선을 따라 인위적으로 자른 선이 상시 대립 중인 실질적인 전선으로 바뀌었음을 뜻한다. 휴전이 되었을 뿐 평화조약은 일체 맺은 적이 없다. 따라서 두 개의 한국 사이의 실제 경계는 1953년의 이 전선을 따르게 된다. 필자는 분단이 시작된 최초의 어떤 날짜를 확정 짓기보다는, 경계가 최초로 수립된 그 격동의 시기(1945-1953)를 개괄적으로 바라볼 것을 제안한다.

이러한 관점은 이 경계가 갖는 본질 자체와, 제가 이제부터 말씀 드릴 한국학 연구 방법에 매우 중요한 영향을 미칠 것이다.

이 경계는, 사실, 항시 구축되고 있는 것으로 인식될 수 있다. 최초로 경계가 수립된 1945-1953년 사이에 남한의 영토가 북한으로, 또는 그 반대로 북한의 영토가 남한으로 넘어간 사실을 상기해 보자. 예를 들어 중세 한국의 수도였던 역사적인 도시 개성은 1945년에는 남한에 속했었고, 한국전쟁이 발발하기 전까지도 남한의 영토였다. 1953년에는 개성 이남으로 휴전선이 형성되어 이 도시는 북한에 속하게 되었다. 반대의 경우도 있다. 1945년 일본군이 패망하고 난 뒤 한반도 중부 지역의 철원에는 소련군이 주둔해 있었다. 철원은 1948-

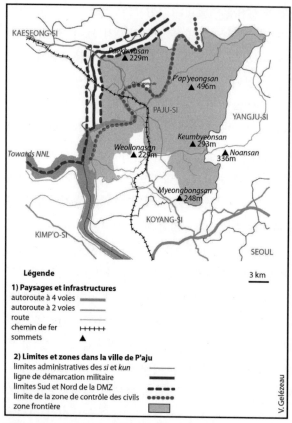

Légende

3 km

1) Paysages et infrastructures
- autoroute à 4 voies
- autoroute à 2 voies
- route
- chemin de fer ⊢⊢⊢⊢⊢
- sommets ▲

2) Limites et zones dans la ville de P'aju
- limites administratives des *si* et *kun*
- ligne de démarcation militaire
- limites Sud et Nord de la DMZ
- limite de la zone de contrôle des civils
- zone frontière

V. Gelézeau

그림 2. 한국 파주의 〈비-경계〉의 복잡한 지형도

Sources:
- *Kyeonggi-do haengjeong toro chido* (carte routière et administrative de la province de Kyeonggi)
Chungan chido-sa, 2007, 1:200000
- *P'aju-si cheondo* (carte générale de la ville de P'aju), SJMaps, 2006, 1:50000
- *P'aju kwan'gwang annae-do* (carte touristique de P'aju), 2007, échelle non-précisée
- *Atlas of Korea*, Sung Ji Mun Hwa Sa, 2000
- Terrain à P'aju, 2007, 2008, 2010.

1950년에는 조선민주주의인민공화국에 속했다가 1953년 이후에는 남한 영역으로 되돌아오게 되었다. 휴전선이 철원 북쪽에 자리 잡게 되었기 때문이다. 경계 지역의 여느 마을들처럼, 철원에는 공산 치하 시절의 흔적이 남아 있다. 폐허가 된 노동당사는 오늘날 지역 관광객들이 찾는 기억의 장소가 되었다.

뿐만 아니라, 필자는 남한과 서양의 많은 학자들이 지적한 것과 마찬가지로, 이 경계는 〈끝나지 않은 전쟁〉의 〈비-경계〉(전문적인 견해로 볼 때, 이것은 휴전선에 불과하다)라고 생각한다. 이러한 법적 상황은 공간의 문제에 중요하게 영향을 미친다. 왜냐하면 이 경계는 국제적 기준의 국경과 같은 단순한 선이 아니라, 휴전선으로부터 남북에 걸쳐 4km에 이르는 비무장지대(DMZ)이기 때문이다. 복잡한 경계가 표시된 파주의 지도를 보면 잘 알 수 있다(그림 2에 나타난 긴 점선이 DMZ의 경계를 나타낸다). 이것은 군사시설 보호구역과 관련된 것으로, 이로 인해 그 지역에는 민간인 통제구역, 접경지대와 같은 일련의 특수 지대들이 설정되었다(그림 2. 한국 파주의 〈비-경계〉의 복잡한 지형도를 참조할 것).

더 나아가, 불변의 경계를 설정할 수 있다는 관념과는 반대로, 두 개의 한국 사이의 경계는 여전히 동요하는 중이고, 그에 대한 몇 가지 사례를 제시할 수 있다. 우선, 해양 경계선은 1990년대까지도 확정되지 않고 사실상 변동해 왔다는 것을 인식하는 것이 중요하다. 남한의 넓은 의미의 접경 지역, 이를테면 휴전선 부근의 민간인들의 이동이 제한된 구역(민간인 통제구역)에 거주하는 주민 수는 1980년대 초 이후로 점점 줄고 있는 추세이다. 이는 일상생활의 편의를 위해서이겠지만, 그 결과 버려진 경계초소와 같이 황폐해진 곳들이 생겨났다.

영해 문제 또한 매우 민감한 것으로서, 이 경계가 본질적으로 얼마나 확정 짓기 어려운 것인지를 잘 보여 준다. 백령도의 예를 들어보자. 백령도는 서해에 위치한 남한의 섬으로, 북한의 해안에서 12km 떨어져 있다. 하지만 이 섬이 속해 있는 행정구역인 인천과는 191.4km의 거리에 있다. 따라서 필자를 위시한 미국과 한국의 여러 연구자들[7]은 백령도가 실제적으로는, 즉 해양법의 관점에서 볼 때에는 공해(空海)에 위치하고 있다고 보고 있다. 1982년 몬테고베이 회의 이후, 남한과 북한은 영해 영역을 담판 지어야 했으나, 당시는 그러한 대화를 시도할 상황이 아니었고, 이후 지금에 이르렀다. 대부분의 세계지도에 명기되어 있는 그 유명한 NLL(북방 한계선)은 사실 애초에는 한국전쟁 후 UN과 남한에 의해 확립된 경계(남한 측 선박이 보호받을 수 있는 북상 한계선과 같은 것)이다. 그러나 북한은 이를 받아들이지 않고 다른 경계를 설정하였다.[8] 1999, 2002, 2009년과, 2010년 3월 천안함 폭침, 2010년 11월 북한의 연평도 포격 등 이 지역에서 끊임없이 해전이 벌어지고 있

---

7. Gelézeau 2013, Kim Nan 2011, Kim Chae-Han 2001을 볼 것.
8. 이 상황에 대한 명확한 지도는 「탈경계 한국」(Gelézeau 2013), 15쪽과 「서울」(Gelézeau 2011), 73쪽을 참조할 것.

는 것은 구축 중에 있는 경계를 두고 영토 분쟁이 일어나고 있는 구체적인 사례라 할 수 있다.

요컨대, 북방 한계선은 지리학자 미셸 푸세가 〈메타 경계〉(즉, 처음 확정된 영토를 시간적으로나 공간적으로 능가하는 경계)라고 지칭한 것의 좋은 예이다. 역사적으로 보면, 1494년 스페인과 포르투갈이 미지의 영토에 세웠던 경계가 메타 경계의 범주에 속한다. 그것이 아메리카 대륙의 미래를, 특히 포르투갈어를 쓰는 브라질과 스페인어를 쓰는 그 외 나라들이 언어로 구분되는 데에 결정적 역할을 했기 때문이다. 한국의 경계를 이러한 메타 경계로 간주해서는 안 될 이유가 있을까?

남북한의 경계에는 늘 활성 전선이 형성되어 있다고 볼 수 있는데, 이것은 한반도를 넘어선 영역, 이를테면 중앙아시아에 거주하는 이산자 사회로 전파되기도 한다. 카자흐스탄의 한국인 디아스포라에 관한 임은실(Yim Eunsil)의 최근 논문(2016)[9]은 러시아 권역의 한국 출신자 사회가 1990년대를 기점으로 어째서 두 개의 한국으로 갈라져 언어 전쟁을 벌이게 되었는지를 보여 준다. 이 시기에 소련 연방이 붕괴되면서 두 개의 한국이 경쟁하게 되었기 때문이다. 전통적인 친소련 우방인 북한은, 중앙아시아에 새로 수립된 나라들에게 새로운 기회를 제공하며 유인하는 남한의 사업가, 문화단체 등을 속수무책으로 받아들여야만 했다. 두 개의 한국은 카자흐스탄

---

9. Yim Eunsil 2016, pp. 137-192를 볼 것.

의 한국 이산자 사회에 '진짜' 한국말을 가르치게 되었다. 임은실은 논문에서 이 시기 카자흐스탄에서 사용된 여러 한국말 교본들을 비교하고 있다. 북한의 교본에 "조선말을 하십니까?"라고 되어 있는 표현이 남한 교본에는 "한국말을 하십니까?"로 표기되어 있다. 이 교본들에서 한국 또는 한국어를 지칭하는 용어의 경합은 문화 전문가들에게는 익숙하지만 대부분의 대중에게는 생소한 부분이다.

보다시피 디아스포라의 메타 경계선상에서 벌어지는 언어의 전쟁은 단순하게 고레라고 말하는 것이 이제는 불가능하다는 것을 알려 준다. 북한을 가리키는 조선, 그리고 남한을 가리키는 한국, 그렇게 두 개의 한국이 있는 것이다. 그러므로 한국에 대한 담론에 관심이 있다고 한다면, 그것은 분명 학문적 견해와도 관련이 있다. 두 개 이상의 한국이 존재하기 때문이다.

왜냐하면 두 개의 한국은 양쪽 모두, 상대를 지칭하거나 연구하면서 지시 대상으로 파악하는 똑같은 논리를 구사하고 있기 때문이다. 북한인에게 남한은 남조선, 즉 '남쪽에 있는 조선'(다시 말해 북한의 남쪽)이다. 그런데 북한을 여행하면서 필자는 남조선(북한인에게는 이국적인 지역)에 관한 학문이 존재한다는 것을 발견했다. 예를 들자면, 평양에 있는 남조선연구원, 달리 말하면 〈북한연구소〉(litt. 〈남조선〉)에서였다. 반면, 남한에서는 북쪽의 한국을 '북한'이라고 말하는데, 글자 그대로 '남한의 북쪽'이란 뜻이다. 서울에서 북한 관련 학문과 자

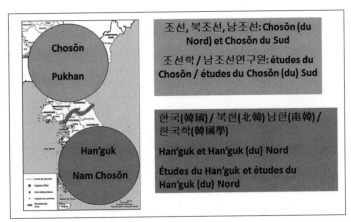

그림 3. 적어도 네 개의 한국!

료 보관이 이루어지는 곳은 〈북한자료센터〉와 〈북한대학원대학교〉이다. 이제 우리는 우리가 어느 위치에서 말하고 있느냐에 따라 두 개의 한국이 아니라 적어도 네 개의 한국을 마주하고 있다. 정치적 분단을 도식화한 [그림 3]은 정치로 인해 여러 개로 분극화된 용어를 보여 준다(적어도 네 개의 한국!). 그리고 거기에는 이들이 스스로를 어떻게 지칭하고 있는지도 드러나 있다.

이것은 사회학적으로 매우 중요한 점들을 시사해 준다. 사고는 그것을 말하는 단어들에만 한정되지 않는다는 것을 우리는 알고 있기 때문이다. 그것의 위치를 설정해야 한다. 한국어로 고래라고 말하려면 북한이나 남한에 있어야 한다. 다른 방도가 없다. 고레를 번역할 간단한 용어는 한국어에 존재하지 않는다. 또한, 기나긴 역사를 함께 해 왔으나 오늘날에는 두 국가로 분열되고 이산된 이 문화를 지칭할 단어 역시 존재하지 않는다. 고레는 그럼에도 동시에 그 모두이기도 한데, 이를 남한에서 사용되는 한국어로 지칭하기란 극도로 어렵다. 그래서 몇몇 동료들은 영어 'Korea'를 단순 표기한 단어 'K'oria'로 이러한 현실을 표현하기도 한다.[10]

한국어 표기법 선택에 대한 토론이 종종 격렬하게 일어나는 것 역시 이 상황과 관계가 있다. 국가 명칭을 두 가지로 써 넣은 것은 적어도 두 개의 한국어(남한에서 쓰는 한국어, 북한에서 쓰는 한국어)가 존재하는 오늘날의 현실을 보여 주는 사소한 한 예에 지나지 않는다. 두 한국어의 어휘, 문장구조, 발음, 그리고 무엇보다도 이들 언어로 전달되는 이데올로기는 선명히 구별된다. 한편, 두 개의 한국은 각기 다른 표기법을 사용하고 있다. 남한은 1937년에 수정되어 서양에서 널리 쓰이는 매큔-라이샤워 표기법을 1983년에 채택하였고,[11] 필자는 프랑스어 또는 영어 판본을 채택하였다. 서양 문자에서 유래한 구별 부호들[12]이 사용된다는 이유로 비판 받기도 하지만, 미

---

10. 동국대학교 SSK(Social Sciences Korea) 그룹(Park Sung Song, Shin Hyun Thak)의 연구를 볼 것. 이 주제에 관하여 2015년 2월 6일 사회과학고등연구원(EHESS)의 한국학연구소와 공동 워크숍이 개최되었다.
11. 이 표기법은 1983-2000년 사이에 남한의 공식 표기법으로 지정되었다.
12. o나 u 위에 쓰이기도 하는 반달 구별 부호들(ŏ, ŭ)을 사용하는 표기 체계가 정보시대에 적합하지 않다고 비판자들은 주장한다.

국을 비롯한 대부분의 학계에서 이 표기법을 따르고 있다. 만족스럽지 못한 구석이 분명히 있는데다 연구자들의 많은 지지를 받는 선택도 아니지만, 발음에 따른 표기를 해야 할 때가 있다. 1945년 이전의 한국의 역사를 기술하기 위해, 또는 북한에 관해 언급하기 위해 남한의 한국어를 옮겨 적는 것은 그 담론을 남한에서, 어느 정도는, 바로 남쪽을 기준으로 삼는 관점으로 설정하는 것이다. 마치 북한은 그 자체로 존재하지 않는 것처럼 말이다. 프랑스에서 정치적이지도, 정치성을 띠지도 않은 학술적인 글을 쓰는 필자의 관점은 이와 다르다. 하지만 선택에 여러 차례 영향을 미치기도 하여, 졸저 『서울(*Séoul*)』(Autrement 출판사의 《Atlas mégapoles》 총서, 2011)에서는 이 책이 현장에서 활용될 여지를 높이고, 10여 년 전부터 서울에 정착된 용례들을 존중하는 의미에서 매큔-라이샤워 표기법을 버리고 남한의 공식 표기법을 사용하였다. 이 책에서 필자는 남한의 입장을 취하고 있기 때문이다. 반면에 이 글에서처럼 한국의 복수성, 〈메타-국가〉[13]의 형태에 대한 문제를 다룰 때에는 매큔-라이샤워 표기법을 택한다. 두 개의 한국이 존재하고 있고, 두 개의 공식적인 한국어 표기법 체계가 경쟁하게 되는 한, 80년에 이르는 학계의 관행에 따라 현시점에서 더 중립적인 표기법을 선택하는 것은 〈메타-국가〉를 조망하려는 노력이며, 따라서 대체로 딜레마에서 벗어날 수 있

---

13. 「메타-문화/한국의 메타-국가. 경계면들의 불복종의 방식으로 끝나다」를 볼 것(Gelézeau 2015. 또한 Gelézeau 2017 참조).

는 선택이라 할 수 있다.

오늘날, 한국학 연구에 대한 인식은 뒤바뀌고 있다. 고레에 대해 언급하고 사유하는 우리의 방식이 어느 지점에서 이루어져야 할지 인지해야 하며, 상황을 바로 알고 그에 대한 관점을 명확히 하기 위하여 사회과학 연구에서 고레를 다루어야 한다. 선택할 수 있는 표기법 중 어떤 것도 '아무 이유 없이' 배제되는 법은 없기 때문에, 그것은 우리가 사용하는 표기법의 중요성과 그것을 선택하는 이유를 명확히 인식하는 것과 궤를 같이한다. 프랑스에서 또 국제적으로 이루어지는 한국학 연구는 이 발표문 서두에 언급했던 모순적 조치들이 벌어진 상황을 인식하고 그 경로와 이에 대한 관점을 밝힘으로써 이를 극복할 힘을 제공한다.

프랑스에서, 또 국제적으로, 한국학 연구는 자기 분열적 형태를 극복하고 경계를 넘어 사회과학에서 Corée(고레)는 과연 어떤 존재인지를 고찰하는 시점에 이르렀다. 국제 관계와 정치학이 한국의 분단 문제에 접근할 때 취해야 할 방식은 궁극적으로는 이론적으로도 정신적으로도 〈반-경계화(un-bordering)〉로 나아가야 한다.

참고 문헌

FOUCHER Michel, 2007, *L'obsession des frontières*. Paris, Perrin.

GELÉZEAU Valérie, 2017, "Le mur coréen et les mots pour dire la Corée. De la frontière spatiale à la méta-nation," *Raison présente*, n° 202, July 2017, pp. 21-31.

GELÉZEAU Valérie, 2015, "Méta-culture/méta-nation coréenne. En finir de manière indisciplinée avec les interfaces," communication du workshop organisé le 6 février 2015 au Centre de recherches sur la Corée de l'EHESS en partenariat avec le Groupe SSK (Social Science Korea) de l'Université Dongguk. Conférence non publiée. Voir le programme du workshop: http://korea.hypotheses.org/8181

GELÉZEAU Valérie, Koen DE CEUSTER et Alain DELISSEN (eds), 2013, *Debordering Korea. Tangible and Intangible Legacies of the Sunshine Policy*. Routledge Advances in Korean Studies.

GELÉZEAU, Valérie, 2013, "Life on the lines. People and places of the Korean border," in Valérie Gelézeau, Koen De Ceuster et Alain Delissen (eds), 2013, *Debordering Korea. Tangible and Intangible Legacies of the Sunshine Policy*. Routledge Advances in Korean Studies. pp. 13-33.

GELÉZEAU Valérie, 2012, "La Corée dans les sciences sociales. Les géométries de la comparaison à l'épreuve d'un objet dédoublé," in Olivier Rémaud, Jean-Frédéric Schaub et Isabelle Thireau (dir.), 2012, *Faire des sciences sociales*. Volume 3: *Comparer*. Paris, éditions de l'École des hautes études en sciences sociales, collection «Cas de figure», pp. 255-284.

GELÉZEAU Valérie, 2011, *Séoul*. Paris, Autrement, collection « Atlas mégapoles ».

GELÉZEAU Valérie (dir.), 2004, *La Corée en miettes. Régions et territoires*, n° spécial Corée de la revue Géographie et cultures, automne 2004, n° 51.

KIM Chae-Han, 2001, *The Korean DMZ. Reverting beyond Division*. Seoul, Sohwa.

KIM Nan, 2011, "Korea on the Brink: Reading the Yŏnp'yŏng Shelling and its Aftermath," *Journal of Korean Studies*, Vol. 70, n° 2, pp. 337-56.

PARK Christian, 2013, "Crossing the border. South Korean tourism to Mount Kŭmgang," in Valérie Gelézeau, Koen De Ceuster et Alain Delissen (eds), 2013, *Debordering Korea. Tangible and Intangible Legacies of the Sunshine Policy*. Routledge Advances in Korean Studies. pp. 34-49.

PARK Sung Song, SHIN Hyun Thak et al.,2012, *Hanbando pundan-e taehan tu kae-ŭi chŏpkŭn: pundanch'ejeron-gwa pundan/t' al pundan-ŭi haengwija-naet'ŭwŏk'ŭ iron* (Deux perspectives d'approche de la division coréenne: la théorie de la division et la théorie de la traduction (de l'acteur-réseau) appliquée à la division/post-division), rapport de recherches du Groupe SSK (Social Sciences Korea) de l'Université Dongguk.

YIM Eunsil, 2013, "Korean identities in post-Soviet Kazakhstan," in Valérie Gelézeau, Koen De Ceuster et Alain Delissen (eds), 2013, *Debordering Korea. Tangible and Intangible Legacies of the Sunshine Policy*. Routledge Advances in Korean Studies. pp. 118-133.

YIM Eunsil, 2016, *Etre Coréens au Kazhakstan. Des entrepreneurs d'identité aux frontières du monde coréen*, Collège de France, Institut d'études coréennes, collection Kalp'i-études coréennes. Chap. 3: "La confrontation entre la Corée du Nord et la Corée du Sud dans le mouvement de «renaissance»(1989~1991)," pp. 137~192.

역사의 상처에서 새로운 유럽의 실험장으로

독일–폴란드의 사례로 보는 두 개의 한국

니콜라이 토이플

1. 서론

접경 지역들은 유럽 통합이라는 맥락에서 언론 및 정치인들 뿐만 아니라 사회과학 연구자들에 의해서 종종 "사회적 실험실"(Hermann 2012)이라고 불린다. 이 지역들은 공간 통합, 집단 기억, 주변화, 일상적 권력관계와 같은 얽히고설킨 지형도에 통찰력을 제시한다. 국가, 국민, 영토 간의 추상적 연관성은 이제 가시화되었다(Nugent 2012).

쉬어하그(Scherhag 2008)가 언급했듯이, 제2차 세계대전 이후 국경 간 협력에 대한 프로젝트와 연구는 프랑스, 룩셈부르크, 벨기에, 네덜란드에 인접한 독일 서부 국경에서 오랜 역사를 가지고 있으며, 이는 유럽공동체(European Community)와 이후 유럽연합 탄생의 핵심 동인이 되었다. 1990년 이후 독일의 통일 과정은 자신만의 고유한 역동성과 절차들을 지니고 있었고 한반도 통일에 관한 논쟁에서 종종 언급되기도 했다. 독일의 서부 국경에서 이루어진 국경 간 협력을 통해 수집된 지식들은 2004년에 체코와 폴란드의 유럽연합 가입 이후 중요해졌다. 이를 통해 독일의 동부 국경이 유럽연합의 경계 외부에서 내부가 되면서, 서부에서의 유로-리전(Euro-regions)이나 구조적 발전 자금과 같은 광범위한 수단들을 적용할 수 있게 되었다. 그러나 복잡하고 분쟁적인 역사 및 개별 국가들의 변화 과정의 차이 때문에 지식을 직접적으로 적용하는 것은 쉽지 않았으며, 해결책들은 각기 다른 상황에 맞게 적용되어야 했다.

이 글에서는 제2차 세계대전 이후 폴란드-독일 국경에서의 일련의 과정 및 구조들을 제시하면서, 국경 간 협력의 시도, 문제점 및 그 결과와 독일-폴란드 접경지대 안에 위치한 지역 단위의 시민사회에 주목함으로써 남북문제에 적용 가능한 관점을 제시하고자 한다. 하지만, 독일의 서부 국경에서 동부 국경으로의 전이와 마찬가지로 남북한으로의 전이에는 "지역적 조건의 중요성과 다양한 상황의 역사적 맥락"을 고려할 필요가 있다(Buursink 2001: 7). 이것이 바로 나의 연구가 폴란드-독일 국경에 대한 상세한 기술에 초점을 맞추는 이유이다. 그리고 남북문제에 대하여는 단지 유동적 차원의 아이디어들을 제안할 것인데, 나는 이러한 생각들에 대한 논의를 희망한다. 따라서 국경 이론에 대한 소개에 이어서, 폴란드-독일 접경 지역의 과거와 현재의 맥락, 분할된 국경도시인 괴를리츠와 즈고젤레츠의 사례들을 살펴볼 것이다. 1998년에 두 도시는 국경 간 시민사회를 건설하고자 스스로를 "유럽 도시(European City)"로 명명했기 때문에, 여기에서는 특히 시민사회 및 시민들과 사업가들에 의한 소위 "국경 작업(borderwork)"의 역할에 초점을 맞출 것이다.

2. 국경과 시민사회

국경 연구 분야는 얄궂게도 1990년대 초반 새뮤얼 헌팅턴의 책 『문명의 충돌』과 "국경 없는 세계"라는 담론의 맥락에서 일대 부흥을 경험한다(Paasi 2005). 국경 간 협력의 다양한 시도들뿐만 아니라 난민 사태나 테러와의 전쟁 같은 최근의 문제들은 이를 다룰 다양한 장들을 형성하였고, 국경 연구를 널리 인정받는 분야로 변화시키고 있다.

최근의 월경(cross-border) 과정의 복잡성에 대응하기 위하여 럼포드(Rumford 2012)와 존슨 외(Johnson et al. 2011) 학자들은 국경 연구를 정치, 문화, 지역, 경제 연구와 지리학의 공통 연구 분야로 승격시켰다. 따라서 국경에 대한 일반 이론은 존재하지 않지만, 학자들은 그것들의 역동적 성격과 국경 형성 과정에 개입하는 행위자들의 다양성에 동의한다. 국경은 종종 동시에 제도, 절차, 사회역사적 구성물, 자원, 혼종 공간(spaces of hybridization), 분할 및 연결하는 힘, 서사 혹은 경험으로 드러날 수 있다(Newman 2006). 국경은 "따라서 주어지는 것이 아니라, 사회-정치적 경계 만들기 혹은 사회 안에서 발생하는 경계를 통해 모습을 드러내는 것이다"(Scott 2015). 나는 이 글에서 국경 연구에서 종종 등한시되는 통시적 관점을 더하여, 국경을 "기억의 회복과 경합, 재협상이 일어나는 핵심적 장소"(Zhurzhenko 2011: 65)이자 사회역사적 구성물로 보고 그 역동적 속성에 주목할 것이다. 이어서 권역적, 지역적 규모에서 독일-폴란드 국경에서의 상향식, 하향식 과정 모두에 초점을 맞출 것이다.

이러한 통합된 접근 방식에 대해 크리스 럼포드(2012)는 「국경에 대한 다관점적 연구를 향하여(Towards a multiperspectival study of borders)」라는 논문에서 생산적인 설명 틀을 제공했다. 이 논문은 특히 유럽 통합의 맥락에서 대단히 유용한데, 그 외 지역에서도 적용이 가능할 것이다. 럼포드는 학문과 실제 정책 계획의 영역 둘 다에서 매우 일반적인 국가 중심적 접근을 행위자(agency) 요인에 더 비중을 두는 방식을 통하여 넘어서고자 한다. 국경을 분리와 분할의 경계선으로 보는 것에 더하여, 그는 국경이 문화적 조우의 장소로도 기능할 수 있다고 지적한다. "국가처럼 보기" 대 "국경처럼 보기"라는 은유는, 일찍이 독일의 정치지리학자 프리드리히 라첼의 언급처럼, 국경이 "국가의 표피"일 뿐 아니라 시민들의 일상의 한 부분이라는 사실을 강조하기 위해 사용되어 왔다. 그래서 럼포드(2008, 2012)는 소위 "국경 작업(borderwork)"이라는 용어에 주목하는데, 이 용어는 국경 만들기(bordering)가 "항상 국가의 일만은 아니다. 보통 사람들[시민들과 비시민들]이 점점 더 국경 만들기에 관여하고 있다. … 시민, 사업가 및 NGO들은 국경을 만들고, 바꾸고, 심지어 없애는 데 적극적"(Johnson et al. 2011: 67)임을 강조한다. 일상의 실천에 더 주목하는 것은 메고란(Megoran 2006)의 비판적 논의와도 부합하는데, 그는 "정치지리학자들은 전 세계의 경계들과 지정학 모두에 대한 가치 있고 폭넓은 일군의 지식들을 생산해 왔다. 그러나 담론 연구에 대한 강조는 이러한 문헌들이 문제적 현상에 대한 사람들의 경험과 일상적인 이해를 폄하하거나 심지어 삭제해 버림으로써 지루하고 편파적인 것으로 될 위험에 놓여 있음을 의미한다"고 주장한다.

한반도의 분단과 현재의 남북 관계는 확실히 양자 간 선언문과 최고 수뇌부 정치에 의해 주도되고 있다. 국경 작업의 설명 틀은 민간 영역에서의 경제 협력과 이산가족 상봉을 통한 국경의 재형성을 포착할 수 있게 한다. 다관점적 국경 연구에서 나온 아이디어들은 미래의 통일 논의에서 양측의 정치적·경제적 가교를 형성하고, 국경 지대를 문화적 만남의 장소로 승격시키는 데 도움을 줄 수 있을 것이다. 분석적 관점에서 보면, 남북한 사이의 국경은 분단 이후 양국의 복잡한 역사를 이해하는 데 발견적(heuristic) 역할을 수행할 수 있다.

3. 역사가 중요하다

폴란드-독일의 국경을 따라 위치한 국경도시들의 국경 간 상호작용을 위한 시도들은 한편으로는 이들의 특수한 역사적 배경(Lentz et al. 2009; Jaješniak-Quast, D. and Stokłosa 2000), 다른 한편으로는 현재의 전환, 주변화, 인구 감소, 유럽 통합 과정들과 불가분의 관계에 있다(Matthiesen and Bürkner, 2001).

개념적 차원에서 이는 "과거와 현재 사이에서 끊임없이 앞뒤로 움직이는 것으로 설명될 수 있다. 역사적인 것과 그 결과들, '통시성,' 장소의 '어원' … 이들 모두가 장소에 각인된다"(Lefebvre 1991: 37). 따라서 현재의 행위들은 항상 역사적 환경의 맥락 속에서 이해되어야만 한다. 다음의 인터뷰는 문화적 기억과 개인적 기억 모두가 현재 국경에서의 과정들을 이해하고 해석하는 데 중요하다는 사실을 보여 준다.

"그래요. 당신은 백지상태의 카드를 가지고 있습니다. 당신은 다른 시간에 다른 장소에서 시작했습니다. 하지만, 만약 당신에게 이 모든 일들이 일어난다면, 당신은 어떻게 반응해야 할지 혹은 무엇을 해야 할지 알 수 없을 것입니다. … 나는 무엇을 해야 할지 모르겠고, 앞으로도 우리가 전혀 모르기를 바랍시다."[1]

---

1. 인터뷰 1: 즈고젤레츠의 어퍼 루사티안(Upper Lusatian) 박물관 연구자, 2012.

짧은 20세기 동안에 중부와 동부 유럽은 두 차례의 세계대전과 국경 및 국경 체제의 거대한 변화를 경험했다. 또한 우크라이나, 동독(GDR), 체코슬로바키아 같은 신생국들이 생겨났을 뿐 아니라 수백만 인구가 추방과 재정착을 겪었다. 오피로프스카(Opilowska 2009: 15)는 독일-폴란드 접경지대와 그 지역 거주민들에게 1945년은 전환점으로 기억된다고 기술했다. 제2차 세계대전 종전 후 얄타 회담과 포츠담 협정의 결과에 따라 폴란드 영토가 서쪽으로 이동하면서, 괴를리츠(Görlitz), 프랑크푸르트(오데르, Frankfurt(Oder)), 구벤(Guben)이 분할되었을 뿐만 아니라 대략 800만~1,000만에 달하는 폴란드인들과 독일인들의 대규모 이동 및 강제 이주가 발생했다(그림 1). 하지만 폴란드-독일 간 국경이 최종적으로 오데르나이세(Oder and Neisse) 강을 따라 정해진 1990년에 국경 조약이 발효되기 전까지, 국경의 상황은 불분명한 채 단지 사실상 인정되었다. 이러한 오데르나이세 강을 따라 이어진 폴란드-독일 간 국경지대는 1950년에 동독과 폴란드 공화국 사이에 맺어진 즈고젤레츠 조약과 1970년에 서독이 폴란드와 체결한 바르샤바 조약에서 이 국경을 인정했던 것에 근거한다(Lentz el. al. 2009). 소비에트연방에 속했던 오데르나이세 강 유역은 1949년 독일 분단 이후 새로 수립된 동독과 폴란드 인민공화국 간의 새로운 국경이 되었다. 두 국가 모두 사회주의 노선을 따르고 있었고, 세계를 동서로 나누는 새로운 선이 서독과 동독 사이에 있었음에도 불구하고, 새로운 폴란드-독일 국경

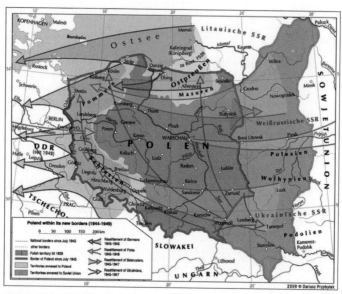

그림 1. 폴란드 영토의 서부 국경 변화와 대규모 재정착
출처: D. Przybytek 2009.

은 제2의 철의 장막으로 불리면서 1970년대까지 거의 밀폐된 상태로 닫혀 있었다.

　[표 1]은 제2차 세계대전 이후 국경 체제의 변화를 보여 주면서 정치적 맥락을 언급하고 국경의 개방성을 설명하는데, "국경의 투과성은 접경지대의 일상생활과 활동에 있어 결정적"(Wastl-Walter 2009)이기 때문이다. 이러한 변화들도 국경 가까이 거주하는 사람들의 개인적, 집단적 기억들과 밀접하게 연결되어 있다. 전쟁 직후, 오데르나이세 강의 서쪽 지역에

기간	내용	국경 투과성
1944-1950	얄타, 포츠담, 테헤란 회담, 소비에트 점령 지역과 폴란드인민공화국(PRL) 간 임시 국경	독일로 추방된 자들에 대한 반(semi) 투과성. 국경 지역에서 부분적으로 혼란스러운 상황
1950-1955	동독(GDR, 1949년 수립)과 폴란드인민공화국(PRL) 간의 즈고젤레츠 조약	사실상 투과 불가능, 밀폐된, 중무장된 국경
1955-1972	스탈린 사망(1953), 동독이 소비에트 점령군을 대신해 국경 체제 담당 사회주의 정당 SED(동독)와 PVAP(폴란드) 간 접촉과 경제적 협력(물물교환, 방문 노동자)	일반인은 거의 투과 불가능; 초청장 및 특정 기구 (정치적 정당 등)의 구성원들을 통한 투과 증가
1972-1980	정부 차원의 체계적 접촉(1971) 물물교환 지속과 동독 공장들의 폴란드 방문 노동자들	광범위한 투과성; 무비자 국경 통과
1980-1989	폴란드 내에서 자유노조(Solidarność) 운동과 전쟁 상태 공포(1981) 이후 소비에트연방 붕괴와 독일 통일 (1989/1990)	폐쇄된 국경; 전문가나 초청에 의한 정치적 접촉에 한하여 부분적으로 투과 가능
1989-2004	2+4 조약(1990) 폴란드-독일 선린우호조약(1991). 독일-폴란드 국경의 최종적 결정, 폴란드의 NATO 가입(1999)	1992년 이후 EU 외부 국경에서 폴란드-독일 간 무비자 국경 통과
2004-2007	폴란드의 EU 가입(2004)	EU 내 국경에서 신분증 제시로 국경 통과; 부분적인 공동 국경 통제
2007-2011	폴란드의 셴겐 지역 포함(2007)	고정된 국경 통제의 폐지
2011 이후	EU 내 폴란드 시민에게 노동시장에서 완전한 이동의 자유를 보장	노동시장 제한 철폐

표 1. 폴란드-독일 간 국경의 국경 체제에 나타난 변화들
출처: Jajesniak-Quast/Stoklosa 2000, Lentz et al. 2009 and Węc lawowicz et al. 2009를 바탕으로 필자가 종합

는 구 독일 및 폴란드 구 동부 영토에서 유입된 약 40% 가량의 난민이 살고 있었다. 그러나 폴란드 서쪽 국경의 소위 "수복된 영토"라고 불리는 지역에서는 광범위한 인구 이동이 있었고, 이곳은 폴란드의 예전 동부 지역 출신의 사람들과 폴란드 중부 출신의 정착민들, 그리고 군인들의 고향이 되었다. 국경 양측의 사람들 모두가 소비에트 지배 하에서 국경 관련 불확실성에 직면했던 경험을 공유하고 있다. 독일에서, 특히 독일연방공화국(서독)에서는 1960년대 말까지 사람들 사이에 원래 고향으로 돌아갈 수 있다는 희망이 있었던 반면, 폴란드의 새로운 서쪽 지역 사람들은 자신들의 새로운 고향을 다시 떠나야만 하는 사태를 두려워했다(Jaješniak-Quast/Stokłosa 2000). 그곳에 살거나 예전에 살았던 사람들로부터 수집한 국경에 대한 서사들은 집단적 기억에 대한 분석을 위한 재료가 된다. 그들에게 국경은 추상적인 선이나 상징적이고 정치적인 조우가 일어나는 장소가 아니라, 일상생활의 일부다. 이들은 자신들의 기억이라는 프리즘을 통해 일상의 경험을 표현한다.

복잡한 역사로 연결된 국경 지대의 문제들은 근본적으로 다른 폴란드와 독일에서 상이한 역사 쓰기와 문화적 기억으로 그려진다. 더욱이 탈출과 추방의 복합성, 구 독일 영토의 역사와 같은 핵심적인 측면들은 소비에트연방이 붕괴되기 전까지 금기시되었다(Jaješniak-Quast/Stokłosa 2000). 그러나 1990년 이후 독일-폴란드 간에 이전의 역사에 관한 어렵지만 중요한 대화가 성사되었고, 학자들과 폴란드인들은 특히 괴를리츠에 있는 실레시안(Silesian) 박물관에서 연구하려는, 현 폴란드 영토 내의 독일 역사에 대해 보다 개방적이다. "나는 이러한 모습이 1989년 이후 대단히 진전되었다고 생각합니다. 폴란드 서쪽 영토의 독일 역사에 대해 폴란드에서는 상당히 개방적입니다."[2] 독일-폴란드 과학재단, 다수의 지역 NGO와 박물관들과 같은 주요 기관에서 국경 지역의 분쟁사에 대한 공동 작업 시도들이 늘어나고 있다. 괴를리츠와 즈고젤레츠의 경우에 2012/13년에 즈고젤레츠 시립 문화회관에서 열린 "그들은 영웅이었다 1945-1989(Sie waren Helden 1945-1989)" 전시, 2011/12년의 괴를리츠의 실레시안 박물관에서 열린 "불확실성으로의 인생 여정(Lebenswege ins Ungewisse)"이라는 전시가 있었는데, 이 두 전시는 말 그대로 "역사 쓰기"를 의미하였고 대화를 향한 첫걸음이 되었다. 특히, '미팅포인트 뮤직 메시앙(Meetingpoint Music Messiane)' 작업은 즈고젤레츠-우예스트(Zgorzelec-Ujazd)에 있던 8A포로수용소(StaLag VIIIa) 자리에 국제회의센터를 개발하기 위한 목적으로 두 도시의 사무소들이 협력한 국경 간 프로젝트로서 주목할 만하다. 이 센터에서는 두 도시뿐 아니라 유럽 전역에서 온 학생들이 함께 봉사 활동, 워크숍, 강좌, 회의, 만남 등을 조직함으로써 매우 예민하고 중요한 역사의 장들을 다루고자 조금씩 늘어나고 있는 시도들에 동참하고 있다. '미팅포인트 뮤직 메시앙'의 프

---

2. 인터뷰 2: 괴를리츠의 실레시안(Silesian) 박물관 연구자, 2012

로젝트 매니저는 자신 있게 다음과 같이 설명하였다. "우리는 기념물들을 관리하고 지역을 청소하는 일뿐 아니라, 또한 역사를 다루고 있습니다."[3]

아마도 냉전 기간 동안 폴란드와 동서독의 정치사보다 더욱 충격적인 남북한 국경은 서로 양립 불가능한 상태인 완전히 다른 두 세계관과 두 역사 기록 사이의 날카로운 분할선을 나타낸다. 심지어 소비에트연방이 붕괴한 지 25년이라는 시간이 흘렀음에도 폴란드-독일 국경에서의 국경 간 협력 문제는 종종 역사적 그림자 아래에 있다. 공동 역사 연구와 교육이 늘어나면서 이러한 어려움은 점점 감소하는 추세이다. 따라서 남북 간 대화는 군사, 정치, 인도적 차원뿐만 아니라 그들의 역사에도 관심을 갖는 것이 유용할 것으로 보인다. 폴란드-독일 국경으로부터의 경험들은 문학, 한국 전통문화, 분단 이전의 역사처럼 논쟁이 덜한 부분에서부터 시작하는 것이 최선임을 보여 준다.

4. 폴란드-독일 국경 지대와 국경 간 협력의 맥락

탈출, 추방, 불확실성 같은 주제들이 1990년대까지 금기시되었다는 사실과 대조적으로, 독일과 폴란드 간의 극명한 문

---

3. 인터뷰 3: 역사 워크캠프 프로젝트 담당자, 2014.

화적 차이, 상이한 역사적 이미지들 및 정체성 정치의 영향으로 국경 간 협력 및 시민들의 접촉을 위한 최초의 주요한 시도는 1972년에서 1980년 사이의 국경 개방 시점부터 이미 시작되었으며, 소비에트연방의 붕괴 이후 지속적으로 진전되고 있었다. 지난 25년간 국경 체제는 유럽연합의 외부 경계에서부터 내부 경계, 그리고 소위 셍겐 국경(Schengen-border)이라 불리는 것까지 지속적으로 개방되어 왔다(표 1 참조). 셍겐 국경은 양국 시민들 사이의 접촉이 늘어날 수 있는 기초를 제공하면서, 독일과 폴란드 사이에 물자와 사람들이 영구적 통제 없이 자유롭게 이동하는 것을 가능하게 했다(Mirwaldt 2010).

해클리(Häkli 2008: 475)는 "국경 간 협력은 일반적으로 개인 행위자에서부터 지방 당국, 권역 네트워크, 국가 정부와 국제기구에 이르는 다양한 수준을 가로지른다. 이러한 측면에서 국경 지대는 실질적으로 상이한 규모의 활동들이 모여서 지역적(local), 권역적(regional), 국가적, 국제적 네트워크를 가로지르는 혼종적 다발을 형성하는 장소이다"라고 설명한다. 이러한 사실은 독일-폴란드 국경에서도 발견되는데, 여기에서 우리는 지역 수준의 협력 계획뿐만 아니라 유럽연합, 독일과 폴란드 정부의 공간 통합을 위한 하향식 시도들이 서로 얽혀 있는 망을 볼 수 있다. 지역 수준의 협력 계획은 이러한 하향식 틀을 활용할 수 있고 종종 더 발전된 틀을 촉진시키며, 더 광범위한 활용을 위한 실험장 역할을 한다.

[그림 2]는 더 확장된 독일-폴란드 국경 지대를 보여 준다. 국경 간 협력을 증진하고 국경 지대의 내부적 잠재력을 강화하기 위해서 1989년 이래로 4개의 유로-리전(Euro-region)이 국경을 따라 설립되었다(남에서 북으로: 나이세Neisse, 스프리-나이세-보버Spree-Neiße-Bober, 비아드리나Viadrina, 포메라니아Pomerania). 유럽위원회의 정의에 따르면, 유로-리전들은 "다른 유럽 국가들에 위치한 두(혹은 그 이상) 인접 지역 간의 초국가적 협력 구조이다. … 유로-리전들은… 직접적인 정치적 힘은 없고, 사업 또한 이를 구성하는 지역 및 권역 당국자들의 역량으로 제한된다. 이는 주로 국경에 걸친 공동의 이익을 증진하고, 국경 인구의 공익을 위하여 협력하고자 조직된다"(유럽위원회 2010). 유로-리전의 설립은 접촉 지대(contact zone)로서의 국경 지역이라는 국경 개념을 홍보하려는 시도인데, 여기에서 국경은 분할선일 뿐만 아니라 국경에 걸쳐 있는 지역별 혹은 권역별 행위자들이 공동 이익 증진 및 국경 인구의 생활수준 향상을 위한 목적으로 만나는 장소이다. 폴란드-독일 유로-리전은 타겟3(Target3)와 같은 방식을 이용하여 순조롭게 진행되고 있는데, 타겟3는 25,000유로 미만의 예산으로 네트워크를 늘려 나가는 유럽의 영토적 결합(ETC)을 위한 프로젝트이다. 유로-리전은 일반적으로 국경 간 협력에 긍정적인 영향을 미치고 있는 것으로 인정되지만, 여기에도 역시 장애물은 존재한다. 예를 들어 여기에는 정해진 입법적 틀이 존재하지 않고, 폴란드와 독일에서는 사무실이나 행정기관이 종

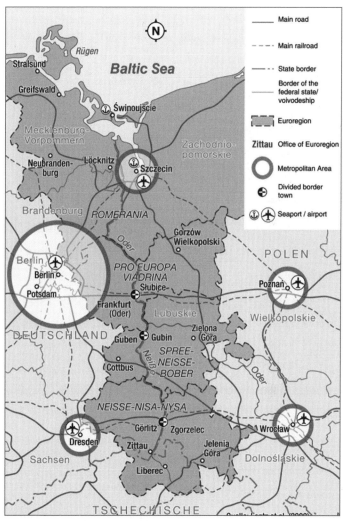

그림 2. 폴란드-독일 국경 지역 개관
출처: 저자 원고. 지도 제작: 미하엘 베게너(Michael Wegener)

종 중복된 구조(나이세 같은 3개국에 걸친 유로-리전은 심지어 삼중 구조)로 발견되기도 하는데, 이는 프로젝트 협력과 공동 의제에 대한 합의를 어렵게 만든다. 또 다른 문제는 각각의 유로-리전 행위자들 간의 협력을 위한 선택 수단이 거의 없다는 것인데, 이는 공유하는 문제들에 대한 지식의 교환을 어렵게 만든다. 라이벤아스 외(Leibenath et al. 2009: 190)는 이러한 연결망의 몇몇은 "다른 관계 국경 기관 및 연결망들과 제대로 접속되어 있지 않다"고 지적한다. 특히, 괴를리츠와 즈고젤레츠, 구빈과 구벤, 프랑크푸르트(오데르)와 스우비체와 같은 분단된 도시들에서는 국경과의 근접성 때문에 우호 도시 및 다수의 NGO들을 기반으로 더 집중적인 협력이 일어나는데, 이는 사례 연구에서 분석될 것이다.

초국가적 관점에서 밀레니엄 이후의 유럽 권역 정치는 국경 지역의 유럽 통합으로부터 베를린, 바르샤바, 브로츠와프, 포즈난, 드레스덴 같은 대도시 지역의 성장으로 변화하고 있다(Köhler 2009). 예상되는 "낙수 효과"는 일어나지 않았으며, 1990년대의 열광, 정치적 비전, 사람들의 기대에도 불구하고 국경 지역은 여전히 두 주변 지역의 접촉선으로 남아 있다. 국경 지역은 취약한 경제구조, 기반 시설 보조금, 인구 감소로 특징지어지며, 그들의 위치는 정치적 의사 결정의 중심부로부터 동떨어져 있다(Lentz et al. 2009, Węclawowicz et al. 2009). 그러므로 국경 지역을 도약이 이루어질 유일한 통과 지역이 될 것으로 보는 관점의 위험성이 종종 언급되는데, 이는 동에서 서로 이어지는 주요 교통망을 살펴보면 분명히 드러난다. 더욱이 국경 지역 내에는 지식과 물자의 교환을 위한 기반 시설을 제공할 수 있는 중요한 남북 간 연결이 존재하지 않는다.

국경 간 협력의 어려움은 국경 상황에서뿐 아니라 공간계획의 큰 복잡성에서도 기인한다. 이는 다영역적(multi-arena), 다층적(multi-level), 양국적(binational) 관점에서 "권력관계, 연대 형성 및 우회 전략"을 고려하는 것을 의미한다(Chilla et al. 2012). 따라서 지역에서 초국가적 범위에 이르는 이해관계에 대하여, 국경 지역의 지역 정치 행위자들은 정치적 영역 이외에도 시민사회 및 사업가들의 이해관계(그리고 각자의 상대편)를 다루어야만 한다. 게다가 공간계획의 문제나 국경을 가로지르는 경찰 및 소방 분야에서의 협력에는 폴란드와 독일 외교부의 허가가 필요하다. 또한 연방 국가인 독일에서는 주와 기초 자치단체가 더 많은 자치권을 보유하는 반면, 폴란드에서는 바르샤바에 권한이 더 집중되어 있다. 이러한 공간계획의 복잡성에도 불구하고 국경 간 협력에 있어서 최고의 실천은 종종 단순한 공식을 갖는데, 이는 바로 양국의 사람들이 같은 장소에서 공동의 문제를 다루는 것이다. 학문적 협력 분야에서의 좋은 사례로는 콜레기움 폴로니쿰(Collegium Polonicum)을 들 수 있다. 이는 포즈난(Poznan)의 아담-미츠키에비츠(Adam-Mickiewicz) 대학과 프랑크푸르트(오데르)의 비아드리나(Viadrina) 유럽대학의 공동 연구 및 교육 기관으로서, 연구와 교육을 위한 전 영역에서 프로그램을 제공하고 있다.

유럽연합 내의 다른 국경들과 마찬가지로 폴란드-독일 사이의 협력은 국가적 계획, 법적 체계 등의 조율을 필요로 한다. 비록 남북한 체계들 간의 차이가 훨씬 더 커 보이기는 하지만, 이러한 사례는 한반도 통일에도 아이디어를 제공할 수 있다. 또한 유로-리전과 같은 방식들은 그 약점에도 불구하고 남북의 국경 간 프로세스를 발전시키는 데 유익한 기초가 될 수 있을 것으로 보이는데, 이는 국가 구조를 완전히 포기할 필요 없이 협력을 위한 공동의 틀을 제공하기 때문이다.

5. 괴를리츠-즈고젤레츠 사례 연구

괴를리츠는 프랑크푸르트(오데르)와 구벤처럼 2차 세계대전 이후 폴란드-독일 국경을 따라 분리된 도시가 되었다. 수년간의 인구 감소 이후 오늘날 괴를리츠는 인구 55,000명이 거주하는 도시가 된 반면, 나이세 강 동편 구(舊) 괴를리츠의 일부였던 즈고젤레츠의 인구는 약 31,000명 선에서 안정되었다. 나는 공간 통합의 재현에 대해 언급한 후에 국경 간 실천과 서사에 대한 통찰들을 제공할 것이다. 이는 내가 2012년부터 2014년에 걸쳐 전문가들과의 질적 면담, 참여 관찰과 서베이를 통해서 수행한 연구를 기초로 분석한 것이다.

1970년대의 무비자 여행 이후 재개된 도시 간 협력 관계에 기초하여, 1998년 두 도시는 스스로 "유럽 도시 괴를리츠-즈고젤레츠"임을 선언하였다. 1998년 5월 5일에 발표된 선언에 따르면, 유럽 도시 구상은 "역사적 변화 및 이 변화가 폴란드-독일 국민들에게 미친 영향의 결과로서 … 기초 자치단체 수준에서 문화, 교육, 경제 영역의 다양한 문제들에 대한 공동 해결을 목적으로 하는 공동의 문화 모임이라는 사실로부터 등장"한 것으로 보인다(괴를리츠시 기록보관소, Opilowska 2009: 251 재인용). 얼마 후에 지방정부의 연례 공동 회의가 만들어졌고, 두 도시는 2000년에 "유럽의 문화 수도"에 지원해 입상한다. 선포 당시 그것은 주목할 만한 첫발을 내디딘 셈이었는데, 폴란드-독일 국경이 여전히 EU 국경 밖에 위치하고 있었기 때문이었다. 정치인들은 지역 단위에서 초국가적 단위까지 열정을 가지고 움직였으며, 또한 1990년대 이래 지역 NGO들의 최초의 시도들로부터 지원을 받기도 했다. "우리의 시선은 항상 유럽의 시범 프로젝트, 시범 도시, 유럽의 실험장이 되는 것으로 향해 왔습니다."[4]

이와 같은 좋은 출발 및 폴란드의 2004년 EU 가입, 2007년 셍겐 지역(Schengen-Area) 가입으로 인한 지속적인 국경 개방에도 불구하고, "유럽 도시" 구상은 종종 공허한 말뿐이라는 비판을 받는다. 정치 행위자와 비정부 행위자들(non-govern-

---

4. 인터뷰 4: "미팅포인트 뮤직 메시앙" NGO 설립자, 2012.

mental actors)을 비교해 보면, 문서상에서 증가하는 국경 간 상호작용에 대한 아이디어들은 상당히 유사해 보일지라도, 지역 정치에서의 "유럽 도시"라는 "상징적 우주(symbolic universe)"와 이것이 단지 유럽적 상징을 생산할 뿐이라고 비판하는 실제 시민사회 사이에는 간극이 있다. 한편으로 이는 지역의 국경 간 협력에 관한 행정 및 정치 분야의 전반적 틀이 결여된 것과 관련되며, 다른 한편으로는 상징들이 국경 너머에서는 작동하지 못하는 것과도 관련이 있다. 괴를리츠가 여전히 스스로를 "유럽 도시 괴를리츠-즈고젤레츠"로, 즈고젤레츠 역시 자신을 "유럽에서 당신의 자리(Twoje miejsce w Europie)"로 홍보하고 있지만, 괴를리츠 시민들은 더 나아진 초국가적 정치 환경에도 불구하고 2007년 지방정부의 변화 이후 실제적인 국경 간 협력의 정치가 부재하며, 지금은 그저 상징들을 만들어 내는 데 열을 올리고 있다고 주장한다.

지역 주민들에 대한 설문 조사와 렌츠 외(Lentz et al. 2009)의 연구는 국경 지대 시민들의 일상적 실천이라는 측면에서 국경 간 시민사회의 구상이 느리지만 꾸준히 발전하고 있음을 뒷받침한다(그림 3).

부어싱크(Buursink 2001)는 이중 문화(biculturalist) 시민과 이중 문화 소비자를 구별한다. 후자는 단순히 구매를 위해 국경을 넘는 반면, 전자는 친구 방문, 문화 활동 참여와 여가 시간 소비에 적극적이다. 대부분의 국경도시에서처럼 상호작용의 대부분은 국경 간 소비 영역에서 일어난다(Dolzblasz/

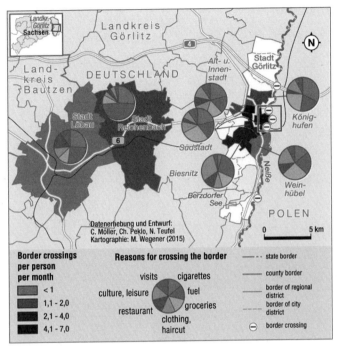

그림 3. 괴를리츠 지역의 국경 간 상호작용
출처: 저자 원고이며, 자료는 묄러(C. Möller)와 페클로(Ch. Peklo)의 도움을
받았음. 지도 제작: 미하엘 베게너

Raczyk 2011). 이러한 현상은 비록 소득 격차 및 가격 차이
가 줄어들고 있음에도 불구하고, 부분적으로는 소득과 상품
가격의 차이로 설명이 가능하다(Kulczyñska 2013). [그림 3]
은 한 사람이 1개월마다 국경을 통과하는 횟수를 보여 주는
데, 이는 인접 지역보다 괴를리츠의 국경도시에서 월등히 높

게 나타나며, 이곳 시민들에게 폴란드 사람들과 직접 만날 수 있는 기회를 제공한다. 좀 더 자세히 살펴보면, 우리는 부유한 단독주택 지구인 비에스니츠(Biesnitz)에 거주하는 사람들이 주로 노년층과 빈곤층이 사는 산업·주택 단지인 바인휘벨(Weinhübel)과 쾨니히슈펜(Königshufen)의 사람들보다 더 빈번하게 국경을 오고 갔음을 발견할 수 있다. 또한 국경 간 상호작용의 질은 사회경제적 변이에 좌우되는 것처럼 보인다. 바인휘벨과 쾨니히슈펜 사람들이 단지 담배와 연료 구입 목적만의 이유로 폴란드에 가는 반면, 비에스니츠에 거주하는 사람들은 방문, 문화, 여가를 위해 국경을 넘었다. 비록 국경 간 소비에서 상호작용의 질이 그렇게 높지는 않더라도, 이는 특히 폴란드 국경 지대의 식당과 상점들에서의 이중 언어 사용 증가 및 쇼핑 습관에 따른 상호작용 시설들을 위한 낮은 문턱의 틀(low-threshold framework)을 여전히 제공하고 있음을 기억해야만 한다. 혼종화(hybridization)는 상호작용의 증가로 일상적인 것이 되었다. "괴를리츠에서 폴란드 사람들을 만나는 건 꽤나 평범한 일입니다. 아무도 그걸 이상하게 생각하지 않아요. 그리고 여기에 오는 독일인도 많아요. 그들은 그냥 온 거예요. 이는 내가 괴를리츠에 갈 때 느끼는 것만큼이나 우리 모두에게 일상적인 일이 되어 버렸거든요. 거리나 가게에서 독일어를 듣는 것은 별일이 아닙니다. 아무도 그것을 나쁘다거나 이상하게 생각하지 않아요. 우리는 서로 익숙해졌어요. 좋은 일이죠. 예전과는 달라졌어요. 10년 전 혹은 15년 전

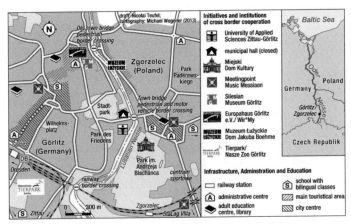

그림 4. 괴를리츠와 즈고젤레츠의 국경 간 협력에 관한 계획과 기관들
출처: 저자 원고, 지도 제작: 미카엘 베게너

만 해도 그렇지 않았거든요."[5]

국경 체제의 발전과 "유럽의 문화 수도" 타이틀을 얻기 위한 공동 신청에 힘입어, 밀레니엄 이후 국경 간 시민사회의 공동 체험 공간을 세우고자 하는 노력의 일환으로 문화, 교육, 여가 영역에서 지역 단위 계획, 협회, 기관들의 수가 늘어나고 있다(그림 4). 더 나아가, 이들은 두 도시의 시민사회들 사이에서 문화 중개자(cultural broker)로서 중요한 역할을 한다. 이중 문화 소비자들을 대상으로 한 계획들과 달리, 이러한 계획들은 즈고젤레츠보다 괴를리츠에서 더 일반적이다. 학교의

---

5. 인터뷰 5: 즈고젤레츠의 학교 교사, 2014.

이중 언어 수업, 괴를리츠와 즈고젤레츠에 있는 두 주요 박물관 사이의 협력, 이중 언어 사용 동물원, 제2차 세계대전 당시 독일 8A포로수용소(StaLag VIIIa)가 있던 즈고젤레츠에 세워진 미팅포인트 뮤직 메시앙(Meetingpoint Music Messiane)이라 불리는 유럽교육문화센터에 이르기까지 이중 문화를 향유하는 시민들은 다양한 선택의 폭을 갖는다. 이러한 계획들은 국경에서 매우 핵심적 역할을 하고 있으며, 모든 계층과 연령의 시민들에게 문턱을 낮춰서 이중 언어를 제공하고자 한다. 그러나 국가적 그리고 국경 간 관점 모두에서 양자 사이의 협력과 조정은 부족한 상태이다. 괴를리츠의 상징적 지역 정치 및 NGO들의 다양성과 달리, 전반적인 "유럽 도시"에 대한 이용은 즈고젤레츠에서 훨씬 더 일반적이다. 이들은 종종 국경 간 쇼핑에 그치지 않고 자녀들을 괴를리츠에 있는 이중 언어 학교나 유치원에 보내고, 괴를리츠에 있는 문화, 여가 시설 등을 이용한다. 이는 즈고젤레츠 사람들이 각기 다른 언어에 대한 지식과 같은 이중 국가적 역량을 가지고 있기 때문이다. 괴를리츠에서 이 이중 국가적 프로그램들을 이용하는 사람들은 주로 교육 수준이 높고 예술과 문화에 관심이 있는 시민들이다(더 심화된 논의로 Teufel 2014 참조). 국경 개방 이후, 국경 간 상호작용의 주된 장벽은 상대 언어에 대한 지식 부족, 종종 "정신적 장벽"이라 불리는 낮은 상호 신뢰, 그리고 시민들 간의 지속적인 상호작용을 통해서만 제거될 수 있는 사고방식과 고정관념의 차이이다(이론적 관점은 Mirwaldt 2010). 언어 학습 영역에서는 즈고젤레츠 사람들의 높아진 수요로 인해 이 제 모든 교육 단계에서 인접 국가의 언어를 배우는 일이 가능해졌다.

국경 간 협력에 종사하는 활동가들은 유럽연합이나 솅겐 지역과 같은 정치 구조와 연결된 기회들이 그것들의 상징적 측면보다 훨씬 더 중요하다고 강조한다. "우리는 '관념적 유럽'을 살지 않는다. 자신들이 지금 가지고 있는 기회들을 살려서 고향과 일상을 발전시키고자 노력하는, 힘겨운 역사를 지닌 채 각기 다른 언어들을 구사하는 사람들이 있을 뿐이다"[6] 1945년 분단 이후 다시 하나의 도시가 되는 것에 대한 대중적 서사에도 불구하고, 오피로프스카(2009: 366)는 괴를리츠의 대부분의 사람들이 그들 자신을 괴를리츠 시민으로 인지하고 있으며 즈고젤레츠 역사에 대해서는 거의 아는 바가 없음을 지적한다. 즈고젤레츠의 사람들이 점점 더 괴를리츠를 자신들의 고향인 즈고젤레츠에 더해진 것으로 바라보지만, 그들은 괴를리츠와 즈고젤레츠가 하나의 도시라는 생각을 거부하면서 1945년 이후 자신들의 고향의 탄생 및 독립 도시로서 즈고젤레츠의 역사를 자랑스러워하고 있다. 현재 두 도시는 수십 년에 걸친 정체성 정치 이후 공통된 정체성뿐만 아니라 여전히 그들 자신들만의 고유한 정체성을 찾고 있다.

---

6. 인터뷰 6: "미팅포인트 뮤직 메시앙" NGO 설립자, 2012.

6. 통합

폴란드-독일 국경에서의 국경 간 협력의 진전 및 이중 국가적 시민사회의 발전을 평가하는 일은 양날의 검처럼 어려운 일이다. 정치적 비전과 열광 ─ 특히, 1990년대 및 2004년에 폴란드가 EU에 가입한 후 ─ 에 비하여, 기능적, 제도적 통합 모두의 성취 정도, 그리고 기반 시설의 취약성이라는 측면에서 현재 진행되고 있는 문제들을 목도하는 것은 분명히 실망스러운 일이다. 그러나 환경을 자세히 살펴보면 이는 다른 이미지들을 보여 준다. 유럽에서 가장 문제적인 언어적, 문화적 경계 중의 하나이며, 사회주의의 고통스런 시절을 보내면서 탈출과 추방으로 인한 트라우마를 겪었고, 계속되는 인구 감소와 실업 상태에 놓여 있는 악조건에도 불구하고 1990년 이후의 진전은 놀라지 않을 수 없는 일이다.

여권을 보여 주지 않고 국경 너머로 쇼핑을 가거나, 이중 언어 학교로 자녀를 등·하교시키는 것 같은 일상들은 불과 30년 전이었다면 낭만적이지만 터무니없는 소리였겠으나 지금은 평범한 일상이 되었다. 이 평범함은 지속적인 국경 개방, 그리고 국경과 이러한 가능성들을 이용하는 사람들의 유럽화 때문에 가능해져 왔다.

여전히 정신적으로는 주요한 장애물과 경계들, 특히 언어 장벽이 존재하기는 하나, 법적 장애물뿐만 아니라 문화적·경제적 차이 또한 감소하고 있다. 게다가 현재의 EU 정치가 광역 대도시권에 초점을 맞추고 있기 때문에, 국경 지대들은 여기에서 누락된 채로 내부 잠재력들의 활성화를 필요로 하는 단순한 통과 지역이 될 위험에 처해 있다. 2015년 폴란드 정부의 변화 이후 연구자들과 언론인들은 고위급 독일-폴란드 관계의 부정적 변화에 주목해 왔다. 그러나 시민사회와 경제 영역에서의 행위자들은 폴란드-독일 환경의 악화 및 유럽연합이 직면하고 있는 문제인 난민 사태에 대하여 어느 정도의 대처 능력을 가진 것으로 보인다. 이는 개인적, 지역적 수준에서 시민사회 내부에 형성된 안정된 연결의 중요성을 보여 준다. 더욱이 "국경 작업"이라는 단어는 우리에게 시민사회와 경제 영역에서 국경을 허물고 전환하는 데 적극적인, 규모는 작지만 지속적으로 증가하는 행위자 집단의 중요성을 상기시킨다. 반면 국민국가의 중요성은 감소하고 있는데, "이는 사업과 시민사회단체 둘 다 종종 다국적 성격을 지니며, 이들이 더욱 커진 정치적 영향력을 얻고 있기 때문이다"(Leibenath et al. 2009: 191). 국경 간 시민사회를 건설하는 것은 (즈고젤레츠와 괴를리츠의 사례에서처럼) 어려운 도전이며, 아마도 몇 년 안에 해결될 문제가 아니라 3세대 혹은 그 이상이 걸릴 문제가 될 것이다.

남북한의 사례는 그 맥락에 있어서는 다르게 보이지만, 앞의 사례로부터 유사성을 도출할 수 있다. 1990년대 초반의 독일과 폴란드처럼, 남북한은 이데올로기적 정치, 역사 그리고 심각한 경제적 격차라는 날카로운 선에 의해 분리되어 있다.

유럽연합의 집중적, 다중심적 공간 통합의 경험은 한반도 통일의 발전 경로에 따라서 남북 분단과 재통합 사이의 중간 단계들을 세우는 데 유용할 것이다. 이는 하향식 관점에서 국가 행정의 협력, 경제적 거래를 위한 틀의 제공뿐만 아니라 법적인 틀의 조화와 관련된다. 또 유럽연합은 한반도 통일 과정에서 다른 행위자들에 비해 정치적, 역사적 부담이 적은 행위자일 수 있다. 상향식 관점에서 남북한이 갖는 주요한 이점은 언어 장벽이 없다는 사실인데, 이는 이론상 사람들 사이에 직접적 만남이 더 빠르게 발전할 수 있게 해 줄 것이다. 비록 남북한의 문화가 분단 이후 상이한 이데올로기적 배경 하에 분리되어 발전해 왔으나, 전통문화에 대한 공유와 가족 관계의 존재는 폴란드-독일 국경에서는 드문 사례이다. 그러나 세대에 걸쳐서 북한 사람들이 고립된 것이 사실이기 때문에, 국경 개방의 경우에 국경 간 시민사회를 강화하기 위해서 공동 워크숍, 학생 교류 혹은 유럽 국경 지역에서의 공동 경험을 위한 다른 공간과 같은 프로그램들을 적용하는 것이 유용할 수 있다. 궁극적으로 국경 체제의 개방과 시민들 간의 직접적 상호 작용만이 국경 간 시민사회의 건설 및 신뢰와 협력의 구축으로 이어질 수 있다.

참고 문헌

Buursink, J. (2001): The binational reality of border-crossing cities. In: GeoJournal 54(1), pp. 7-19.

Chilla, T.; Evrard, E. and Schulz, C. (2012): On the Territoriality of Cross-Border Cooperation: "Institutional Mapping" in a Multi-Level Context. In: European Planning Studies 20(6), pp. 961-980.

Dołzbłasz, S. and Raczyk, A. (2011): Transborder openness of the companies in a divided city: Zgorzelec/Görlitz case study. In: Tijdschrift voor Economische en Sociale Geografie, 103(1), pp. 1-15.

European Commission (2010): Euroregion as a mechanism for strengthening transfrontier and interregional co-operation: Opportunities and Challenges. Available online: http://www. venice.coe.int/webforms/documents/default.aspx?pdffile=CDL-UDT(2010)008-e.

Häkli, J. (2008): Re-Bordering Spaces. In: Cox, K. R. et al. (eds.): The SAGE handbook of political geography, Los Angeles: SAGE, pp. 471-482.

Hermann, R. (2012): Ein «Europa-Labor» an der Neisse. Nach schwieriger Geschichte wachsen Görlitz und Zgorzelec als Doppelstadt zusammen. In: Neue Züricher Zeitung (02.02.2012).

Jajeśniak-Quast, D. and Stokłosa, K. (2000): Geteilte Städte an Oder und Neiße. Frankfurt (Oder)-Słubice, Guben-Gubin und Görlitz-Zgorzelec 1945-1995. Berlin: Berliner Wissenschafts-Verlag.

Johnson, C., Jones, R., Paasi, A., Amoore, L., Mountz, A., Salter, M. und

Rumford, C. (2011): Interventions on rethinking 'the border' in border studies. In: Political Geography 30(2), pp. 61-69.

Lefebvre, H. (1991): The production of space. Oxford: Blackwell.

Köhler, S. (2009): Großräumige grenzüberschreitende Verflechtungs-räume in Deutschland. In: Standort - Zeitschrift für angewandte Geographie 33(2), pp. 33-39.

Kulczyńska, K. (2013): Factors controlling consumer behaviour in frontier towns. In: Bulletin of Geography. Socio-economic series(19), pp. 45-60.

Leibenath, M., Korcelli-Olejniczak, E. and Knippschild, R. (2008): Bridging the gaps?: Cross-border governance between top-down policies and local needs and limitations. In: Leibenath, M. et al. (eds.): Cross-border Governance and Sustainable Spatial Development: Mind the Gaps!, Berlin: Springer, pp. 187-193.

Lentz, S., Herfert, G. and Bergfeld, A. (2009): The German-Polish Border Region from a German Perspective - quo vadis? In: Strubelt, W. (ed.): Guiding Principles for Spatial Development in Germany, pp. 125-151.

Mirwaldt, K. (2010): Contact, conflict and geography: What factors shape cross-border citizen relations? In: Political Geography, 29 (8), pp. 434-443.

Newman, D. (2006): The lines that continue to separate us: borders in our 'borderless' world. In: Progress in Human Geography, 30 (2), pp. 143-161.

Nugent, P. (2012): Border Towns and Cities in Comparative Perspec-tive. In: Wilson, T. M. and Hastings, D. (eds.): A companion to border studies. Malden (Mass.): Wiley, pp. 557-572.

Opiłowska, E. (2009): Kontinuitäten und Brüche deutsch-polnischer Erinnerungs kulturen. Görlitz-Zgorzelec 1945-2006. Dresden:

Neisse Verlag.

Paasi, A. (2005): Generations and the 'Development' of Border Studies. In: Geopolitics 10(4), pp. 663-671.

Rumford, C. (2008): Citizens and borderwork in contemporary Europe. London: Routledge.

Rumford, C. (2012): Towards a Multiperspectival Study of Borders. In: Geopolitics 17(4), pp. 887-902.

Scherhag, D. (2008): Europäische Grenzraumforschung. Hannover: ARL (E-Paper der ARL, 2).

Scott, J. W. (2015): Bordering, Border Politics and Cross-Border Cooperation in Europe. In: Geo-Journal (115), pp. 27-44.

Teufel, N. (2014): The spatial production of a border-crossing civil society in Görlitz and Zgorzelec. A German point of view. In: Bulletin of Geography. Socio-economic series (25), pp. 215-231.

Wastl-Walter, D. (2009): Borderlands. In: Kitchin, R. and Thrift, N. (Hrsg.): International Encyclopedia of Human Geography. Amsterdam: Elsevier, pp. 332-339.

Węcławowicz, G., Degórski, M., Komornicki, T., Bański, J. and Śleszyński, P. (2009): Study of spatial developments in the Polish-German border region. In: W. Strubelt (ed.): Guiding Principles for Spatial Development in Germany, pp. 153-184.

Zhurzhenko, T. (2011): Borders and Memory. In: D. Wastl-Walter (Hrsg.): The Ashgate research companion to border studies. Farnham: Ashgate, pp. 63-84.

II

한반도에서 경계의 중층성

남북한의 경계 허물기

강, 바다, 그리고 죽은 자

도진순

1. 머리말

남북 접경지대의 평화적 활용에 대해서는 지금까지 여러 가지 시도가 있어 왔다. 이 글에서는 그러한 시도가 좌절된 원인이 되었던 몇 가지 중요한 오해들을 검토하고, 2015년 현재 최근 부상되고 있는 'DMZ평화공원'에 대해서도 약간의 제안을 하고자 한다.[1]

한반도의 남북 접경지대를 평화적으로 활용하기 위해서는 우선 1953년 「정전협정」의 관련 규정을 정확하게 아는 것이 선차적으로 필요하다. 「정전협정」에서 남북 접경지대(군사분계선과 비무장지대)는 육지·강·바다, 세 가지로 이루어져 있

---

[1] 이 글의 2~3절은 도진순의 이전 연구(2009, 2011, 2014)를 활용한 것이다.

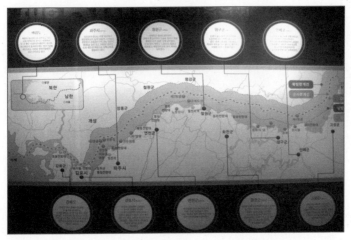

그림 1. ⟨Inside the DMZ⟩의 DMZ 지도(2010년 7월, 조선일보사)

는데, 각각은 중요한 차이가 있다.

이를 숙지하지 않으면 여러 가지 실수를 하게 된다. 대표적인 예를 들자면, 2010년 7월 조선일보사가 창간 90주년 및 6·25전쟁 60주년으로 특별 기획한 "아! 6·25"의 하이라이트라 할 수 있는 ⟨Inside the DMZ⟩의 DMZ 지도를 보면, 군사분계선(Military Demarcation Line, MDL)과 비무장지대(Demilitarized Zone, DMZ)가 [그림 1]과 같이 표시되어 있다. 결론부터 말하면, 이 지도의 군사분계선과 비무장지대는 육상, 한강하구, 서해 바다 세 군데 모두 잘못되어 있다. 이러한 오류는 다른 곳에서도 자주 반복되는 것이기 때문에 좀 더 자세하게 검토할 필요가 있다.

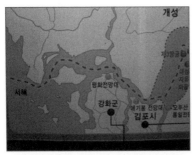 

그림 2. 〈Inside the DMZ〉의 한강하구 부분

그림 3. 「정전협정」에 첨부된 〈지도1〉의 군사
분계선과 비무장지대

2. 한강하구: 군사분계선 없는 비무장지대

먼저 「정전협정」에서 군사분계선은 [그림 1, 2]와 같이 육
지-한강하구-서해로 쭉 이어지는 것이 아니라, 한강과 임진강
이 만나는 지점에서 끝난다(그림 3, 4). 여기부터 임진강-한강-
강화도-예성강 입구-교동도를 지나, 서해 입구 불음도(남쪽)와
굴당포(북쪽)를 연결하는 선까지의 수역(그림 5의 한강하구 검게
칠한 부분)을 「정전협정」에서는 '한강하구(Han River Estuary)'라
하여 다음과 같이 특별하게 별도의 규정을 두고 있다.

한강 하구의 수역으로서 그 한쪽 강안이 일방의 통제 하에 있
고 그 다른 한쪽 강안이 다른 일방의 통제 하에 있는 곳은 쌍방
의 민용선박의 항행에 이를 개방한다. 첨부한 지도[〈지도2〉, 그림

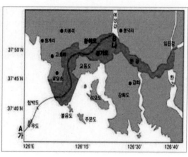

그림 4. 「정전협정」에 첨부된 〈지도1〉의 육　　그림 5. 「정전협정」에 첨부된 〈지도2〉의 한강
상 군사분계선 서쪽 끝 부분　　　　　　　　하구 부분

5]에 표시한 부분의 한강 하구의 항행 규칙은 군사정전위원회가
이를 규정한다. 각방 민용선박이 항행함에 있어서 자기측의 군
사통제하에 있는 육지에 배를 대는 것은 제한받지 않는다.[2]

이에 의하면 한강하구는 육지의 비무장지대와는 달리 ① 군
사분계선이 없을 뿐만 아니라, ② 민용 선박에 개방되어 있
다.[3] 이 두 가지는 서로 밀접한 관련이 있다. 즉, 서해에서 조
수 간만의 격심한 차이로 인하여 한강하구는 수량과 강폭의
변화가 심하여, 강 한가운데를 남북으로 분리할 경우 민용 선

<hr>

2. 「정전협정」 제1조 〈군사분계선과 비무장지대〉 5항(오소백 외, 1965, 『해방
20년: 자료편』, 세문사, 222쪽).
3. 「정전협정」 제1조 5항에 의하면, 민용 선박의 한강하구 항행 규칙은 군사
정전위원회가 정하는 것으로 되어 있다.

그림 6-7. 이명박 후보의 나들섬 개발 프로젝트 관련 지도

박이 강을 안전하게 이용할 수 없다. 현재는 남북 양측이 강안(江岸)에 철조망을 설치하는 등 민간인의 접근을 통제하여 민용 선박이 한강하구를 이용할 수 없지만, 원래에는 생업을 위한 어로 행위가 허용되었다. 요컨대 한강하구는 [그림 4, 5]와 같이 강 한가운데 군사분계선이 없고 남북 민용 선박이 공동으로 사용할 수 있는 것이었다.

1) 보수 측: 군사분계선이 있는 비무장지대이다

[그림 1, 2]에서 이미 살펴본 바와 같이, 보수 진영 측에서는 대체로 한강하구에도 군사분계선이 있는 것으로 상정하는 경향이 강하다. 냉전적 대립의 시기뿐만 아니라 남북의 화해와 교류를 위한 방안에서도 그러한 착오는 계속되었다. 그 대표적인 사례가 2007년 이명박 대통령 후보의 "나들섬 개발 프

로젝트"이다. 당시 이명박 후보는 한강하구의 수역 가운데에
도 군사분계선이 있는 것으로 상정하고(그림 7), 그 남쪽 수역
에 여의도 10배 크기의 커다란 인공 섬(나들섬)을 만들어 남북
협력의 기지로 사용하겠다고 밝힌 것이다.

그러나 앞서 살펴본 것처럼 한강하구에는 군사분계선이 존
재하지 않으며, 남북 민용 선박이 공동으로 이용할 수 있는
수역이다. 더욱이 1953년 10월 3일 군사정전위원회 제22차
회의의 〈Rules for Civil Shipping in Han River Estuary〉 8
항에서는 군사정전위원회의 비준이 없이는 어느 일방이 한강
하구 내에 부표(浮標) 등 사소한 "항행보조물 또는 표식물"마
저 설치할 수 없게 되어 있다. 때문에 한강하구에서 남쪽 수역
이라고 해서 남이 일방적으로 커다란 인공 섬을 만들 수는 없
다.

2) 진보 측: 군사분계선이 없으므로 비무장지대가 아니다

한강하구의 평화적 이용에 관해서는 진보 측이 훨씬 적극
적인데, 1999년 리영희의 논문[4]이 큰 계기가 되었다. 그는 위
「정전협정」 제1조의 제5항에서, 한강하구에 군사분계선이 없
으며 민용 선박의 항행이 가능하다는 조항에 주목하여, 한강
하구가 일종의 "국제수역(international water ways)"이며, 여기

---

4. 리영희, 1999, 「북방한계선(NLL)은 합법적인 군사분계선인가?」, 『통일시
론』 여름호, 통일시론사.

그림 8. 한강하구 평화의 배 띄우기 행사 ⓒ한겨레신문(2006. 7. 27)

서 남북의 민용 선박들은 자유 통항(free passage) 및 무해통항권(right of innocent passage)을 인정받고 있다고 주장하였다. 그 후 진보권에서는 이 주장을 근거로 한강하구를 「정전협정」의 "틈" 또는 "해방구"로 환호하면서,[5] 노무현 정부 시절인 2006년 〈평화의 배 띄우기〉 행사를 추진하였다(그림 8).

그러나 군사분계선이 없다고 해서, 또는 민간인이 들어갈 수 있다고 해서, 자동적으로 비무장지대가 아닌 것은 아니다. 한강하구가 민간인들에게 개방된다는 위 5항도 〈군사분

5. 박성준 한강평화준비위 공동준비위원장 인터뷰(『오마이뉴스』, 2005. 7. 11); 이시우, 2008, 『한강하구: 정전협정의 틈, 유라시아로의 창』, 통일뉴스, 358-465쪽.

계선과 비무장지대〉를 규정한 Article I에 속해 있으며, 더욱이 1953년 10월 3일 군사정전위원회 제22차 회의의 〈Rules for Civil Shipping in Han River Estuary〉에서 "민간에 개방된 것 이외 비무장지대 규정은 한강하구에도 모두 적용된다"(4항)고 분명하게 밝히고, "충돌을 피하기 위한 항행신호 외에 일체의 연락이나 통신이 금지"(10항 ㅅ목)되어 있다.

결론적으로, 한강하구는 군사분계선이 없고 비무장 민간인이 들어갈 수 있지만, 비무장지대에 속하는 것은 분명하다. 따라서 현 정전협정 체제로는 한강하구에서 남북이 공동으로 축제나 행사를 할 수 없다.

3. 서해 5도, NLL과 분쟁 수역

1) 분쟁의 9해리와 전쟁

「정전협정」에서 육상에는 군사분계선이 있는 비무장지대가 있고, 한강하구에는 군사분계선이 없는 비무장지대가 있다면, 서해 바다에 대해서는 쌍방이 합의된 어떠한 선이나 구역이 존재하지 않는다. 서해에 쌍방이 합의된 경계선이 부재한 것은 정전협정 당시부터 북은 12해리 영해선을, UN(남) 측은 3해리를 기준으로 제시하였기 때문이다.

서해에는 남북 사이에 공동 합의된 경계선은 없지만, 유엔사령부에서 설정한 경계선에서 기원하는 '북방한계선 (Northern Limit Line, NLL)'은 널리 알려져 있다. 이와 관련하여 여러 가지 논란이 있지만, 한두 가지 정리하고자 한다.

먼저, 서해 5도와 인근 바다도 남북 사이의 분쟁 지역으로 다루는 경우가 종종 있다. 그런데 「정전협정」에서 서해 5도는 UN 측 소속으로 분명하게 규정되어 있기[6] 때문에 분쟁의 여지가 전혀 없다. 또한 서해 5도와 북측 육지 또는 섬 사이의 좁은 바다도 해역 가운데 선이 자연스런 경계가 되어 3해리냐 12해리냐 등 분쟁의 여지가 없다.

문제가 되는 해역은 남쪽에 섬이 없어 영해를 설정할 수 있는 좌표가 북측 일방의 육지나 섬만 있는 수역인데, 바로 연평도에서 소청도 사이 근 100km에 이른다. 이 수역에서 남 (UN)은 북측 육지 기점 3해리의 NLL을 주장하고, 북은 12해리까지 주권을 주장하고 있어서 폭 9해리(16.668km) 차이가 난다(그림 9). 이곳이 바로 남북 사이에 분쟁과 전쟁이 일어나는 문제의 수역이다. 흔히 북이 주장하는 해상 분계선으로 1999년의 것(그림 10)을 제시하지만, 이것은 쌍방의 육지나 섬의 기점에서 등거리를 표시한 EEZ에 대한 것이지 영해와 관련되는 선은 전혀 아니다.

요컨대 NLL로부터 그 이남 9해리까지(그림 9)가 바로 분쟁과 전쟁의 수역이다. 1999년, 2002년 2차례 서해해전이 일어난

---

6. 「정전협정」 제2조 13항 (b)(오소백 외, 1965, 223쪽).

그림 9. 남북의 분쟁 수역   그림 10. 연평해전 지역(1999, 2002)

곳(그림 10)도 바로 이 수역이다. 필자는 이 지역 NLL 이남 9해리, 즉 북측 연안 기점 12해리 이북 수역의 위험성을 각별히 강조한 바 있지만,[7] 대체로 북이 1999년에 주장한 계선에만 주목하고, 12해리 문제에 대해서는 거의 주목하지 않고 있다.

그러던 와중에 2010년 "연평해전"이 일어났다. 이 전쟁도 북의 12해리 선과 밀접한 관련이 있다. 2010년 11월 23일 북은 바로 이 수역에서의 사격 훈련을 빌미로 연평도를 무차별 포격하였다. 12해리 선의 중요성은, 그해 12월 20일 2차 사격 훈련을 앞두고 박덕훈 유엔 주재 북한대표부 차석대사가 "남쪽이 포를 쏘겠다는 지역은 공화국 서해안에서 12마일(해리)도 안 떨어진 곳"이라고 언급한 것에도 드러났다.[8] 박덕훈 유

---

7. 도진순, 2009, 「남북 접경 지역의 평화적 활용을 위하여: 서해, 한강, DMZ」, 『역사비평』 88호(2009 가을), 역사비평사, 105쪽. 여기서 6해리는 9해리의 오타이다.

8. 『중앙일보』, 2010. 12. 21. 여기서 박 차석대사가 언급한 "12마일"은 "해

엔 대사의 "12해리" 언급은 북측에서 NLL를 보는 중요한 기준인데도, 남측에서는 아직도 별로 주목하지 않고 있다.

그런데 2010년 12월 20일 남측의 2차 사격 훈련에 대해서는 북이 누차 공언하던 공격을 감행하지 않았다. 그렇다면 북이 12해리 주장을 번복한 것인가? 12월 20일 사격 훈련 직후, 북의 인민군 최고사령부는 "우리 혁명 무력은 앞에서 얻어맞고 뒤에서 분풀이하는 식의 비열한 군사적 도발에 일일이 대응할 일고의 가치도 느끼지 않는다"[9]고 논평하였다. 여기서 흥미로운 것은 "앞"과 "뒤"라는 표현이다.

2차 훈련의 확실한 정황은 탄착 지점의 정확한 좌표가 나와야 알 수 있겠지만, 당시 신문의 관련 지도(그림 11)만 보아도 2차 사격 훈련의 탄착 지점은 NLL에서 "20km" 남쪽의 지점을 중심으로 주로 사격하였다는 것을 알 수 있다. 즉, 2차 사격 훈련 당시 실제 탄착 지점은 NLL 9해리 이남 지역일 가능성이 매우 크다. 북이 "'앞'에서 얻어맞고 '뒤'에서 분풀이한다"는 표현에서, '앞'은 NLL에서 9해리(16.668km) 이내 수역으로 1차 훈련을, '뒤'는 NLL에서 9해리(16.668km) 이남 수역으로 2차 훈련을 의미한다고 생각된다.

참고로 [그림 11]의 지도에서 북측 주장 해상 분계선은 잘

리"가 맞을 것이다. 당시 박대사의 언급은 영어 인터뷰였는데, 한국측 기자가 "nautical mile(해리)"을 "mile"과 같은 것으로 착각하여 "마일"로 표기한 것으로 보인다.

9. 『연합뉴스』, 2010. 12. 20.

그림 11. 2010년 12월 20일 남측의 2차 연평도 해상 사격 훈련 지도(『동아일보』 2010. 12. 21)

못된 것이다. 이 선이 사실이라면 2차 사격 훈련에 대해서도 북측이 항의하거나 포격을 해야 한다. 다시 강조하지만 서해의 분쟁 수역은 소청도와 연평도 사이의 NLL로부터 9해리 이북 수역(그림 9)이다.

2) 2007년 서해남북공동평화수역과 NLL 시비

2007년 노무현 정부는 서해 5도 주변의 분쟁 지대를 평화의 특별협력지대로 전환시키고자 "획기적인" 제안을 하였다.

〈10·4선언〉에서 남북 사이에 서해공동어로수역을 지정하고 (3항), 나아가 이를 확대하여 "평화수역"과 "서해평화협력특별지대"를 추진한다(5항)는 것이었다. 이 구상은 한국해양수산개발원에서 수년에 걸쳐 검토한 "서해연안 해양평화공원" 구상이 실현된 것이라 할 수 있다.[10]

그런데 2012년 대통령 선거를 전후하여, 2007년 노무현-김정일 남북 정상회담에서 서해남북공동평화수역을 논의하면서 노대통령이 "NLL을 포기했다" "아니다"의 격렬한 대논쟁이 있었다. 이 과정에서 두 정상의 대화록이 언론에 공개되었으며, 이후 공식 출간까지 되었다.[11] 10월 3일 남북 정상 사이에 서해와 NLL에 대해 어떠한 언급이 있었는가?

노무현 대통령은 10월 3일 오전에는 NLL을 격심하게 비판하면서도, NLL을 기준으로 하는 남북공동평화수역을 여러 번 제안하였다. 사실 이것은 8월 18일 청와대 비서실(실장 문재인)에서 열린 대책 회의에서 조성렬 박사가 제출한 〈서해 평화, 번영벨트〉라는 문건의 '서해 해상경계선 획정을 위한 3단

---

10. 한국해양수산개발원, 2005~08, 『서해연안 해양평화공원 지정 및 관리방안 연구』 I~IV.
11. 「2007 남북정상회담 회의록 전문」은 2013년 6월 25일자 각 언론에 수록되어 있다. 여기서는 연합뉴스의 것을 이용한다(http://www.yonhapnews.co.kr/bulletin/2013/06/25/0200000000AKR20130625084200001.HTML?from=search). 유시민의 『노무현 김정일의 246분: 남북정상회담 대화록의 진실』(돌베개, 2013)에서도 정상회담 원문을 볼 수 있지만, 유시민이 부여한 소제목이 있어 원문 해독에 특정한 가치 평가가 개입될 가능성이 있다.

계 로드맵'과 대체로 일치하는 것이었다.[12]

그러나 NLL이라는 기준선에 대한 논란을 회피하고 공동의 평화수역을 설정할 수 있다는 것은 순진한 수준을 넘어 불가능한 방안이다. 남북이 공동어로수역을 설정하기 위해서는 무엇을 기준으로 할 것인가에서 출발하지 않을 수 없으며, 또한 정전 이후 수십 년간 북이 한 번도 공식적으로 받아들인 적이 없는 NLL을 평화수역의 기준선으로 받아들인다는 것은 있을 수 없는 일이다. 김정일 위원장은 "당연히" 그것을 거절하였다.

문제는 10월 3일 오후 회담이다. 오전에는 주로 노 대통령이 제안하고 김 위원장이 응답하였다면, 오후는 주로 김 위원장이 제안하고 노 대통령이 응대하였다. 세 번에 걸쳐 NLL에 대해 민감한 내용이 오갔다.[13]

김정일: 그래서 그거는. 그런데 조건이 하나있는 거는, 군부에서 내가 결심하겠다하니까, 결심하시는 그 근저에는 담보가 하나 있어야 한다. 뭐야 그러니까 이승만 대통령 시대 51년도에 북방한계선[NLL] 있지 않습니까? 그때 원래 선 긋는 38선을 위주로 해가지구. 그거 역사적 그건데, 그걸 다 양

---

12. 조성렬, 2012, 『뉴 한반도 비전: 비핵 평화와 통일의 길』, 백산서당, 218쪽.
13. 「2007 남북 정상회담 회의록 전문」은 연합뉴스(2013년 6월 25일)의 것을 이용한다. [ ]는 필자.

측이 포기하는, 정전협정을 평화협정으로 하는 첫단계 기초
단계로서는 서해를 남측에서 구상하는 또 우리가 동조하는
경우에는 제 일차적으로 서해 북방 군사분계선 경계선을
쌍방이 다 포기하는 법률적인 이런거 하면 해상에서는 군대
는 다 철수하고 그담에 경찰이 하자고 하는 경찰 순시…

대통령: 평화협력체제, 앞으로 평화협력지대에 대한 구체적인
협의를 해야 합니다.

김정일: 그거 해야 합니다.

대통령: 그것이 기존의 모든 경계선이라든지 질서를 우선하는
것으로 그렇게 한번 정리할 수 있지 않은가…

즉, 오후에 들어 김정일은 쌍방의 경계선, 즉 3해리의 NLL,
북의 12해리를 모두 포기하는 조건으로 평화수역 구상을 받
아들일 수 있다고 밝혔고, 노 대통령은 이러한 평화수역 설정
이 "기존의 모든 경계선이라든지 질서를 우선하는 것"으로 수
긍하였다. 이에 대해 유시민은 "김위원장과 노대통령의 말은
같은 것 같기도 하고, 다른 것 같기도 하다"[14]고 요령부득으로
언급하고 있다. 사실 유시민은 10월 3일 오후의 김정일 위원
장의 반전에 대해 전혀 감을 잡고 있지 못하다.

김정일 위원장이, 누구도 예상하지 못했을 방식으로 화답했다.

---

14. 유시민, 2013, 49쪽.

그는 오찬 기간에 군 수뇌부를 만났고, 군부가 해주 개방에 반대하지 않는다고 말했다. "개성이 확고히 한다면 해주를 내줄 수 있다. 그런데 정전협정을 평화협정으로 하는 첫 단계로 서해 경계선을 쌍방이 다 포기하는 법률적 조처를 해서 군대는 다 철수하고 해경이 지키게 하는 것을 조건으로 한다." 이것이 군부의 입장이라고 말했다. 이것은 상당히 놀라운 반전이었다.[15]

김정일 위원장은 오전 내내 NLL을 기준으로 하는 평화 수역은 반대하고, 오후에 남의 NLL과 북의 경계선 양측 모두 포기하는 조건으로 서해평화협력지대를 만드는 것을 제안하였던 것이다. 그것은 유시민이 평가하는 '화답'이나 '놀라운 반전'이 아니다. 또한 이러한 맥락에서 김 위원장이 "최종적으로 원했던 것은 NLL 문제 그 자체라기보다는 그 과정에서 남북이 확고한 군사적 신뢰를 쌓는 것"[16]이었다는 유시민의 주장도 전혀 사실이 아니다. 위에서 살펴본 바와 같이 김 위원장에게 NLL은 매우 중요한 문제였고, 서해평화협력지대 구상을 받아들이는 유일한 조건이었다. 그리고 노 대통령은 김 위원장의 제안에 반대하지 않는 것은 분명하다. 이 NLL 문제는 김 위원장이 남의 평화구상을 받아들이는 중요한 전제였기 때문에 두 번이나 다시 확인하였다.

---

15. 유시민, 2013, 46쪽.
16. 유시민, 2013, 48쪽.

김정일: (전략) 지금 서해문제가 복잡하게 제기되어 있는 이상에
는 양측이 용단을 내려서 그 옛날 선들 다 포기한다. 평화
지대를 선포, 선언한다. 그리고 해주까지 포함되고 서해까
지 포함된, 육지는 제외하고, 육지는 내놓고, 이렇게 하게
되면 이건 우리 구상이고 어디까지나, 이걸 해당 관계부처
들에서 연구하고 협상하기로 한다.

대통령: 서해평화협력지대를 설치하기로 하고 그것을 가지고 평
화 문제, 공동번영의 문제를 다 일거에 해결하기로 합의하
고 거기에 필요한 실무 협의 계속해 나가면, 내가 임기 동안
에 NLL문제는 다 치유가[해결하게] 됩니다.[17]

김정일: 그건…

대통령: NLL보다 더 강력한 것입니다.

김 위원장은 서해평화 구상을 받아들이기 위해서는 NLL 변
경이 불가피하다는 것을 제시하였고, 노 대통령은 그것에 대
해 이견을 말하기보다는 서해평화지대가 실현되면 NLL도 처
리될 것이라 응답하였다. 김 위원장은 남측에서 다른 사람들
도 노 대통령처럼 받아들일까 다시 확인하였다.

---

17. 2013년 11월 15일 발표된 검찰 수사에 의하면, 초본의 "해결하게"인
데, 국정원에서 녹음 확인 후 "치유가"로 수정하였다고 한다. 「남북정상회
담 회의록 '초본'과 '완성본' 어떻게 달라졌나」, 『오마이뉴스』 2013. 11.
25(http://linkis.com/omn.kr/GRJY).

김정일: 이걸로 결정된 게 아니라 구상이라서 가까운 시일내 협의하기로 한다. 그러면 남쪽 사람들은 좋아할 것 같습니까?

대통령: 그건 뭐 그런 평화협력지대가 만들어지면 그 부분은 다 좋아할 것입니다. 또 뭐 시끄러우면 우리가 설명해서 평화문제와 경제문제를 일거에 해결하는 포괄적 해결을 일괄타결하는 포괄적 해결 방식인데 얼마나 이게 좋은 것입니까? 나는 뭐 자신감을 갖습니다. 헌법문제라고 자꾸 나오고 있는데 헌법문제 절대 아닙니다. 얼마든지 내가 맞서 나갈 수 있습니다. 더 큰 비전이 있는데 큰 비전이 없으면 작은 시련을 못이겨 내지만 큰 비전을 가지고 하면 나갈 수 있습니다. 아주 내가 가장 핵심적으로 가장 큰 목표로 삼았던 문제를 위원장께서 지금 승인해 주신거죠

김정일: 평화지대로 하는 건 반대 없습니다. 난 반대없고…

대통령: 평화협력지대로…

김정일: 협력지대로 평화협력지대로 하니까, 서부지대인데 서부지대는 바다문제가 해결되지 않고서는 그건 해결되지 않습니다. 그래 바다문제까지 포함해서 그카면 이제 실무적인 협상에 들어가서는 쌍방이 다 법을 포기한다, 과거에 정해져 있는 것, 그것은 그때가서 할 문제이고 그러나 이 구상적인 문제에 대해서는 이렇게 발표해도 되지 않겠습니까?

대통령: 예 좋습니다.

결국 쌍방의 경계선, 즉 3해리 12해리 모두 포기한다는 것

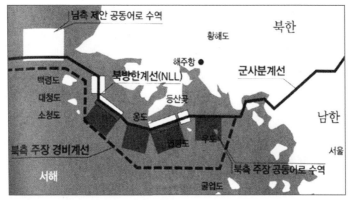

그림 12. 남과 북이 제시한 공동어로수역

은 실무 회담에 들어가서 논의하기로 하고, 서해평화협력지대를 선언하는 것으로 귀결되었다. 그리하여 「10·4공동선언」 3항에서 서해평화협력특별지대를 설치하고 공동어로구역과 평화수역 설정 등을 밝혔다.

2007년 11월 「10·4공동선언」의 후속 조치를 위한 남북 국방장관회담에서 남과 북은 각각 공동어로수역을 제시하였다. 여기서 북측은 10월 3일 남북 정상회담의 결과에 의거한 것이라며 12해리 경계선 이북, 3해리 NLL 이남에 공동어로수역을 제시하였다(그림 12). 남측은 기존의 입장인 3해리 NLL을 기준으로 공동어로구역을 주장하여 회담은 결렬되었다.

2013년 11월 15일 정상회담 초록을 검토한 검찰의 수사 결과가 발표되었는데, 핵심은 정상회담에서 "노 전 대통령의

NLL 포기 발언은 없었다"는 것이었다.[18] 그러나 문제의 정곡은 이것이 아니다. 10월 3일 오후 회담에서 문제는 김정일 위원장의 쌍방 경계선 포기 주장에 노 대통령이 동의하였는가 여부이다.

4. DMZ평화공원과 죽은 자

1) DMZ평화공원과 한국전쟁의 전사자

이처럼 서해에서는 NLL에 대한 뚜렷한 입장 차이 때문에 남북 공동평화수역이 추진되긴 힘들 것이다. 한편, 한강하구에는 군사분계선이 없고 민용 선박이 들어갈 수 있다는 점에서 남북 공동 활용이 모색될 수 있지만, 워낙 안보적으로 중요한 길목이기 때문에 홍수 등 자연재해에 대한 공동 대처 등 아주 낮은 단계에서 출발하지 않을 수 없을 것이다. 결국 남북이 공동으로 평화지대를 모색할 수 있는 가장 적합한 곳은 역시 육상의 DMZ라고 할 수 있다.

DMZ에 세계평화공원을 설치하려는 노력은 2000년 이후 다양하게 진행되었다. 여기서 말하는 '평화공원'이란 일반적 의미의 평화공원이 아니라, 북과 경계를 넘는 이른바 Trans

---

18. 『경향신문』 2013. 11. 15.

Boundary Peace Park(TBPP)이다. 국경을 넘는 평화공원이란 두 개 이상의 국가가 일정 지역을 공동으로 이용하는 평화공원을 말한다. 일반적으로 두 나라 사이의 국경은 막혀 있어 오직 특정된 출입국 관리소를 통해서만 소통할 수 있다(그림 13). 그러나 국경을 공유하는 평화공원(그림 14)은 출입국 관리소 같은 데서 일정한 수속을 하고 나면 특정 지역(6각형으로 표시된 지역) 안에서 자유롭게 넘나들 수 있다.[19] 흔히 국경은 산과 강을 경계로 나눠지곤 하는데, 산과 강, 즉 자연의 측면에서 보면 한 몸이 두 동강 나는 것과 같이 반(反)자연적인 것이라 할 수 있다. 이러한 자연의 분리를 극복하고 같이 보호하자는 측면에서 국경을 넘는 평화공원이 탄생하였다.

세계에서 이러한 평화공원은 상당히 다양하지만, 유엔환경계획(UNEP)의 통계에 의하면 2007년 4월 현재 세계에 227개의 접경지대 평화공원이 있다.[20] 그러나 국경의 장벽이 높은 아시아에는 국경을 공유하는 평화공원이 아직 없다. 원래 평화공원은 두 국가가 우호적이고 자연환경의 상호 의존성이 높은 곳에서 시작되었지만, 최근에는 분쟁 지역에서 대립

---

19. D. Peddle, L.E.O. Braack, T. Petermann and T. Sandwith, 2004, *Security Issues in the planning and management of Transboundary Protected Areas*, Germany: Internationale Weiterbildung und Entwicklung (InWEnt), 6쪽. 10쪽.

20. Ali, Saleem H. (ed.), 2007, *Peace Parks: Conservation and Conflict Resolution*, The MIT Press, Cambridge, Massachusetts & London, England; www.tbpa.net/tba_inventory.html.

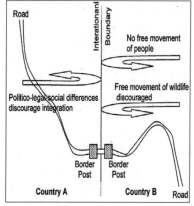

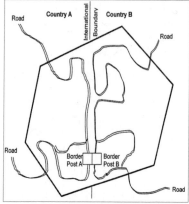

그림 13. 일반적인 국경. ⓒ D. Peddle, et al., 2004. p. 6.

그림 14. 평화공원(TBPP)과 국경. ⓒ D. Peddle, et al., 2004, p. 10.

을 제거하고 소통하는 방안으로 시도되고 있다. 그 대표적인 곳이 인도와 파키스탄 사이의 씨아첸 글레이셔 지역(Siachen Glacier Region)과 한반도 남북 사이의 DMZ이다.[21]

DMZ평화공원 계획은 2000년 남북 정상회담 다음 해, 넬슨 만델라(Nelson Rolihlahla Mandela)가 김대중 대통령과 만나 평화와 통일을 여는 가교로 DMZ평화공원을 적극 권유한 데서 비롯되었지만, 비교적 널리 소개된 것은 2004~05년이었다.

---

21. Ke Chung Kim, 2007, "Preserving Korea's Demilitarized Corridor for Conservation: A Green Approach to Conflict Resolution," *Peace Parks: Conservation and Conflict Resolution*; Kent Biringer and Air Marshall K. C. (Nanda) Cariappa, 2007, "The Siachen Peace Park Proposal: Reconfiguring the Kashmir Conflict?," *ibid.*

2004년 7월 15~16일 미국의 DMZ포럼과 경기도, 경기문화재단이 합동으로 "DMZ를 평화와 자연보호의 성지로"라는 주제로 국제회의를 개최했다. 이 대회에 넬슨 만델라는 특별 메시지를 통해 DMZ를 세계적인 평화공원으로 가꾸자고 제안하면서 '인간과 인간 사이의 평화' '인간과 자연 사이의 평화'라는 두 가지 주요 개념을 제시했다.[22]

2015년 현재 박근혜 대통령이 적극 표방하는 "DMZ세계생태평화공원"은 이름에서 알 수 있듯이, "자연과의 평화"에 치중한 듯하다. 그러나 유감스럽게도 인간과 자연 사이의 평화는 인간 상호 간의 평화 없이 시작할 수도 유지할 수도 없다. 따라서 DMZ평화공원에서 관건은 어디까지나 남북 인간 사이의 평화가 될 수밖에 없으며, 그 핵심은 한국전쟁의 적대적 대립을 해소하는 것에 있다. 이것이 가능해야만 DMZ는 전쟁의 Tragedy(비극)에서 평화의 Treasure(보물)로 바뀔 수 있다.

또한 국경을 넘는 DMZ평화공원은 한국전쟁 당시 적(敵)이었던 북이나 중국의 동의와 협조 없이는 불가능하거나 의미가 없다. 북은 한때 북핵 문제 처리 이후 DMZ평화공원에 참여할 의사가 있음을 내비추었지만, 현재 상태로는 전반적으로 비관적이다. 이처럼 DMZ평화공원의 핵심은 인간이지만, 인간은 한국전쟁 당시의 양대 진영으로 여전히 대치하고 있다. 그렇다면 어떻게 DMZ평화공원이 출발할 수 있을 것인가? 살아

---

22. 『오마이뉴스』 2004.07.15(http://www.ohmynews.com/NWS_Web/View/at_pg.aspx?CNTN_CD=A0000198100).

남은 자들이 여전히 대립하고 있다면, 죽은 자들에게 눈을 돌려 보는 것은 어떤가?

경기도 파주시 적성면 답곡리 산 56번지, DMZ 남방한계선으로부터 불과 5km 떨어진 곳에 '적군묘'라는 것이 있다(그림 15). 우리 정부가 수습한 북한군 및 중국군의 유해 1,200여 구를 안장했던 곳인데, 중국군 유해 437구는 2014년 3월 28일 본국(중국)으로 송환되어 한중 관계의 개선에 막대한 역할을 한 바 있다. 북한군 유해도 앞으로 남북 관계 개선에 중요한 공헌을 할 수 있을 것이다. 또한 북에 남아 있는 국군의 유해를 찾아오는 것도 살아남은 우리의 마땅한 책무일 것이다.

그런데 2014년 중국군 유해를 실은 여객기가 중국 영공에 진입하자 최신예 전투기 〈젠(殲)-11B〉 2대가 호송하였고, 유해들은 선양(沈阳)에 있는 '항미원조지원군(抗美援朝志願軍) 열사능원(烈士陵園)'에 안장됐다. 이리하여 중국군 유해는 '적군'에서 '열사'가 되었다. 남아 있는 북한군 유해들도 북으로 가는 순간 '적군'에서 '조국해방전쟁의 열사'가 될 것이다. 반면, 북에 있는 우리 국군의 유해도 돌아온다면 '적군'이나 '괴뢰도당'에서 '영웅'이 되어 국립묘지에 안장될 것이다.

문제는 같은 유해가 있는 지역에 따라 지금까지 여전히 '적군'과 '열사,' '괴뢰와 영웅,' 극과 극으로 대립하고 있다는 것이다. 이것은 죽은 자들이 스스로 구분한 것이 아니라, 살아남은 자들의 일방적 구분이다. 산 자에 의해 죽은 자도 적대적 양대 진영으로 여전히 대립하고 있는 것이 한국전쟁 발발 75

그림 15. 파주 적군묘 정경

주년이 지난 지금도 계속되는 엄연한 현실이다.

우리도 국군의 모든 유해를 북에서 찾을 수 없고, 남측에 있는 북한군 중국군 유해도 모두 찾아 돌아가게 할 수는 없다. 한국전쟁 당시 수백만이 사망 실종하였기 때문에 이들을 모두 찾아내는 것은 불가능하다. 그러나 전쟁으로 죽은 이들에 대한 합당한 기억장치를 통해서 이들을 진정 위령할 수는 있으며, 이를 통해 마음속의 적대적 대립과 경계를 허물 수 있을 것이다. 지면 관계상 여기서는 북한 중국 한국 UN 참전국 등에 있는 한국전쟁 기념물과 묘를 간단히 검토하고자 한다.

2) 북한과 중국의 열사묘와 기념 시설

(1) 중국: '열사능원'과 '열사묘'

중국의 이른바 '항미원조지원군'의 묘는 전선이 있었던 북에 많이 있으며,[23] 중국 본토는 세 군데이다. 랴오닝성(辽宁省) 성도(省都)이자 동북 3성의 제1도시인 선양(沈阳), 압록강변 조중 국경 지역인 단둥(丹东)에는 '항미원조열사능원(抗美援朝烈士陵园)'이 있고, 후베이성(湖北省)의 츠비시(赤壁市)의 '지원군열사묘군(志愿军烈士墓群)'에도 한국전쟁 관련 '항미원조열사'의 묘가 다수 있다.

이 세 군데는 모두 한국전쟁 중에 만든 것으로 당연히 냉전적 대립을 기조로 하고 있다. 이 중에서 대표적인 곳은 역시 선양(沈阳)의 지원군 능원으로, 2010년 10월 김정일 위원장이 중국 방문시 참배한 바 있으며, 2014년 3월 파주 적군묘의 유해도 이곳으로 이장되었다. 이곳의 기본 개념은 1962년 9월 둥비우(董必武)가 쓴 비문 "抗美援朝烈士英灵永垂不朽"로 요약할 수 있다.

---

23. 북에는 8처의 〈중국인민지원군 열사능원〉과 62처의 〈중국인민지원군 묘지〉(243개의 합장묘)가 있다. 이 글 198쪽 참고.

(2) 북한: 중국인민지원군 묘역과 우의탑

가) 평양 우의탑

북에서 한국전쟁 관련 조중 친선의 상징적인 기념물로 대표적인 것은 평양 모란봉에 있는 〈우의탑(友誼塔)〉이다(그림 16). 1958년 2월 중국군 철수 직전 북한을 방문했던 저우언라이 총리와 김일성 주석이 협의 결정하였다고 하며, 이듬해 중국군 참전일인 1959년 10월 25일 높이 30m로 건립되었다.

현재의 우의탑은 1984년 10월 25일, 김정일 위원장의 지도 아래 개건 확장된 것이다. 10월 25일 중국 인민지원군 참전일을 기념하여 1025개의 화강암으로 되어 있으며, 탑의 정면에는 금빛으로 "우의탑" 세 글자가 쓰여 있고, 정상에는 금빛 오각성(金五角星)이 있다. 우의탑은 외부 1층에는 좌우에 부조상이 있는데, 왼쪽은 '전투,' 오른쪽은 '전후복구건설'을 주제로 하고 있다. 정면의 한글 비문은 아래와 같다.

항미원조(抗美援朝) 보가위국(保家衛國)의 기치 높이 우리와 함께 싸워 이 땅에서 공동의 원쑤들을 쳐물리친 중국인민지원군 렬사들이여, 그대들이 남긴 불멸의 위훈과 피로써 맺어진 조중 인민의 국제주의적 친선은 륭성하는 이 나라 강토 우에 길이 빛나리라. [( ) 안 한자는 필자]

우의탑 안으로 들어가면, 약 100m²되는 대청 중앙의 대리

그림 16.
평양의 우의탑

석 탁자에는 지원군 열사들의 이름을 적은 인명부(花名冊)가 10책이 있는데, 마오쩌둥의 아들 마오안잉(毛岸英)을 비롯하여 '중국인민지원군 열사' 총 22,700명의 명단과 소속 및 직위, 희생된 연월일이 기록되어 있다. 벽에는 대형 벽화가 있는데, 참전, 전투와 승리, 전후 복구와 건설 등 세 편으로 되어 있다.[24]

우의탑은 중국의 대표단들과 관광객들이 북한을 방문할 때마다 참관하고 헌화하는 거의 필수 코스이다. 참전기념일이

---

24. 오대형·하경호, 1989. 『당의 령도 밑에 창작 건립된 대기념비들의 사상예술성』, 평양: 조선미술출판사, 256-270쪽; 정근식, 2015, 「냉전과 소련군기념비: 중국과 북한에서의 형성, 변화, 영향」, 『아시아리뷰』 제5권 제1호, 서울대학교 아시아연구소, 217쪽 참고.

되면 해마다 북한 주재 중국대사관이 나서서 기념하고, 중요한 해에는 고위급 대표단이 참배한다. 2005년 10월 28일 평양을 방문한 후진타오(胡錦濤) 중국 국가주석이 방문 헌화한 바 있다.

나) 중국인민지원군 열사능원

북에는 8처의 〈중국인민지원군 열사능원〉과 62처의 〈중국인민지원군 묘지〉(243개의 합장묘)가 있다. 개요는 [표 1]과 같다.

북의 지원군 열사능원 중에서 대표적인 곳은 단연 평북 회창(檜倉)이다. 평양의 우의비는 북한 정부가 건립한 것이지만, 회창의 인민지원군 '열사능원'은 중국 인민지원군이 조성한 것이다. 특히 이곳에는 마오쩌뚱의 장남 마오안잉(毛岸英)의 묘가 있는 것으로도 유명하다. 이곳의 기본 개념은 육각비(六角碑)에 새겨진 "抗美援朝保家卫国的烈士永垂不朽"로 요약할 수 있는바,[25] 선양(沈阳) 등 중국에 있는 항미원조지원군 열사능원과 기조를 같이한다.

이곳도 조중 친선의 대표적 상징으로 활용되곤 한다. 1958년 2월 17일 저우언라이(周恩来) 총리가 방문 헌화한 바 있고, 2009년 10월 5일 〈조중친선의 해〉에 원자바오(温家宝) 중국 총리도 참배하였다(그림 17, 18). 또한 2015년 7월 27일에는

---

25. 中国人民志愿军政治部 编, 1958, 『抗美援朝保家卫国的烈士永垂不朽: 中国人民志愿军烈士陵园纪念画册』, 中国人民志愿军政治部.

번호	이름	위치	내용	매장 인원
1	중국인민군지원군 열사능원	평북 회창	중국 인민지원군 총사령부 유적/마오쩌둥(毛澤東)의 장남 마오안잉(毛岸英).	134 명
2	운산지원군 열사능원	평북 운산	1950.10.25~1950.11.05. "제1차 전역" 전몰자	15,000여 명
3	개천지원군 열사능원	평북 개천	1950.11.25~12.02. "제2차 전역" 서부전선 전몰자	2,3000여 명
4	장진호지원군 열사능원	함남 장진호	1950.11.27~12.24. "제2차 전역" 동부전선 장진호 전투 전몰자	13,900여 명
5	개성지원군 열사능원	황해도 개성	1950.12.31~1951.01.08. "제3차 전역" 전몰자	19,000여 명
6	상감령지원군 열사능원	강원 상감령	1952.10.14~11.25. 상감령(上甘岭) 전투 전몰자	25,000여 명
7	금성지원군 열사능원	강원 김화	1953.05.13~07.27. "하계반격전(금성전투)" 전몰자	54,000여 명
8	신안주지원군 열사능원	평북 신안주	지원군 철도병 등 철도운수전선 전몰자.	1,178 명
9	지원군 공동묘지	62처	243개 합장묘	

표 1. 북의 중국인민지원군 열사능원과 공동묘지 현황

그림 17. 周恩來 총리 헌화(1958.02.17)　　　　그림 18. 温家宝 총리 헌화(2009.10.05)

북의 김정은 제1위원장이 휴전일(전승일) 기념으로 기념 화환
을 보내 주목받기도 하였다.

3) 한국과 UN 참전국의 전사자 기념

(1) 남한의 참전국 묘지 및 기념물: 유엔기념공원

남한에도 참전군 묘지나 기념물은 전국 각지에 산재해 있
다. 국가보훈처의 『6·25전쟁 60주년 UN 참전 기념시설물 도
감 1: 국내시설물』(2010)에 소개된 것만도 75개 처에 이르고
있다. 그중에서 대표적이며 특별한 것이 부산 남구의 유엔기
념공원(United Nations Memorial Cemetery in Korea, UNMCK)이
다(그림 19).

이 공원은 1951~54년 21개국 유엔군 전사자 약 11,000여

그림 19. UN 기념묘역(부산)

명의 유해가 안장되기도 하였다. 그 후 벨기에, 콜롬비아, 에티오피아, 그리스, 룩셈부르크, 필리핀, 태국 등 7개국 병사의 유해 전부와 그 외 국가의 일부 유해가 조국으로 이장되어, 2012년 현재 유엔군부대 파견 한국군 36명을 포함하여 11개국 2,300구의 유해가 안장되어 있다. 이 중에는 영국군 885명을 비롯한 영연방 국가 전사자들이 가장 많은데, 이것은 전사지에 유해를 묻는 영국 풍습에 따른 것이라고 한다.

유엔기념공원은 1951년 한국 국회에서 토지를 유엔에 영구 기증하여, 유엔사령부 주도로 묘역을 조성하였다. 그 후 관할이 유엔한국통일부흥위원단(UNCURK)(1959~73년), 유엔묘지 국제관리위원회(1974~2000년)로 변경되었다. 2001년부터 단순한 묘역이 아니라 유엔기념공원, 2005년부터 유엔평화공원, 2010년부터 유엔평화특구가 되었다.

한국전쟁 당시 참전한 유엔군의 묘역이 국내에 있는 것은 매우 소중한 유산임에 분명하다. 그러나 이것을 "기념묘역(Memorial Cemetery)"을 넘어 "평화공원" 또는 "평화특구"로 명명하는 것은 숙고할 문제가 있다. 이곳에서 추모의 기본 개념은 전사자들을 "자유세계"를 지킨 "영웅"으로 숭배하는 것으로, 전쟁 당시의 냉전적 양대 진영 대립의 연장선상에 있다. 한국전쟁에 관한 한 유엔은 전쟁의 일방을 대표하기 때문에 평화와 결합하기 위해서는 또 다른 개념이 필요하다. 그래야만 전쟁의 한쪽 당사자들만의 '우리끼리'의 평화를 넘어설 수 있을 것이다.

(2) 해외의 한국전쟁 참전 기념비: 한국전 참전용사 기념공원

해외에 있는 한국전쟁 참전 기념물은 미국 140여 처, 영국 300여 처 등 상당히 많으며, 전 세계적으로 분포하고 있다. 국가보훈처의 『6·25전쟁 60주년 UN 참전 기념시설물 도감 2~3: 국외시설물』(2010)에 소개된 것만 해도 미국 139처를 비롯해 총 230처이다.

유엔 참전국을 대표하는 것이 미국이며, 미국의 한국전쟁 기념물을 대표하는 것이 워싱턴 D.C. National Mall 안에 있는 〈한국전 참전용사 기념공원(The Korean War Veterans

Memorial)〉이다. 이 기념공원은 한국계 미국인들의 건립 운동에서 시작되어, 1986년 미국 연방의회에서 관련법을 만들고, 1992년 부시(George H. W. Bush) 대통령 때 착공하여, 1995년 7월 27일 한국전쟁 정전일에 준공하였다. 준공식에는 클린턴 미 대통령과 김영삼 대통령이 참석하였다.

기념공원에는 19인의 참전용사상(Statues), 기념벽(Memorial Wall), 회상의 연못(Pool of Remembrance), UN 참전국 명판(United Nations' Curb), 헌신의 석판(Dedication Stone) 등으로 구성되어 있다. 19인의 병사상(19 Statues)은 육군 15명, 해병 2명, 해군 위생병 1명, 공군 관측병 1명이며, 백인 흑인 황인종 등 다인종으로 구성되어 있으며, 악천후 속에서 행군하는 모습이다. 19명의 병사상이 측면의 기념벽에 반사되면 38명이 되며, 38의 의미는 38선과 한국전 전체 기간인 38개월을 의미한다.

기념벽(Memorial Wall)에는 총 2,400명의 미 육군, 해군, 공군, 해병대, 해안경비대 소속 장병들과 장비들이, 그 우측 끝 단에는 미군 부대에 배치되었던 한국인 카투사, 불교사원, 노무자들의 이미지가 새겨져 있다. 기념벽의 이미지는 미 국립문서보관소에 한국전 관련 사진 중에서 2,400장을 선별하여 이미지로 조합하여 모래분사 기법으로 화강암 벽면에 조각하였다(그림 20).

회상의 연못(Pool of Remembrance) 주변 석판에는 한국전쟁에서 미군과 UN군 전사자, 부상자, 포로, 실종자의 숫

그림 20. Memorial Wall, 워싱턴 D.C.의 한국   그림 21. FREEDOM IS NOT FREE, 워싱턴 D.C.의
전 참전용사 기념공원   한국전 참전용사 기념공원

자가 새겨져 있다. 연못 중앙에서 시작하여 화강암 벽에는
"FREEDOM IS NOT FREE"라는 문구가 새겨져 있다(그림
21). UN 참전국 명판(United Nations' Curb)에는 한국전쟁 참
전 UN군 22개 국가명이 알파벳 순서대로 새겨져 있고, '헌
신의 석판(Dedication Stone)'에는 "OUR NATION HONORS
HER SONS AND DAUGHTERS WHO ANSWERED THE
CALL TO DEFEND COUNTRY THEY NEVER KNEW AND
A PEOPLE THEY NEVER MET"라는 문구가 새겨져 있다.

워싱턴의 한국전 참전용사 기념공원은 한국전쟁 기념물 중
에서 가장 잘된 기념물로 평가할 수 있다. 19인의 병사는 승
리의 '영웅'이라기보다는 전쟁을 치르는 고된 '일반 병사'들
의 모습이며, 기념벽의 부조들도 실제 자료의 이미지로 대단
히 사실적이다.

그림 22.
Korean Veterans
Memorial(Brevard, Merritt
Island, FA)의 FREEDOM IS
NOT FREE

그런데 이 기념공원을 대표하는 명구는 "Freedom Is Not
Free"이다. 이 구절은 미국 내 한국전쟁 기념비 12개에 새
겨져 있을 정도로,[26] 미국의 한국전쟁 기념을 대표한다고 할
수 있다. 한국전쟁 발발 50주년인 2000년, 한국과 미국 정부
가 공동으로 제작한 기념기가 맥아더 기념관(The MacArthur
Memorial)에 보관되어 있는데, 여기에도 "FREEDOM IS NOT
FREE"라는 영어 문구와, "자유는 아무런 노력 없이 얻어지는
것이 아니다"라는 한국어 문구가 병기되어 있다.[27] 플로리다

---

26. 국가보훈처, 2010, 『6·25전쟁 60주년 UN 참전 기념시설물 도감 1~3』.
27. 국가보훈처, 2010, 『6·25전쟁 60주년 UN 참전 기념시설물 도감 2』,
417쪽.

메리트 아일랜드(Merritt Island)의 브리바드(Brevard)에 있는
'Korean Veterans Memorial'에는 이 구절 아래 다음과 같은
서술이 추가되어 있다(그림 22).

Has been Elected to Honor and Remember All Veterans
Who Died and Served in the Cause of Freedom, Preserving
Democracy of South Korea 1950-1953 and on against
Communist Aggression.[28]

이처럼 "FREEDOM IS NOT FREE"는 한국전쟁을 자유 진
영과 공산 진영의 대립으로 구분하는 냉전적 인식의 대표적
표어라 할 수 있다.

5. 맺음말: 경계 허물기와 죽은 자의 목소리

2000년 남북 정상회담 이후 남북 변경에 대한 관점은 획기
적으로 전환되기 시작하였다. 그 이전이 냉전적 적대의 최전
선이라면, 그 이후는 남북 사이의 소통과 화해의 교두보로서
주목받기 시작하였다. 그리하여 육지, 강, 바다에서 남북 사이
의 경계 허물기를 위한 다양한 시도가 있었다(한강하구에 평화

---

28. 국가보훈처, 2010, 『6·25전쟁 60주년 UN 참전 기념시설물 도감 2』, 76
쪽.

의 배 띄우기 행사와 나들섬 프로젝트, 서해 남북공동평화수역 설정 등등).

그러나 이것들이 모두 성사 또는 연속되지 않았다는 것 또한 주목해야 할 엄연한 현실이다. 그 이유로는 다음의 여러 가지를 지적할 수 있다.

① 경계는 역시 경계라는 점이다. 즉, 서울과 평양, 그리고 워싱턴 등 정전적 대립의 중심이 변하지 않는 한 변경이 변화되거나, 변경의 변화가 중앙을 견인하기는 매우 어렵다는 점이다.

② 「정전협정」에 냉정하게 주목하지 않는다는 점이다. 앞서 살펴본 바와 같이, 진보와 보수, 좌와 우를 불문하고, 「정전협정」에 대한 몰이해는 남북 사이의 경계를 평화적으로 이용하는 데 적지 않은 문제를 야기하였다.

③ 한반도 정세를 좌우하는 최고 중요한 변수는 여전히 군사 안보 문제라는 것이다. 정전 체제의 안보 문제를 부차적으로 여기고, 생태와 환경 또는 경제협력 등으로 평화를 견인 내지 정착할 수 있다는 생각은 근본적인 한계를 지닌다. 생태 문제가 세계적으로 매우 중요한 과제임은 분명하지만, 이것으로 한국전쟁과 정전 체제의 적대적 대립을 청산 치유할 수 없다. 또한 흔히 '평화경제론'이라 하여 남북 협조를 통한 경제적 활성화가 평화를 견인할 것처럼 생각하지만, 남북 대립의 압도적 위상인 안보 위기에 의해서 경제적 협력은 순식간에 후퇴할 수 있다. 한반도에서 전쟁과 평화가 생존 자체의 문제라면, 생태나 경제는 인간답게 사는 일종의 존재 방식의 문제이

다. 때문에 한반도의 평화를 위해서는 한국전쟁으로 인한 적대적 대치의 해소, 즉 정전 체제의 법적, 정서적 청산이 매우 중요하다.

따라서 우리는 한국전쟁과 정전 체제를 정면으로 직시하면서 평화를 위한 기억장치를 모색해야 한다. 앞서 살펴본 바와 같이, 남과 미국 및 유엔 참전국, 북과 중국에서 한국전쟁 전몰자에 대한 기억의 형태는 여전히 냉전적 대립을 이어받고 있다. 즉, 일방은 자유세계를 지킨 '영웅'으로, 타방에서는 침략을 물리친 '열사'로 추앙하고 있다. 어디에도 젊은 나이에 전쟁으로 인해 죽은 '인간'으로서 위령은 없거나 부족하다.

여기서 우리가 진지하게 생각해야 할 것은 한국전쟁 전몰자의 합당한 위령(慰靈)에 대한 것이다. 흔히 위령에는 두 가지 측면이 있다. 하나는 죽은 자를 영웅(hero)으로 치켜세우면서 산 자들의 분투를 촉구하는 기억의 형태이다. 다른 하나는 전쟁으로 안타까운 희생자(Victim)가 된 죽음을 진정으로 애도하는 것이다. 전자가 또 다른 승부를 앞둔 산 자들의 욕망이 주로 반영된 것이라면, 후자는 전쟁으로 죽은 자들의 목소리에 주목하는 것이라 할 수 있다.

한국전쟁에 대한 기념물과 묘역들은 거의 대부분 전사자들을 자유세계를 지킨 영웅이거나, 제국주의에 맞서거나 조국 해방을 위해 싸운 열사(烈士)로 호명하고 있다. 전쟁으로 희생된 죽음이 죽어서도 또다시 기억의 전쟁을 하고 있는 것이다. 죽은 자를 대하는 가장 올바른 방식은 그들 스스로 말할 수 있도록 살아 있는 자들의 음성을 줄이는 것이다. 한국전쟁의 전사자 묘비명을 보면 갓 스무 살을 넘긴 어린 청년들이 대다수이다. 그들의 죽음은 자랑스럽거나 감사하기도 하지만, 그 이상으로 안타깝고 애석한 것이다. 살아생전에는 제대로 행사하지 못했을 주권을 뒤늦게나마 그들에게 돌려주는 것이 진정한 '애도'의 정신일 것이다.[29]

산 자들의 적대적 대치의 상징인 DMZ 안에 남의 한국군, 북의 인민군, 중국의 지원군, 미국과 여러 나라의 유엔군 등을 공동으로 애도할 수 있는 기억장치를 두는 것, 그것이 정전 체제의 정서적 경계를 허물고 평화 체제로 나아가는 제1보가 될 수 있지 않을까? 산 자들이 할 수 없는 그 제1보를 죽은 자들이 할 수 있게, 국가와 진영의 이데올로기를 넘어 '인간'과 '생명'의 목소리에 주목하는 것, 이건 가능하지 않을까? 오키나와 남단 이토만[糸滿]시 마부니[摩文仁] 언덕의 〈평화의 초석〉에는 적·아군을 불문하고 오키나와전쟁 전몰자 236,095명의 이름이 새겨져 있는데, 그 이상의 것을 DMZ 안 평화공원 안에 만드는 것이 불가능한가?

29. 전진성, 2013, 「유엔기념공원을 부산 속에 재배치하기」, 민주주의사회연구소 편, 『유엔기념공원과 부산』, 선인, 25쪽.

참고 문헌

국가보훈처, 2010, 『6·25전쟁 60주년 UN 참전 기념시설물 도감』 1~3, 국가보훈처.

김재한, 2011, 「DMZ 연구의 오해와 논제」, 평화문제연구소, 『통일문제연구』, 제56호.

도진순, 2009, 「남북 접경 지역의 평화적 활용을 위하여: 서해, 한강, DMZ」, 『역사비평』 88(2009 가을)호, 역사비평사.

도진순, 2011, 「남북접경(MDL, DMZ, NLL)과 평화이니셔티브」, 『근현대 전쟁 유적 그리고 평화』, 동북아역사재단.

리영희, 1999, NLL북방한계선(NLL)은 합법적인 군사분계선인가?」, 『통일시론』 여름호, 통일시론사.

민주주의사회연구소 편, 2013, 『유엔기념공원과 부산, 선인

오대형·하경호. 1989, 『당의 령도 밑에 창작 건립된 대기념비들의 사상예술성』. 평양: 조선미술출판사.

오소백 외, 1965, 『해방 20년: 자료편』, 세문사.

유시민, 2013, 『노무현 김정일의 246분: 남북정상회담 대화록의 진실』, 돌베개.

이시우, 2008, 『한강하구: 정전협정의 틈, 유라시아로의 창』, 통일뉴스.

전진성, 2013, 「유엔기념공원을 부산 속에 재배치하기」, 민주주의사회연구소 편, 『유엔기념공원과 부산』, 선인.

정근식, 2015, 「냉전과 소련군기념비: 중국과 북한에서의 형성, 변화, 영향」, 『아시아리뷰』 제5권 제1호, 서울대학교 아시아연구소.

제성호, 2009, 「한국정전협정상 한강하구의 법적지위: 소위 '나들섬구상' 추진과 관련하여」, 중앙법학회, 『중앙법학』 제11집 제1호.

조성렬, 2012, 『뉴 한반도 비전: 비핵 평화와 통일의 길』, 백산서당.

한국해양수산개발원, 2005~08, 『서해연안 해양평화공원 지정 및 관리방안
　　연구』 1~4, 한국해양수산개발원.

Ali, Saleem H., Ed., 2007, *Peace Parks: Conservation and Conflict
　　Resolution*, The MIT Press, Cambridge, Massachusetts & London,
　　England.

Doh Jin Soon, 2014, "The Border between the South and the North,
　　and Peace Initiative," *Envisioning Peace beyond Borders: Dynam-
　　ism of De-bordering and Re-bordering in Inter-Korean Relations*,
　　The Institute for Peace and Unification Studies (IPUS), Seoul
　　National University.

Hayes, Peter and Roger Cavazos, 2013. "An Ecological Framework for
　　Promoting Inter-Korean Cooperation and Nuclear Free Future: a
　　DMZ Peace Park," Nautilus Peace and Security Network.

Kim Ke Chung, 2007, "Preserving Korea's Demilitarized Corridor for
　　Conservation: A Green Approach to Conflict Resolution," Ali,
　　Saleem H., Ed., *Peace Parks: Conservation and Conflict Resolution*.

Peddle, D., Braack, L.E.O., Petermann, T., and Sandwith, T., 2004,
　　*Security Issues in the planning and management of Transbound-
　　ary Protected Areas*, Internationale Weiterbildung und Entwicklung
　　(InWEnt), Germany.

中国人民志愿军政治部 编, 1958, 『抗美援朝保家卫国的烈士永垂不朽: 中国
　　人民志愿军烈士陵园纪念画册』, 中国人民志愿军政治部.

북한 여성 월경자들이 경험하는 북·중 접경 지역

김성경

1. '경계' 너머 '접경': 북·중 접경 지역

장률 감독의 영화 〈두만강〉(2009)에서 그려 낸 북-중 접경 지역은 우울한 회색빛이다. 매서운 추위에 강물은 얼어붙었고, 사람들은 추위를 피해 종종걸음으로 마을 주변을 서성인다. 대부분의 젊은 사람들은 남한으로 '돈' 벌러 가고, 남겨진 노인과 아이들만이 그 황량한 곳을 지킨다. 그나마 그곳에 남아 있는 장년들 대부분은 술에 취해 하루하루 시간만 보내고, 여성들은 소일거리로 생활을 유지하기 바쁘다. 코리안 에스닉 네트워크를 활용한 남한으로의 경제 이주는 이곳 사람들에게 또 다른 기회이기도 했지만, 가족해체와 공동체 붕괴와 같은 값비싼 비용을 요구했던 것이다. 실로 이 영화가 그려 낸 북·중 접경 지역은 세계화와 자본주의 그리고 도시화가 한 지역의 사람과 문화를 얼마나 파괴할 수 있는지 짐작케 한다.

영화는 이 지역의 풍경에 음식을 얻으러 강을 오가는 북한 어린이들의 모습 또한 겹쳐 낸다. 북한 주민들에게 국경인 두만강은 이동을 막는 장애물은커녕 이동의 통로가 되는 것이다. 더 나아가 강 건너 온 북한 아이들은 조선족 아이들과 함께 축구를 하며 우정을 쌓고 일상을 공유하며 또 다른 공동체를 만들어 내기도 한다. 한편, 영화는 현재의 기억을 잃어버린 채 과거만을 기억하는 치매 걸린 할머니를 그려 내는데, 그녀는 틈날 때마다 '집'에 간다며 강을 건너려 한다. 국가가 첨예하게 작동하는 현재를 감각할 수 없는 할머니는 돌아가야 할 '집,' 즉 '고향'으로 강 너머를 인식하고 있는 것이다. 이렇듯 국경이라는 근대국가의 가장 강력한 '경계선'은 이들의 삶 속에서는 다소 복잡하게 의미화 되며, 때로는 전혀 다른 방식으로 작동하고 있다. 두만강을 가운데 두고 독특한 공간 문화를 구성하고 있는 북·중 접경 지역, 그중에서도 연변조선족자치주의 상황은 어쩌면 이 영화가 그려 내는 것 이상으로 복잡하고 역동적일지도 모른다.

북·중 접경 지역은 압록강과 두만강을 사이에 둔 길이 약 1,416km에 이르는 지역을 일컫는다. 북한은 북쪽으로 중국·러시아와 국경으로 마주하고 있는데, 북한의 국경 대부분은 중국과 강을 사이에 두고 있다. 한편, 북한은 러시아와는 16.93km에 불과한 국경을 공유하고 있을 뿐이다.[1] 물론 북한과 러시아의 국경 지역 또한 양국 사이의 활발한 경제 및 문물 교류의 창이 되고 있지만, 러시아 지역 쪽에는 조선인 커뮤니티가 구성되어 있지 않아 북·중 국경 지역과는 다소 구별되는 공간 작동이 확인되기도 한다.

국경의 대부분을 차지하는 북한과 중국은 1964년 〈북·중 국경하천 공동 이용관리에 관한 상호협조 협정〉에서 접경 지역을 "두 국가를 잇는 도시, 국가, 관할구"를 통칭한다고 정의한 바 있다.[2] 역사적으로 이 지역[3]은 끊임없이 공식, 비공식적인 교류를 계속해 왔으며, 이는 중국과 북한이라는 근대국가 성립 이후에는 오히려 더 다변화되는 양상을 띤다. 북한 주민과 중국에 거주하는 조선족은 때로는 공식적 경로로 '이주'나 '방문'을 하기도 하고, 더 많은 경우에는 비공식적 통로를 활용해서 접촉과 교류를 계속해 왔다. 이러한 주민들의 네트워크는 이 지역을 타 지역과는 다소 구별되는 독특한 공간 동학으로 구성해 냈다.

---

1. 북한과 중국의 국경의 길이는 다소 차이가 있다. 『뉴욕타임스』에 실린 오니시의 글에 따르면 국경은 약 1,400km이고, 이옥희는 1,376km로 소개한다. 이옥희, 2011, 『북·중 접경지역: 전환기 북·중 접경지역의 도시네트워크』, 푸른길; Pinilla, Daniel Goma, 2004, 'Border Disputes between China and North Korea,' *China Perspectives*, 52, March-April, p. 2.
2. 이옥희, 위의 책, p. 18.
3. 북·중 접경 지역은 북한 쪽으로는 평안북도(신의주), 자강도(만포), 양강도(혜산) 그리고 함경북도(나진지구, 회령 등)이며, 중국 쪽으로는 랴오닝성(단동), 지린성(연변조선족자치구)으로 구성되어 있다. 특히 두만강 상류 지역은 북한의 무산, 회령, 온성과 중국의 연변조선족자치구와 인접해 있어 접경 지역으로서의 독특한 문화를 계속 유지할 수 있었다.

사실 근대국가를 정의하는 중요한 기준점인 영토는 자연스레 '국경'을 생산해 냈다. 주지하듯 국경은 자연스럽거나 고정불변의 것이 아닌 20세기 초반에 본격적으로 작동하기 시작한 하나의 사회 구성물에 불과하다. 문제는 이렇듯 갑작스레 생산된 '국경,' 즉 멋대로 그려 낸 경계선이 그 지역에 뿌리를 내리고 살아가는 공동체의 일상이나 역사성을 충분히 고려하지 못하는 데서 비롯된다. 즉, 국경이라는 만들어진 경계는 일상의 층위에서 전혀 다른 방식으로 소비되거나 실천되기도 하고, 그 방식 또한 통일되지 않은 경우가 많다.[4] 게다가 일상의 공간 실천 양식은 '국경'과 끊임없이 상호작용하면서 또 다른 공간 양식으로 변화하기도 한다.

비슷하게 호르츠만(Horstmann)은 국경 지역의 역동성을 주목하면서, 이 지역의 공간 작동은 공식적 영역과 비공식적 영역으로 구분해야 한다고 주장한 바 있다.[5] 예컨대 공식적이며

4. Balibar, E. 1998, 'The Borders of Europe' in P. Cheah and B. Robbins (eds.) *Cosmopolitics: Thinking and Feeling Beyond the Nation*, Trans. J. Swenson, London and Minneapolis: University of Minnesota Press, pp. 216-233; Vaughan-Williams, N. 2009, *Border Politics: The Limits of Sovereign Power*, Edinburgh: Edinburgh University Press; Newman, D. and Passi, A., 1998, 'Fences and Neighbours in the Postmodern World: Boundary Narratives in Political Geography,' *Progress in Human Geography*, Vol. 22, No. 2, pp. 186-207.

5. Horstmann, H. 2002, 'Incorporation and Resistance: Borderlands, Transnational Communities and Social Changes in South Asia,' http://www.transcomm.ox.ac.uk/working%20papers/WPTC-02-04%20Horstmann.pdf, p. 7.

정치적인 영역에서의 국경 지역은 국가의 통치권이 첨예하게 작동하는 공간이다. 국경을 통과하기 위해서는 국가의 '허가'가 반드시 필요하며, 영토 수호라는 국가의 기본적 원칙에 따라 국경은 국가의 통제장치가 엄밀하게 작동되기도 한다. 한편, 또 다른 층위는 이 공간을 살아가는 사람들의 일상의 공간, 즉 비공식의 영역을 일컫는다. 특히 국경이라는 선으로 구분될 수 없는 강력한 친족 네트워크가 작동하는 곳이 바로 국경 지역이기도 하다. 이런 맥락에서 국경 지역을 단순히 두 국가의 영토를 구분하는 것으로 정의하기보다는 사람들의 삶이 뿌리내린 곳으로 재해석할 필요가 있다.

이렇듯 국경 지역의 복합성을 감안한다면 북·중 국경 지역의 공간적 동학이 새롭게 포착될 수 있다. 이 지역은 19세기 조선인들이 이주해 온 이래로 국경으로 구획되지 않는 친족 네트워크가 작동해 온 공간이다. 근대적 '국가'가 성립되기 이전부터 계속되어 온 일상의 교류가 국경이 구축된 이후에도 중국 내 조선인들과 북한 사람들 사이의 공동체를 가능하게 했다. 또한 중국의 소수민족 정책에 힘입어 조선인들은 자신들의 언어와 문화를 유지할 수 있었고, 이로 인해 북한 쪽 국경 지역의 북한인들과는 '국가'를 뛰어넘는 유대감을 구축할 수 있었다. 하지만 이렇게 구성된 비공식적 접촉과 국경을 뛰어넘는 공동체는 1990년대 이후 북한 출신자들의 적극적인 이주로 인해 또 한 번의 변화를 겪기도 한다. 사실 이 지역의 이러한 문화로 인해 상당수의 북한 출신자들이 국경을 넘어 이주할 수 있었고, 동시에 이들의 이주가 이 지역의 공간 실천 양식에 변화를 만들어 내기도 한다. 게다가 90년대 중반 이후에 유입된 남한 주민 또한 이 지역을 초국적 공간이면서 동시에 코리안 에스닉 네트워크가 복잡하게 얽혀 있는 곳으로 바꾸어 내기도 하였다.

이 장에서는 북·중 접경 지역에서 활발하게 이동하고 있는 북한 여성의 공간 경험을 살펴봄으로써, 이 지역의 불균등한 공간적 특성과 북한 여성의 적극적인 행위 주체성을 분석하고자 한다. 즉, 북한 여성이라는 주체의 이동의 선을 따라 북·중 접경 지역의 다소 구별적인 공간 작동의 면면에 접근하고자 하는 것이다. 이를 위해서 우선 몇 가지 개념의 정의가 필요할 듯싶다. 우선 경계, 접경, 국경 등 개념의 관계도를 그릴 필요가 있다. 경계(境界)의 한자어의 뜻을 살펴보면, 땅의 가장자리를 뜻하는 지경 경(境) 자와 계(界) 자를 쓰고 있음을 알 수 있다. 하지만 각 한자어는 또 다른 맥락에서 '장소'와 '이웃하다'라는 뜻을 함축하고 있기도 하다. 장소가 사람들이 사는 역사성을 띤 공간을 의미한다고 했을 때, 경계가 뜻하는 의미는 역사적으로 사람들이 살아가는 이웃하는 장소를 의미한다고 할 수 있을 것이다. 한편, 경계의 영어 표현은 border와 boundary를 혼용해서 쓰는 경향이 있는데, 세넷의 정의에 따르면, border의 경우에는 공간적 교류와 교통 등을 강조하여 '접경'에 가까운 뜻이라면, boundary의 경우에는 국가를 포함한 특정 커뮤니티의 영역과 구분선을 강조할 때 쓰는 개념이다.[6] 하지만 경계라는 개념이 국가 중심적인 시각에서의 가장자리, 즉 국가의 '안'과 '밖'을 구분하는 뜻에서 '국경'의 또 다른 표현으로 통용된다는 것을 감안했을 때 이 글이 주목하는 지역의 역동적 작동을 포착하기에는 부족함이 있는 것이 사실이다. 이런 맥락에서 '접경(接境),' 즉 세넷이 강조하는 border라는 개념을 생각해 볼 수 있는데, 교통하며 만난다는 뜻의 사귈 '접(接)'과 장소를 뜻하는 지경 '경(境)'의 뜻이 미시적 수준과 비공식의 영역에서 만들어 내는 북·중 국경 지역의 동학을 조금 더 적절하게 포착하는 것이기 때문이다.

한편, 경계, 접경, 국경이라는 개념과 '지역'을 접합해서 사용하는 이유는 공간의 작동과 경험이 단순히 일차원적인 선(線)이 아닌 공간과 의식, 그리고 문화를 아우르는 광범위한 범위에서 작동하는 것에서 기인한다. 예컨대 북·중 접경 지역은 단순히 국경선만을 가리키는 것에서 더 나아가 국가를 넘어서서 작동하는 다양한 교통의 선들로 확장되며, 동시에 이 지역에서 살고 있는 사람들의 경험, (무)의식, 언어, 문화 등에도 배태되어 있다. 그만큼 '접경'이라는 독특한 경험과 (무)의식의 체계는 광범위한 영역에서 다층적으로 작동한다. 이런 맥락에서 본 글은 북한과 중국이 국경으로 마주하고 있는 지역을 '북·중 접경 지역'으로 칭하며, 이곳의 공간적 특징과 동시에 이곳에서 살아가고 있는 사람들의 공간 인식과 경험

---

6. 세넷, 리차드, 2010, 『장인: 현대문명이 잃어버린 생각하는 손』, 21세기북스, p. 364-367.

을 분석하고자 한다.

2. '국경' 교란하기

북한과 중국 사이에 국경에 대한 본격적인 제도와 법이 구축된 것은 근대국가가 형성되고 난 이후에 꽤나 시간이 지난 후였다. 북한과 중국 사이의 영토에 관련된 논쟁은 사실 청과 조선 시기로 거슬러 올라간다. 두만강 중류나 압록강의 경우 양국 간의 경계가 명확했던 반면, 두만강 상류는 수심이 얕고 경계가 불분명해 이 지역의 주민들의 월경이 일상화되어 있었던 데다, 조선에서 백두산(장백산)을 왕조의 발원지로 칭하면서 양국 간 국경에 대한 이견이 계속되었다. 한편, 러일전쟁 이후에 조선을 대신해서 일본이 청나라와 영토 협상에 나서게 되고, 그때 양국 간의 최초의 영토 협정인 '두만강 중·한계무조관(中韓界務條款),' 즉 '간도조약(間島條約: 간도협약)'을 체결하게 된다.[7] 간도조약은 청과 조선의 국경을 두만강으로 하고, 두만강의 발원을 정계비에서 석을수(石乙水)까지로 합의한 것을 의미한다. 이 조약은 사실상 중국의 연길, 목단강, 목릉 지역을 청의 영토로 합의한 것이고, 조선의 영토는 두만강까지로 명확히 한 것이다. 하지만 이후에도 청의 영토 내 간도

---

7. 심지화, 박종철, 2012, 「'중·북 국경문제 해결'에 대한 역사적 고찰 (1950~1964)」, 『아태연구』, 제19권 제1호.

지역에 살고 있던 많은 조선인들로 인해 국경이나 영토는 실질적으로 작동하지는 못했다.

1950년대 초 중화인민공화국이 건국되고 난 이후에도 중국과 북한 사이의 국경은 명확하게 작동하지는 않았다. 게다가 중국은 광활한 영토를 관리하는 데 있어 국경 문제에 대해서는 다소 유보적인 태도를 취하였다. 하지만 중국-미얀마 양국의 영토 분쟁(1955년), 중소 양국의 신장 지역에서의 충돌(1956년) 등의 사건을 거치면서 중국은 점차적으로 영토에 대한 입장을 정리할 필요를 느끼기 시작한다.[8] 그럼에도 불구하고 중국과 북한이 사회주의 형제 국가로 긴밀한 관계를 유지하고 있었다는 점, 그리고 국경 지역의 지형이 다소 모호하다는 점, 마지막으로 이 지역에 거주하고 있는 조선인의 수가 상

8. 중국은 방대한 영토로 인해 모든 국경에 대해서 일사분란하게 대응하기는 어려웠다. 하지만 가장 우선시되는 것은 사회주의 국가와 인접한 국경이 아니라 민족주의 국가와의 영토 문제였다. "중국은 국경선이 매우 길기 때문에 역사적으로 미경계 지역이 남아 있어, 해방 후 적잖은 분쟁이 발생하였다. 또한 경계선이 획정된 지역 중에서도 국경선이 명확하지 않은 곳이 일부 있다. 현재 우리의 국경 현황은 제대로 파악되지 않고 있다. 국경과 관련된 역사자료와 외교 문서의 미비, 부정확한 지도 특히 미경계 지역에 대한 이해가 부족하기 때문에 우리의 국경 경비와 대외교섭 업무에 있어 어려움이 많다. 국경 문제는 우리나라뿐 아니라 이웃국가와 관련된 사항이므로 우리의 바람대로만 일이 성사될 수는 없다. 그러나 필요한 적절한 시기에 이웃국가와 국경 문제를 해결할 때 적극적으로 임하기 위해 조속히 철저하게 대비해야 한다. 특히 중공중앙은 민족주의 국가와 인접한 성과 자치구 당 위원회에 국경업무를 당 위원회의 의사일정에 따라서 상정할 것을 특별 지시한다"(국경업무강화에 관한 중앙의 지시), 1958년 12월 13일, 심지화, 박종철, 2012, p. 45에서 재인용.

당하다는 점에서 국경 문제는 완전히 해결되기는 어려운 것이었다. 여러 차례의 협상 끝에 1964년 체결된 〈중조변계에 관한 의정서〉에서는 압록강과 두만강을 기준으로 영토를 정하되 다만 두 강의 발원지인 백두산 일대는 양측의 백두산에 대한 정서를 고려하여 나누는 것으로 결정하게 된다. 사실 이 협정은 중국 측이 북한의 요구를 상당 부분 받아들인 것인데, 예컨대 백두산의 경우 중국 쪽에 속해 있었던 98km^{2}의 천지가 북한이 54.5%, 중국은 45.5%로 나뉘었고, 두만강 발원 지역의 경우에도 간도조약과 비교할 때 북한 측의 영토가 약 1200km^2 늘어났다.[9]

하지만 북한과 중국 사이에 영토에 관한 공방이 한창일 때도 이 지역의 국경선은 다소 모호하게 작동되었던 것으로 보인다.[10] 예컨대 1961년도에는 동북 지역의 조선족이 대거 강을 건넜고, 북한 측은 이들의 월경을 적극적으로 받아들였다. 이는 문화혁명 시기에 더더욱 기승을 부리게 되는데, 가난한 조선족이 국경을 넘어 북한 쪽 친척에게 도움을 얻거나 아예 북한으로 이주하는 사례도 종종 있었다.[11] 또한 국경이 불

9. 심지화, 박종철, 2012, p. 61.

10. Smith, Hazel in NKIDP e-dossiers, 2012.

11. 김성경, 2013, 「북한이탈주민의 월경과 북·중 경계지역: '감각'되는 '장소'와 북한이탈여성의 '젠더'화된 장소 감각」, 『한국사회학』, 47(1), pp. 221-253; 이혜경, 정기선, 유명기, 김민정, 2006, 「이주의 여성화와 초국가적 가족: 조선족 사례를 중심으로」, 『한국사회학』, 40(5), pp. 258-298; 박경용, 2014, 「한 조선족 여성의 가족사를 통해 본 디아스포라 경험과 생활

안한 시기에 북한 측에서는 여러 방편을 통해 조선족의 이주를 유인하기도 하였는데, 일례로 불법 월경하는 조선족을 관리하는 접대소를 배치하고 이들에게 일자리와 주거 공간을 세공한 것 등이다.[12] 이에 대해 중국 정부는 조선족의 북한 이주를 동북 지역의 경제난 때문이라고 진단하면서, 이들이 자유롭게 북한에 있는 친척들을 방문하여 경제적 원조를 얻고 교류하는 것을 묵인하기도 하였다.[13] 이들의 이동은 주로 자신들의 친족 네트워크를 활용한 것이었는데, 특히 압록강 이북의 조선족 대부분은 강을 두고 마주하고 있는 북한의 평안도 출신이었고, 두만강을 두고 중국 쪽에 거주했던 조선인들은 19세기에 이곳으로 이주한 함경도 출신이었다는 점을 주목할 필요가 있다.[14] 즉, 국경선이 그어지기 전부터 이 지역은 강을

사: 1932년생 박순옥의 삶을 중심으로」, 『아시아연구』 17(3), pp. 1-36.

12. 심지화, 박종철, 2012, p. 53. 중국은 북한이 월경하는 조선족을 적극적으로 유치한 것에 대해서 외교적 문제로 삼는 것이 아니라 중국 내 조선족에 대한 사상 교육과 내부 결속을 강화하는 방식으로 해결하고자 하였다. 심지화, 박종철의 논문에서 밝힌 바에 따르면, 그 당시 중국 내부 문서에서 이러한 경향이 확인된다. "조선족들이 몰래 월경하는 것과 관련해 내부에서 별도로 상세한 보고를 해야 하지만, 우리의 기본입장은 외교적 수단으로 접근하지 않고 국가내부에서 이들을 안정시키는 것이다. 북한 측이 월경자들을 위한 접대소를 설치한 것은 당연한 처사이다. 최근 북한과의 관계가 원만하니, 조선인들의 몰래 월경에 대해 지나치게 신경 쓸 필요가 없고 따라서 정황조사를 위해 길림에 갈 필요도 없다." p. 54.

13. NKIDP e-dossiers, 2012.

14. 리홍국, 김호남, 장희망, 2010, 『중국조선족문화 및 그 특색에 관한 연구』, 연변인민출판사, p. 14.

중심에 두고 혈연 네트워크가 촘촘히 구축되어 있던 지역이었고, 이는 1960년대 중반 국토가 확정된 이후에도 계속 유지되었던 것이다.

비공식 영역에서 작동하는 친족 네트워크는 1990년대에 이르러 북한이 경제난을 겪게 되면서 또 한 번의 변곡점을 맞이하게 된다. 고난의 행군 시기에 강을 건너 중국 측으로 식량을 구하러 이주한 사람은 적게는 수만 명에서 많게는 수십만 명으로 추산되며, 이들의 이주는 접경 지역의 공간적 동학에 균열을 만들어 내기 충분한 것이었다. 그 당시 월경한 대부분의 북한 주민은 국경을 여러 차례 넘나들면서 북한에 남겨 둔 가족의 생계를 책임지기도 하고, 또 다른 이들은 중국에 정주하면서 송금이나 물품을 보내는 것으로 가족을 부양하였다. 북한 월경자들의 이러한 이주는 사실 조선족 커뮤니티의 절대적인 지원 때문에 가능할 수 있었다. 식량난을 겪는 북한 출신자에게 실질적인 도움을 주었던 조선족 커뮤니티는 월경을 감행한 북한 출신자에게 식량과 거처를 제공하기도 하고 일자리를 주선하기도 하는 등 적극적인 지원을 아끼지 않았다. 조선족과 북한 주민 사이의 네트워크가 없었던 압록강 국경지대에는 북한 월경자의 수가 적었던 이유가 바로 여기에 있다. 즉, 적게는 수십만 명에서 많게는 백만 명이 넘는 아사자가 발생했다는 고난의 행군 시기에 국경 지역의 주민 중에서도 유독 함경북도 지역의 북한 주민만이 적극적으로 월경을 감행했다는 것은 이 지역에서 작동하는 에스닉 커뮤니티와 연

관해서 생각해 볼 필요가 있다.[15]

이는 북한 출신자와의 인터뷰에서도 그 면면이 드러나는데, 예컨대 극한의 식량난 상황에서 평양에 있는 오빠들에게 도움을 구하는 건 생각하지도 못한 채 오직 살 길은 국경을 넘는 것이라고 생각했다는 여성부터, 정치적 문제가 불거져 더이상 북한에 있기 어려운 상황에서도 국경을 넘는 것을 상상조차 하지 못해 수용소에 수용된 경험이 있는 남성, 그리고 어렸을 적부터 내왕해 온 조선족 친척들에게 도움을 청하러 국경을 넘나들었다는 또 다른 여성까지, 대부분의 월경자들은 이 지역의 오래된 교류와 접촉의 네트워크를 활용하여 국경을 넘었으며, 이런 맥락에서 강을 건너는 행위 자체를 '탈북'이라고 맥락화하지는 못했던 것으로 보인다.[16] 즉, 고난의 행군 시기 즈음 강을 건넌 상당수의 북한 주민들은 고국을 떠나 다른 국가로의 이주를 위해 월경을 감행한 것이 아니었다. 오히려 일상에서 언제나 그래 왔던 것처럼 강을 넘어 이웃 마을에 도움을 청하러 가는 것으로 자신들의 이동을 의미화 하는 경향이 있다. 그만큼 조·중 접경 지역에 오랫동안 작동해 왔던 비

---

15. 김성경, 2013, 위의 글 참고.
16. 필자는 북한 출신자의 이주 동기와 관련해서 2011년부터 북한 이탈 주민과 면담을 계속해 오고 있다. 그 연구 결과는 김성경, 2012, 「경험되는 북·중 경계지역과 이동경로: 북한이탈주민의 경계 넘기와 초국적 민족 공간의 경계 확장」, 『공간과 사회』, 22(2), pp. 114-158; 김성경, 2013, 위의 글; 김성경, 2017, 「이동하는 북한 여성의 원거리 모성: 친밀성의 재구성과 수치심의 가능성」, 『문화와 사회』, 23, pp. 265-309.

공식적 영역에서의 교류가 이들의 이동을 추동한 주요 요인이었던 것이다.

북한의 경제난이 진정 국면에 들어선 2000년대 초반 이후부터 북·중 접경 지역에서는 또 다른 방식의 공간 실천이 포착되기도 한다. 이제 이 지역에 정주하는 대부분의 북한 주민은 장마당을 중심으로 한 비공식 경제활동에 나서게 되고, 상당수는 국경을 두고 중국 측의 조선족과 경제활동을 시작하게 된다. 게다가 최근에는 북한에 대한 국제사회의 제재가 확산되면서 단순히 주민뿐만 아니라 국가기관 또한 비공식 경제활동에 나서기도 한다. 강가에서 이루어지는 비공식 경제활동 같은 경우에는 공식적으로 작동하는 국경 그리고 조약의 법적 제한을 어떻게 행위 주체들이 교란하는지를 잘 보여주는 예이다. 예컨대 두만강과 압록강은 양국이 공동으로 관리하는 지대로, 만약 강을 사이에 두고 경제활동을 하는 경우, 상대방의 영토에만 닿지 않는다면 법적으로는 문제가 되지 않는다. 밀수자들은 이러한 영토 조항의 맹점을 활용해서 강 위에서 밀수를 한다. 예컨대 밀수자들은 배를 사용해 반대편 쪽으로 가까이 다가가 물품을 던지거나 떠내려 보내고, 상대방은 강가에서 기다리고 있다가 물품을 받는 방식으로 교역을 진행한다.

"땅에만 닿지 않으면 괜찮단 말입니다. 강위에 떠서 그쪽으로 가까이 다가가서 그걸(금)을 던지면, 그럼 그쪽 대방이 거기서

기다렸다가 가져가는 거지요." (북한 이탈 주민 T씨,[17] 인터뷰 일시 2015년 7월)

게다가 밀수자들은 뇌물을 활용해서 국경 수비대와 협력하기도 하는데, 국경을 지키는 군대가 오히려 밀수를 가능하게 하는 주요한 주체가 되는 것이다. 밀수자가 활동하는 시간은 주로 깊은 밤이나 새벽녘인데, 낮에는 국경을 '수비'하던 국경 수비대가 밤이 되면 오히려 국경을 교란하는 행동을 하고 있는 것이다. 이렇듯 북·중 접경 지역의 행위 주체들은 비공식 경제활동을 위시한 일상적인 활동을 통해 영토와 국경의 작동을 교란하며, 이 지역만의 독특한 공간 실천과 문화를 만들어 내고 있다.

북·중 접경 지역에 또 다른 변화는 중국과 남한의 공식 외교 관계가 열린 1992년 이후에 본격화된다. 이 지역에 오랫동안 상주했던 조선족들은 남한으로 경제 이주를 떠나기 시작하고, 이와 견줄 만한 규모의 남한 주민 또한 중국으로 이주하게 된다. 중국 내 한인의 수는 2013년 기준으로 35만여 명을 상회하고, 이들이 주로 경제적 이유로 중국으로 이주했다는 것을 감안했을 때, 조선족과의 협력은 필수불가결한 것이었다.[18]

---

17. 인터뷰 당시 T씨는 30세로 한국에 정착한 지 5년차였다. 그가 북한에 있을 때 밀수를 해 왔고, 한국에 와서도 밀수에 관련된 네트워크와 계속 관계를 맺고 있었다.

18. 외교부, 2014.

상당수의 남한 주민은 조선족이 거주하는 동부 3성 지역에 유입되었으며, 이는 북·중 접경 지역의 새로운 행위 주체로 남한 주민이 등장하였음을 의미한다. 예컨대 연길조선족자치주의 634개의 외국 기업 중 448개의 기업이 남한 기업이라는 사실은 이 지역으로 이주한 남한 주민의 규모를 짐작케 한다.[19]

또한 상당수의 조선족은 북·중 접경 지역을 떠나 남한으로 이주하고, 이들은 남한과 조선족 커뮤니티를 연결하는 중요한 매개가 된다. 이들은 남한의 생활 방식과 문화 등을 이 지역에 전파하는 역할을 수행하면서, 북·중 접경 지역의 공간적 동학을 변화시켜 나간다. 이제 이 지역은 단순히 북한과 중국, 조선족과 북한 주민이 만나는 곳에서 머물지 않고, 남한과 남한 주민까지 함께 뒤엉켜 다중의 한인들의 초국가적 공간과 공동체를 생산하기에 이른다.

다중의 한인들은 불법과 합법 그리고 경제력의 정도에 따라 민족 내 서열을 구성하기도 한다. 1990년대와 2000년대 초중반까지만 해도 경제력을 지닌 남한 주민이 조선족을 고용하면서 경제활동을 하였다면, 북한 주민의 경우에는 이들의 불법적 성격으로 인해 주로 비공식 영역 혹은 조선족에게 고용되는 방식으로 관계를 구축해 나갔다.[20] 특히 불법적으로 월

---

19. 한겨레, 2014년 1월 20일.
20. 구지영, 2011, 「이동하는 사람들과 국가의 길항관계: 중국 조선족과 국적에 관한 고찰」, 『동북아문화연구』, 27, pp. 15-39; 구지영, 2013, 「동북아시아 이주와 장소구성에 관한 사례연구: 중국 청도 한인 집거지를 통해」,

경을 한 북한 주민의 경우 중국에서 살아남기 위해서는 친족을 중심으로 한 조선족의 도움이 절대적으로 필요하게 되고, 이 때문에 조선족은 중국에서 사업을 하는 남한 주민과 일자리와 안전이 필요한 북한 주민 사이의 연결 고리가 되기도 한다. 물론 이러한 민족 내 위계는 중국의 경제 발전과 도시화, 그리고 합법적 북한 노동자의 증가 등과 맞물려 조금씩 약화되는 양상이 있지만, 여전히 북·중 접경 지역은 양 국가에 포섭되지 않는 자본과 민족을 바탕으로 둔 커뮤니티가 활발하게 작동하고 있는 것으로 보인다.

게다가 이러한 초국적 공간은 북·중 접경 지역에만 머무르지 않고, 중국 내 대도시와 해안 도시 등으로 확장되고 있다. 남한 기업들은 동북 3성뿐만 아니라 중국 내 도시로 적극적으로 진출하게 되고, 이들이 만들어 내는 경제적 기회를 좇아 조선족 또한 도시로 이주를 감행하기 때문이다. 남한에서 배로 접근이 가능한 연안 도시 또한 조선족에게는 기회의 공간이 될 수 있었다. 이동하는 조선족은 역시 월경한 북한 주민들의 중국 내 이동을 가능하게 했는데, 이들이 그나마 불법적 신분을 조금이라도 숨길 수 있는 공간은 바로 다중의 한인들이 모여 있는 곳이기 때문이다. 하지만 이들이 그나마 최소한의 '안전'을 얻기 위해서는 최하층 노동자로서의 삶을 살아야 함을 의미한다. 조선족이 매개자의 역할을 통해 점차적으로 남한 출신자와 비슷한 경제적 위치를 만들어 가고 있다면, 북한 출신자들은 중국 내에 거주하는 동안 이들의 불법적 지위로 인해 민족 내 위계 서열을 극복하기는 어렵다. 이들은 조선족이 회피하는 노동 집약 분야 혹은 공식 경제 영역이 아닌 비공식 영역 등에 종사하면서 근근이 삶을 꾸려 가게 되는 것이다.

3. 이동하는 북한 여성의 공간 경험

2017년 9월 기준으로 한국에 정착한 북한 이탈 주민의 수는 약 31,093명이다. 이들 중 70%를 상회하는 수는 바로 여성인데, 그만큼 국경을 넘어 머나먼 이주의 길을 떠난 이들의 대부분은 여성임을 알 수 있다. 지금까지 이주의 여성화라고 일컬을 만큼 이동하는 주요 행위 주체가 여성인 것은 일반적인 현상이라고 할 수 있다. 하지만 70%에 달하는 북한 이탈 주민이 여성이라는 사실은 전 세계적인 이주의 경향을 감안하더라도 다소 높은 수준이 분명하다. 또한 이들의 이주 과정이 불법적이며 위험하다는 것을 감안했을 때, 여성이 대부분을 차지한다는 사실은 좀 더 맥락적인 해설이 필요해 보인다.

우선 국내적 요인으로는 북한의 경제난 이후 여성이 가정생활을 책임지는 경제주체가 되었다는 점을 고려해야 한다. 경제난 상황에서도 남성 노동력은 여전히 국가의 치밀한 통제권에 놓여 있었다면, 여성은 장마당과 같은 불법적 경제활동을 통해 가족의 생계를 맡게 된 것이다. 상당수의 여성들은 처음에는 주변 지역을 이동하면서 물건을 되팔다가, 이후에는 국경을 넘나들며 경제활동을 하는 일까지 자신의 영역을 넓혀 나가게 된다. 특히 북·중 접경 지역에 거주하는 여성들의 경우 좀 더 적극적으로 중국 측과 경제활동에 나서게 된다. 또한 이 지역의 여성 노동력이 부족하게 되면서 몇몇 북한 여성의 경우 중국에서 짧게는 수개월 길게는 수년간 체류하면서, 이주 노동자가 되기도 한다.

사실 북한 여성의 월경을 추동한 주요 요인 중 하나는 조선족 커뮤니티의 붕괴와 밀접한 관련이 있다. 앞서 설명한 것처럼 상당수의 조선족 여성이 남한과 중국 내 대도시로 경제 이주를 떠나게 되면서, 그들의 빈자리를 채울 또 다른 여성에 대한 수요가 있었다. 역설적이게도 북한 여성의 이주를 가능하게 한 것은 이들이 '북한' 사람이어서가 아니라 바로 '여성'이었기 때문이었다. 반대로 북한 남성의 경우에는 북한 정부의 감시 체계로 인해 월경을 하기도 어려울뿐더러 중국 내에 몸을 숨길 만한 공간을 찾기 어렵다. 2012년에 만난 한 북한 출신 청년은 한동안 중국의 산골에서 조선족 노인 부부를 도와 나물 채취 작업을 했는데, 그나마 자신을 거두어 준 조선족이 '노인'들이었기 때문에 자신에게 살 거처와 일자리를 주었다고 설명하기도 하였다. '남성'이라는 이유에서 "뭔가 무섭고 꺼림칙해서" 대부분이 자신에게 쉽게 잠자리를 제공하지 않았고, 이 때문에 그는 산속에서 거의 2주 동안 아무것도 먹지 못하면서 몸을 숨긴 적도 있었다고 토로하였다.

역설적이게도 북·중 접경 지역에서 '여성'의 성 역할에 대한 요구가 그나마 북한 출신 여성이 잠시라도 정주할 수 있는 공간을 제공해 왔다. 대표적인 영역이 바로 사적 영역, 즉 '결혼'이나 '가족' 등인데, 남한이나 도시로 이주한 조선족 여성의 자리를 북한 여성이 채우는 형국이었다. 이 과정에서 북한 여성은 브로커의 소개로 중국으로 '결혼 이주'를 감행하기도 하고, 몇몇은 처음에는 '경제 이주'의 형태로 월경한 이후에 최소한의 안전을 보장받기 위해 '결혼'을 선택하기도 한다. 북·중 접경 지역에서 만난 북한 여성의 대부분은 자신들의 불법적인 신분으로 인해 어쩔 수 없이 '결혼'을 선택했다는 사람부터, 중국에 정착하기 위해 적극적으로 결혼 상대자를 찾았다는 사람까지 다양했다. 하지만 여기서 주목해야 할 것은 불법적 신분인 이들에게 '결혼'은 자신들의 안전을 지키기 위한 하나의 방편이라는 사실이다. 이들에게 '결혼'은 생존과 안전을 위한 삶의 방식이 되면서, 결혼과 가족이라는 사적 영역 내의 불평등과 폭력의 문제 또한 불거지게 된다.

문제는 이들이 자신들의 불법적 신분으로 인해 공적 영역에서는 '존재하지 않는 자'로서, 사적 영역에서만 비로소 자신의 생명과 안전을 유지할 수 있다는 사실이다. 다시 말해, 이들의 취약한 신분은 가부장제의 주요 표적이 되고, 그 과정에서 이들은 폭력적 상황에 쉽게 노출되기도 한다.[21] 법 앞에 인정받지 못한 북한 여성 월경자들은 매매혼의 대상이 되기도 하고, 때로는 가족 내 폭력에 노출되며, 불평등한 가족 내 관계를 감수해야만 하는 위치에 머무르게 된다. 그만큼 북·중 접경 지역에서 이들의 상황은 불법과 합법의 경계를 넘나들며 작동하는 가부장제의 면면을 짐작케 한다. 예컨대 북·중 접경 지역에서 만난 조선족 여성은 자신의 남동생이 북한 여성과 결혼한 적이 있다고 설명한다. 월경한 북한 여성과 남동생이 함께 살다가 떠나자, 다시 북한 여성과 매매혼을 한 사례이다.

"우리 오빠야가 글쎄 결혼을 못했단 말입니다. 요즘 시골에서 농사짓겠다는 사람도 없고 해서 나이가 사십이 넘도록 혼자 살고 있었는데, 아침에 어머니가 턱 일어나보니까 여자가 마당에 쓰러져 있었다는 겁니다. 가엾기도 하고 그래서 그냥 집에서 살라고 하고 우리 오빠야랑 살았습니다. 한 일 년은 넘게 살았단 말입니다. … (첫 번째 북한 여성이 도망가고) 여자가 있다가 혼자 사니까 오빠야가 또 너무 안 된 겁니다. 그래서 괜찮은 북한 여자 있다고 해서 돈을 좀 내고 데려왔지 않습니까. 그때 돈으로 2000원 줬단 말입니다." (조선족 K씨 인터뷰)[22]

K씨는 자신의 가족들이 첫 번째 북한 여성이 안쓰러워 "정

21. 이화진, 2011, 「탈북여성의 이성 관계를 통해 본 인권 침해 구조와 대응: 탈북 및 정착과정을 중심으로」, 『평화연구』, 19(2), pp. 367-404.
22. 김성경, 2013, p. 243에 인용된 인터뷰.

말 잘해 줬다"고 설명하면서, 가족처럼 대해 주었지만 그녀가 삶에 만족하지 못하고 떠나자 다시 또 다른 북한 여성을 구했다고 설명했다. 북·중 접경 지역 내 낙후된 지역의 농촌 남성들은 결혼하지 못하고 혼자 사는 경우가 많았는데, 이에 대한 방편으로 북한 여성과의 매매혼이 확산되었다. 조선족 여성이 더 나은 삶을 찾아 도시로 떠난 이후, 그 자리를 북한 여성이 채우게 되는 것이다. 사실, 북한 여성의 입장에서 보면 북·중 접경 지역에서 자신의 안전을 보장하면서 유일하게 숨을 수 있는 곳은 조선족 혹은 한족 남성과 결혼하여 형성하는 '가정'이라는 공간이다.

문제는 이렇게 숨어들어간 '가족'이라는 공간이 폭력과 억압의 공간이 될 수도 있다는 사실이다. 대부분의 북한 여성은 가난한 중국 농부의 집에서 농사를 함께 짓는 노동자이면서 동시에 돌봄 노동자의 역할을 떠맡게 된다. 새벽부터 계속되는 농사일뿐만 아니라 시부모와 아이들을 돌보는 일까지 실로 이들의 하루하루는 엄청난 노동과 불평등한 관계로 채워지기 일쑤다. 게다가 상당수의 북한 여성의 배우자는 가난하고 교육 정도가 낮은 이들이거나, 정상적인 결혼생활을 할 수 없을 정도의 장애를 지닌 이들도 많았다. 예컨대 북한 여성 Y씨는 조선족 남성과 결혼해서 연길에 정착한 사례인데, 남편은 하반신 마비의 장애를 갖고 있는 사람이었다. Y씨는 처음에는 "착했던" 남편이 점차 술을 많이 마시고 폭력을 일삼으면서 결혼 생활에 어려움을 겪고 있다고 말했다. 도망가는 것도 생각해 봤지만, 딸아이가 생기면서 어쩌지 못하고 계속 남편과의 생활을 이어 가고 있다. "딸만 생각하면서" 하루하루를 버틴다는 그녀가 자신의 삶을 바꿀 기회를 갖기란 어려워 보인다.

이들이 경험하는 북·중 접경 지역은 또 한편으로는 불법적이고, 동시에 성 착취적이기도 하다. 이들의 불법적 신분으로 인해 북한 여성은 중국 사회에서 최하층 계급으로 사고 팔리는 성으로 취급된다.[23] 특히 이 지역이 도시화되고 소비문화가 확산되면서, 북한 여성은 유흥업이나 성 산업으로 내몰리기도 한다. 식당에서 일하는 줄 알고 따라갔던 북한 여성이 매춘업에 팔려 간 적도 있고, 농사일이 힘들어 도시로 간 여성이 역시 성 산업에 종사하게 된 사례도 비일비재하다.[24] 그 규모는 정확히 밝혀진 바 없지만 상당수의 북한 여성이 남한 남성을 대상으로 하는 전화방이나 마사지 숍 등에서 일하기도 한다.

이런 상황에서 북한 여성 월경자에게 접경 지역은 폭력과 억압의 공간으로 재탄생되고 만다. 그나마 자신들이 정주할 수 있는 공간이 바로 가부장제가 첨예하게 작동하는 가족이거나 아니면 성 노동의 영역인 유흥업이기 때문이다. 이제 북한 여성에게 접경 지역은 북한을 벗어나게 하는 배경이 되면

---

23. 이화진, 2011.
24. 국가인권위원회, 2009, 『탈북여성의 탈북 및 정착 과정에서의 인권침해 실태조사』, 국가인권위원회; Committee for Human Rights in North Korea, 2009, *Lives for Sale*, Seoul: National Human Rights Committee.

서 동시에 결코 정착하여 안정적인 삶을 꾸려 내기 어려운 공간이 된다. 이런 상황에서 북한 여성 월경자는 더 나은 삶을 찾아 중국과 동남아시아를 잇는 머나먼 길을 떠나 남한으로 혹은 제3국으로 또 한 번의 이주를 감행하게 되는 것이다.

4. 접경 지역의 확장: 한국 정착 그 이후

북·중 접경 지역은 단순히 지정학적 공간에 머물지 않고, 이동하는 사람들의 네트워크를 따라 진화한다. 특히 북한 출신 여성의 경우 상당 기간 중국에서 정주한 이후 다시 남한으로 이주하면서 접경 지역의 공간적 실천과 동학을 남한으로 확장시키기도 한다. 이들 존재 자체가 일종의 '접경'으로서 북한과 그곳의 문화를 한국 사회에 알리는 역할을 할 뿐만 아니라 끊임없는 초국적 네트워크를 통해 북한 그리고 더 나아가 북·중 접경 지대와 '연결' 고리가 되는 것이다. 게다가 이동의 과정에서 구성된 초국적 가족은 북한 여성의 남한 정착을 기점으로 북한-북·중 접경 지역-남한을 잇는 형태로 변화되기에 이른다. 남한에 정착한 북한 출신 여성은 북한에 남겨 둔 가족과 이동 과정에서의 또 다른 가족 등과 어떤 방식으로든 교류와 접촉의 네트워크를 유지할 확률이 높다. 주기적인 연락 혹은 송금과 같은 방식을 통해 북한 출신 여성은 한국에 살면서도 북한과 중국과 '접경'해서 생활하게 되는 것이다.

이 과정에서 북한 여성이 구성하는 가족에 변화 또한 감지되는데, 그중에서 가장 주목할 만한 것은 지금껏 북한 여성들의 '안전망' 역할을 했던 조선족 혹은 중국인 남편과의 권력 관계의 변화가 포착된다는 사실이다. 즉, 한국에 정착한 이후 이들의 신분이 법의 테두리 안에서 보장받게 되면서 북·중 접경 지역에서 경험한 민족 내 위계 서열에 파열이 만들어지는 것이다. 예컨대 북한 여성은 대한민국의 '국민'으로서 '외국인'인 조선족 남편의 한국 사회 법적 지위를 결정지을 수 있는 힘을 갖게 된다. 지금껏 이동의 과정에서 조선족 남편의 '보호' 아래 그나마 '안전'을 보장받아 온 여성들은 이제 자신들이 조선족 남편의 이주 신분을 '보호'할 수 있게 된다. 신분의 변화는 가족 관계에서의 권력의 변화를 추동하게 되고, 이 과정에서 몇몇은 갈등을 경험하기도 하고 또 다른 몇몇은 가족 관계 해체에 다다르기도 한다. 뿐만 아니라 북한 출신 여성은 지금껏 '피난처'의 역할을 하면서도 동시에 긴장 관계에 있었던 조선족 사회와 어느 정도의 거리두기를 함으로써 남한 사회에 정착하고자 애쓴다. 불법적인 신분과 불안정한 이동의 과정에서 조선족 사회는 도움이 되기도 했지만 동시에 북한 출신자가 경험한 불평등하고 폭력적인 공간을 표상하기도 한다. 이런 맥락에서 상당수의 북한 출신 여성은 남한으로 정착한 이후에 의도적으로 조선족 남편과의 관계를 끊거나, 중국에 남겨 둔 가족과의 결합을 피하기도 한다.

하지만 상당수의 북한 여성은 중국에서 구축한 가족 관계를 어떤 방식으로든 혹은 다양한 수준에서 유지하거나, 남편과는 관계를 정리하더라도 자녀와의 관계는 계속 유지하는 등 다양한 전략을 구사하기도 한다. 게다가 중국과 북한에 남아 있는 가족들과 북한 출신 여성들은 다시금 비공식 네트워크를 활용해서 접촉하며 교류한다. 송금이나 물품을 보내는 것부터, 브로커를 통해 북한과 중국에 남겨진 이들의 한국행을 주선하는 것, 때로는 그들 스스로 중개자가 되어 한국에 정착한 북한 이탈 주민이 구축한 중국 네트워크의 한 부분이 되기도 한다. 이들은 대한민국의 '국민'이 되었지만, 동시에 북한과 중국이 혼재된 삶과 경험을 지닌 '접경인'이 분명하다. 북한 출신 여성에게 이동의 과정은 힘겨운 경험임에 분명하지만, 이미 국경을 넘나들며 구성한 초국적 가족과 접경 지역의 문화 등은 이들의 삶과 의식에 흔적을 남길 수밖에 없다. 그만큼 이들이 정착한 이후 구성하는 한국에서의 삶 또한 일국적 공간에 국한된 것이 아닌 탈경계적이며 초국적일 확률이 높다.

한편, 중국에서의 불안한 환경과 불법적 신분과는 구별되지만, 한국 정착 이후 북한 출신 여성들이 경험하는 접경 문화와 실천은 한국적 맥락에서 또 다른 차별과 배제의 효과를 만들어 내기도 한다. 국민이라는 법적 지위를 둘러싸고, 이들의 접경적 경험이 차별적으로 구분되고 정의되는 것이 바로 그 예시가 된다. 예컨대 중국에서 거주한 기간이 10년이 넘을 경우

'국민'의 지위는 획득하지만 북한 이탈 주민의 지원 대상에서 제외되는 것, 이동 과정에서 태어난 아이들이 '제3국 출생자'로 구분되어 어머니와는 다른 법적 지위로 구분되는 것 또한 접경적 경험이 '국가'의 틀을 거쳐 어떻게 서열화되는지 짐작케 한다. 그럼에도 불구하고 이들의 삶과 일상은 '국가'로 포섭되지 않는 영역이 여전히 존재하며, 이러한 경험이 바로 이들의 정착을 한국 사회로의 일방향적인 동화(assimilation)가 아닌 양방향적 변용(acculturation) 과정으로 만들어 낸다.

우리가 지금 '접경'을 주목하는 이유는 바로 '국가'와는 다른 층위에서 작동하는 수많은 행위 주체의 네트워크와 경험을 의미화하기 위해서다. 지금껏 '국가'는 사람들의 삶을 구획하거나, 합법이나 불법의 이분법을 생산하는 역할을 수행했다. 국경과 영토는 국민을 보호한다는 명목에서 비국민을 생산해 냈으며, 국가의 안보라는 이름으로 특정 행위를 불법으로 정의하고 처벌해 왔다. 국가라는 틀은 근대의 생산물이면서도 마치 고정불변의 존재인 양 그 위세를 떨쳐 온 것이다. 하지만 '국가,' '영토,' '국경'이라는 경계 주변을 조금 더 미시적으로 살펴보면, 일상의 수준에서 실천되고 경험되는 경계는 훨씬 더 역사적이고 맥락적이며, 동시에 파편적으로 작동되어 왔다. 또한 사람들은 단순히 국가가 정해 놓은 한계와 통제에 갇혀 자신의 삶을 수동적으로 받아들이는 것이 아니라 끊임없이 '경계'를 '접경'으로 만들어 가는 시도를 계속해 왔다. 국경을 넘어 이동을 감행해 온 북한 출신자들의 접경적 경험과 실천은 이들을 '접경인'으로 변화하게 했으며, 이들이야말로 국민국가 특히나 분단 체제로 인해 국가의 힘이 그 어느 곳보다 강력한 이곳 한반도에서 국가의 작동에 근본적인 질문을 던지는 존재임에 분명하다. 접경 문화를 실천하는 존재이면서 동시에 접경 그 자체인 북한 출신자들이 만들어 내는 균열이야말로 '국가'라는 만들어진 신화의 한계를 드러내고 있으며, 동시에 국가 너머의 새로운 공동체의 가능성을 증언한다.

참고 문헌

구지영, 2011, 「이동하는 사람들과 국가의 길항관계: 중국 조선족과 국적에 관한 고찰」, 『동북아문화연구』, 27, pp. 15-39.

구지영, 2013, 「동북아시아 이주와 장소구성에 관한 사례연구: 중국 청도 한인 집거지를 통해」, 『동북아문화연구』, 12, pp. 269-289.

김성경, 2012, 「경험되는 북·중 경계지역과 이동경로: 북한이탈주민의 경계 넘기와 초국적 민족 공간의 경계 확장」, 『공간과 사회』, 22(2), pp. 114-158.

김성경, 2013, 「북한이탈주민의 월경과 북·중 경계지역: '감각'되는 '장소'와 북한이탈여성의 '젠더'화된 장소 감각」, 『한국사회학』, 47(1), pp. 221-253.

김성경, 2017, 「이동하는 북한 여성의 원거리 모성: 친밀성의 재구성과 수치심의 가능성」, 『문화와 사회』, 23, pp. 265-309.

국가인권위원회, 2009, 『탈북여성의 탈북 및 정착 과정에서의 인권침해 실태조사』, 국가인권위원회.

리홍국, 김호남, 장희망, 2010, 『중국조선족문화 및 그 특색에 관한 연구』, 연변인민출판사.

박경용, 2014, 「한 조선족 여성의 가족사를 통해 본 디아스포라 경험과 생활사: 1932년생 박순옥의 삶을 중심으로」, 『아시아연구』 17(3), pp. 1-36.

세넷, 리차드, 2010, 『장인: 현대문명이 잃어버린 생각하는 손』, 21세기북스, pp. 364-367.

심지화, 박종철, 2012, 「'중·북 국경문제 해결'에 대한 역사적 고찰 (1950~1964)」, 『아태연구』, 제19권 제1호, pp. 33-74.

이옥희, 2011, 『북·중 접경지역: 전환기 북·중 접경지역의 도시네트워크』,

푸른길.

이혜경, 정기선, 유명기, 김민정, 2006, 「이주의 여성화와 초국가적 가족: 조선족 사례를 중심으로」, 『한국사회학』, 40(5), pp. 258-298.

이화진, 2011, 「탈북여성의 이성 관계를 통해 본 인권 침해 구조와 대응: 탈북 및 정착과정을 중심으로」, 『평화연구』, 19(2), pp. 367-404.

Balibar, E. 1998, 'The Borders of Europe' in P. Cheah and B. Robbins (eds.) Cosmopolitics: Thinking and Feeling Beyond the Nation, Trans. J. Swenson, London and Minneapolis: University of Minnesota Press, pp. 216-233.

Committee for Human Rights in North Korea, 2009, Lives for Sale, Seoul: National Human Rights Committee.

Horstmann, H. 2002, 'Incorporation and Resistance: Borderlands, Transnational Communities and Social Changes in South Asia,' http://www.transcomm.ox.ac.uk/working%20papers/WPTC-02-04%20Horstmann.pdf

Newman, D. and Passi, A, 1998, 'Fences and Neighbours in the Post-modern World: Boundary Narratives in Political Geography,' Progress in Human Geography, Vol. 22, No. 2, pp. 186-207.

Smith, Hazel, 2012, 'Explaining North Korean Migration to China,' NKIDP e-dossier, No. 11.

Pinilla, Daniel Goma, 2004, 'Border Disputes between China and North Korea,' China Perspectives, 52, March-April, p. 2.

Vaughan-Williams, N. 2009, Border Politics: The Limits of Sovereign Power, Edinburgh: Edinburgh University Press.

7

경계를 넘나드는 자연·과학·기술

최용환

I. 문제 제기

남북한 접경 지역은 세계에서 가장 철저하게 단절된 공간이다. 1953년 종전이 아닌 정전 상태로 한국전쟁이 마무리되면서 법적으로 한반도는 전쟁과 평화의 중간 상태에 놓여 있다. 그 결과, 남북한 간의 경계선은 1953년 7월 27일 22시 전쟁이 종료된 시점에서의 군사적 대치선에서 고착화되었다. 비무장지대라는 이름에 걸맞지 않게, 이 지역은 세계에서 가장 중무장된 공간이다. 과거 동서독 경계가 불과 수십 미터의 폭을 가지고 있었던 것에 반해, 한반도 비무장지대는 군사분계선으로부터 남북으로 각 2킬로미터씩, 총 4킬로미터의 폭을 가지고 있다. 물론 실제 남북한이 비무장지대 안으로 추진 철책을 설치함으로써 지역에 따라 그 폭이 더 좁은 곳도 있지만, 동서독의 경계와는 비교도 할 수 없는 넓은 폭을 가지고 있다.

한반도의 비무장지대는 그 설치 목적이 남북한의 물리적 단절을 통해 군사적 충돌을 방지하는 것이었다. 그런 의미에서 비무장지대는 아직까지 그 역할을 비교적 충실히 이행해·오고 있다고 볼 수 있을 것이다. 그럼에도 불구하고 비무장지대의 평화적 이용에 대한 제안은 1970년대 이래 지속적으로 이루어지고 있으며, 실제 비무장지대를 관통하는 남북 간 협력이 이루어지기도 하였다. 예컨대 개성공단과 금강산 관광, 남북 도로·철도 연결 사업 등은 비록 비무장지대 내부를 대상으로 한 것은 아니었으나, 비무장지대를 관통하여 협력 사업이 진행된 사례라고 할 수 있다.

하지만 최근 수년 동안의 남북 관계 경색으로 말미암아 남북 교류의 상징적 사업으로 남아 있던 개성공단 사업이 중단되면서 남북 접경 지역에서의 교류는 사실상 완전히 단절되고 말았다. 남북 관계가 경색되던 시기에도 DMZ세계생태평화공원 등 비무장지대에서의 남북 협력에 대한 제안이 없었던 것은 아니지만, 남북 간 정치적·군사적 긴장 국면에서 접경 지역 남북 교류는 추진될 수 없었다.

더구나 북한 핵문제가 갈수록 심각해지고 국제사회의 대북 제재가 강화되면서, 남북 교류를 추진할 수 있는 여건은 매우 좋지 않은 것이 현실이다. 2017년 5월 한국의 새 정부가 출범하면서 남북 관계의 변화가 예상되고 있으나, 전면적인 남북 교류의 재개에는 상당한 시간이 필요할 것으로 보인다. 특히 군사적으로 민감한 접경 지역에서의 교류는 더 힘들 수도 있을 것이다.

하지만 비무장지대를 포함한 남북한 접경 지역에서는 이른바 '물샐틈없는 장벽'을 뚫고 남북한 상호 간에 영향을 미치는 변화들이 발생하고 있다. 그 하나는 자연의 힘이다. 인간이 아무리 철저한 방벽을 만들어도 바람과 물, 그리고 곤충과 새들은 인간의 경계에 얽매이지 않는다. 너무나 당연한 이 힘이 서로 으르렁대는 남북한 사이에 변화의 계기를 만들어 내고 있다. 다른 하나는 북한 사회의 변화와 기술의 발전이다. 정보통신 기술의 발전 자체가 북한 체제의 변화를 이끌어 내고 있지는 못하지만, 경제난 등 북한 사회의 변화와 결합되면서 북한의 외부 경계를 무너뜨리는 새로운 동력이 되고 있다.

물론 이러한 변화는 아직 그 증거들이 파편적이고, 그것이 미칠 영향에 대해서 여기에서 미리 예단하기는 어렵다. 하지만 북한 정권이 그토록 차단하고 싶어 하는 외부 정보가 유입되고 있는 것은 분명한 사실이다. 또한 군사적 긴장이 높은 가운데 남북한 주민들의 생존을 위해서 불가피하게 협력하도록 만드는 이슈들이 증가하고 있다.

이 글의 목적은 영원히 고립된 섬으로 남을 것 같았던 북한의 외부 경계를 무너뜨리는 변화를 고찰해 보는 것이다. 특히 비무장지대를 포함한 남북 접경 지역에서 발생하는 변화를 살펴봄으로써, 향후 남북 관계 개선 시점에서 우선적 협력이 필요한 분야를 살펴보고자 한다.

한국의 새 정부는 접경 지역 남북 교류와 관련하여 대통령 선거 과정에서 남북 접경 지역 공동관리위원회 설치 등을 공약으로 제시[1]한 바 있다. 만약 남북 간에 이러한 위원회가 추진된다면, 그 주요 의제는 접경 지역에서 발생하는 주요 변화와 남북 협력이 필요한 것들이 될 수밖에 없다. 따라서 남북한 접경 지역에서 발생하는 변화를 점검해 보는 것은 의미 있는 일이 될 것이다.

II. 남북한 접경 지역의 변화

일반적으로 경계(border)는 문화나 종교 집단과 같은 비영토적 집단 사이에도 발생하지만, 국가 시스템에서 경계는 배타적 주권이 미치는 영역의 한계선을 의미한다.[2] 따라서 국가 간 경계는 주권적 범위의 외곽선을 의미하며, 이는 도이치(Karl Deutsch)나 오마에(Kenichi Ohmae) 등이 이야기하는 것처럼 정보 유통의 외곽선(contours of information flows)[3]이 되

---

1. 더불어민주당, 『제19대 대통령선거 공약집: 나라를 나라답게』(2017), p. 245.
2. James E. Dougherty & Robert L. Pfaltzgraff, Jr., *Contending Theories of International Relations: A Comprehensive Survey*, 5th Edition(New York: Longman, 2001), p. 177.
3. Kenichi Ohmae, *The End of the Nation State: The Rise of Regional Economics* (New York: Free Press, 1995), pp. 78-100: Karl W. Deutsch,

기도 한다. 특히 남북한의 경계는 소통이 완전히 단절된 대립과 단절의 공간이라고 할 수 있다.

그렇다면 남북한은 왜 분단되었을까? 한국은 2차 대전의 패전국이 아니다. 2차 대전의 패전국인 독일이 전승국들에 의해 분단되었던 사례에 비추어 보자면, 일본이 분단되었어야 했지만, 누구도 의도하지 않았던 한반도의 분단이 이루어졌다. 한반도의 분단은 2차 대전의 전후 처리 과정에서 강대국들의 이해관계가 빚은 비극이다.

북위 38도선. 미국이 제안하고 소련이 받아들인 이 선은 원래 국경선이 아니라 한반도를 강제로 점령하고 있었던 일본군의 무장해제를 위한 미국과 소련의 임무 경계선이었다. 하지만 2차 대전의 종결과 함께 시작된 냉전은 임시 경계선을 사실상 국경선으로 만들었고, 미국과 소련의 후원을 받아 한반도의 남북한에는 각기 별개의 정부가 수립되었다. 그 이후 냉전이 열전으로 폭발한 것이 1950년에 발발한 한국전쟁이다. 북한의 기습 공격으로 시작된 전쟁은 3년을 끌었고, 수십 개 국가가 개입된 전쟁의 결과는 어이없게도 전쟁 전 상태로의 복귀였다.

그 결과, 현재의 비무장지대가 만들어지고, 이 공간의 관리는 남북한이 아니라 유엔이 통제하는 군사정전위원회가 담당하게 되었다. 정전협정에 따라 비무장지대 내부에서는 일체의

The Nerves of Government: Models of Political Communication and Control (New York: Free Press, 1963), pp. 205-209.

군사적 위협 행위는 물론이고, 소화기를 제외한 어떠한 공격형 무기도 반입이 금지되어 있다. 실제로 비무장지대가 설정된 이후 군사분계선을 넘은 것은 소수의 목숨을 건 병사들과 총탄과 포탄이 거의 전부였다고 할 수 있다.

남북한 접경을 구성하는 비무장지대만이 인간이 넘을 수 없는 경계가 된 것은 아니다. 북한은 물리적 국경을 포함하여 외부 소식에 이르기까지 철저하게 외부와 차단된 체제를 수십 년간 유지해 오고 있다. 역으로, 북한 내부의 정보가 외부로 나가는 것 역시 매우 어려운 것이 현실이다. 실제로 북한의 지도자인 김정은의 이름은 그가 권력의 전면에 부상하기 직전까지 김정운으로 알려져 있었다. 한 국가의 최고지도자 이름마저도 정확하게 알기 어려울 만큼 북한은 외부와 철저하게 단절된 체제를 유지하여 오고 있다.

그런데 언제부터인가 인간이 만든 인위적 경계선을 넘어 남북이 공동으로 대처해야 하는 문제들이 증가하고 있다.

1980년대 남한에서 말라리아는 사라진 질병이었다. 하지만 1990년대 남북한 접경 지역을 중심으로 말라리아 환자가 크게 증가하기 시작하였다. 그 결과, 2017년 현재까지도 서부 접경 지역 일부 시군 거주자의 경우 잠정적인 말라리아 보균자로 취급되어 헌혈이 제한되는 실정이다.

말라리아는 열대성 전염병이기 때문에, 말라리아의 증가가 지구 온난화의 결과라면 남쪽 지역에서부터 환자가 증가해야 했지만 남한의 북부 접경 지역에서 환자가 크게 증가한 것이다. 만약 말라리아가 해외여행의 증가에 따른 외부 유입 때문이라면 외부와 접촉이 많은 도시 지역에서 환자가 발생해야 했지만, 남북 접경의 외딴 지역에서 경계를 서는 군인들이 주요 피해자가 되었다.

그렇다면 이유는 분명했다. 북한 지역에서 환자와 접촉한 말라리아 매개 모기가 남한의 접경 지역에 질병을 옮기고 있는 것이다. 즉, 1990년대 북한의 보건 의료 체계 붕괴와 말라리아 환자의 증가가 남한 지역의 말라리아 환자 증가로 이어진 것이다. 공식 자료에 의하면, 북한의 말라리아 환자 숫자는 1999년에는 10만 명, 2000년 20만 4천 명, 2001년 약 30만 명 등으로 빠르게 증가했다.[4] 물론 이 통계가 과장되었다는 주장[5]도 있지만, 북한의 말라리아 환자 급증 시기에 남한의 말라리아 환자가 증가하였다는 점에 주목할 필요가 있다. 또한 상대적으로 남북한의 인구 밀집도가 높은 서부 접경 지역에서 환자가 증가하고 있다. 말라리아는 모기를 매개로 하기 때문에 국경 지역에서 발생할 경우, 관련국들의 공동 대처

---

4. 황나미, 「북한의 우선순위 보건문제와 향후과제(National Health Priorities and Key Issues in Democratic People's Republic of Korea)」, 『보건복지포럼』 (서울: 한국보건사회연구원, 2004. 5), p. 38.

5. World Health Organization, "Democratic People's Republic of Korea: WHO statistical profile" (January 2015) 등에 따르면, 북한의 말라리아 환자 수는 2000년 약 9만 명, 2001년 약 15만 명 정도로 북한 통계의 절반 정도이다. 하지만 이 시기에 북한의 말라리아 환자 수가 급격하게 증가한 것은 사실이다.

가 필수적이다. 말라리아에 대처하기 위해서는 남북의 협력이 불가피한 상황이 발생한 것이다. 결국 서부 접경 지역 지방자치단체인 경기도는 2008년부터 말라리아 남북 공동 방역 사업을 추진하였다. 말라리아 남북 공동 방역 사업은 2010년의 연평도 포격 사건으로 중단되기도 하였으나, 2011년에는 인천시까지 참여하는 사업으로 다시 확대 추진되기도 하였다.

한반도의 서부 접경 지역에서 말라리아의 확산이 문제였다면, 산악으로 이루어진 동부 접경 지역에서는 산림 병충해가 이슈가 되었다. 강원도는 설악산과 금강산 일대에서 기승을 부리던 솔잎혹파리와 잣나무 넓적잎벌 방제를 위한 남북 공동 방제 사업을 추진하였다. 특히 솔잎혹파리는 바람에 의한 이동성이 강하기 때문에 공동 방제가 반드시 필요한 사업이었다. 솔잎혹파리 방제 사업은 2001년부터 2008년까지 금강산 인근 11,100ha 면적을 대상으로 실시되었고, 잣나무 넓적잎벌 방제 사업은 북강원도 전역의 6,100ha 면적에서 실시되었다.[6]

북한의 보건 의료 체계 붕괴는 단순히 접경 지역에서의 질병 확산 문제로 그치지 않았다. 평양 외부의 많은 병원들은 약도 장비도 부족하다. 심지어 식염수도 부족해 빈 맥주병에 담긴 식염수를 환자가 직접 마련해야 하는 경우도 있다.[7] 이처

6. 통일부, 『지방자치단체 대북교류 10년』(서울: 통일부, 2009), p. 93.
7. John Everard, *Only Beautiful, Please: A British Diplomat in North Korea* (The Walter H. Shorenstein Asia-Pacific Research Center, 2012), 이재만

럼 열악한 북한의 의료 현실은 자연스럽게 외부 질병의 유입에 대한 공포로 연결된다.

2015년 봄, 남북한의 군사적 긴장이 높아졌다. 5월 9일 북한의 『노동신문』은 '잠수함 발사 탄도미사일(SLBM)' 시험 발사에 성공했다고 발표하였다. 이에 대응하여 한국과 미국, 일본은 대북 제재 강화에 합의하였고, 북한은 외무성 담화를 통해 이를 비난하였다. 6월 3일 남한은 북한 전역을 사정권에 포함하는 탄도미사일을 공개하고, 한미 연합사단을 출범시키는 등 대북 압박의 강도를 높였다. 이처럼 남북 간의 미사일 대결이 한창이던 시기에 북한은 느닷없이 남한에 메르스(MERS, 중동호흡기증후군) 관련 장비 지원을 요청해 왔다.[8]

당시 남한에서는 메르스의 확산이 사회적 문제가 되던 시기였다. 이에 북한이 개성공단을 출입하는 인원에 대한 검역 장비 지원을 요청한 것이다. 2015년 6월 당시 개성공단에는 북측 노동자 5만여 명과 남한 노동자 800여 명이 함께 근무하고 있었다. 매일 남북을 오가는 인력이 수백 명에 달하는 상황에서 남쪽으로부터의 바이러스성 질환 유입을 북한이 걱정할 이유는 충분했다고 할 수 있다.

북한의 열악한 의료 현실에서 전염성 질환의 통제는 매우 어려운 과제임이 분명해 보인다. 2014년 북한은 에볼라 바이

역, 『영국 외교관, 평양에서 보낸 900일』(서울: 책과 함께, 2014), pp. 73-74.
8. 이상용, 「北, 메르스 관련 검역 장비·마스크 지원 요청」, *Daily NK* (2015. 6. 4).

러스 문제로 열 감지 카메라 3대를 남한으로부터 대여하였으며, 남북 관계가 얼어붙어 있던 2009년에도 북한은 신종 플루 관련 대북 지원을 수용한 바 있다. 북한 이탈 주민 468명의 동시 입국으로 남북대화가 중단되었던 2005년 4월에는 북한에서 발생한 조류독감이 남북대화를 되살리는 계기를 제공하기도 하였다.[9]

2000년대 들어 동아시아에서는 수년 단위로 호흡기 관련 바이러스 질환[10]들이 창궐하면서 신종 질병에 대한 대처가 국제사회의 이슈로 등장하고 있고, 이것은 북한도 예외가 될 수 없는 듯하다. 특히 조류독감(Avian Influenza)의 인체 감염 우려가 증가하면서 이에 대한 대처도 중요한 우려 사항이 되기도 하였다. 조류독감은 이동하는 철새[11]를 따라 전염될 수 있기 때문에, 북한처럼 의료 체계가 붕괴된 국가가 질병 확산의 진원지가 될 수 있다.

실제로 2005년 북한에 조류독감이 유행하면서 북한이 조류독감 대유행의 근원지가 될 수 있다는 우려가 제기되기도 하

9. 「北, 플루 지원 수용, 남북관계에 호재」, 『연합뉴스』(2009. 12. 10).
10. 2002년 중국에서 발생하여 아시아, 유럽, 북아메리카 등으로 확산된 중증호흡기증후군(SARS; Severe Acute Respiratory Syndrome), 2009년 전 세계적으로 유행한 신종 플루, 2012년 사우디아라비아에서 발견되어 중동 지역을 중심으로 유행하다 2015년 남한에 큰 충격을 준 중동호흡기증후군(MERS; Middle East Respiratory Syndrome) 등이 대표적이고, 에볼라 등 치명적 질환의 확산 등도 국제사회의 우려 대상이 되고 있다.
11. 남북한처럼 국토 면적이 좁은 국경에서는 반드시 철새가 아니라도, 국경을 넘어 이동이 가능한 텃새도 조류독감 전파의 원인이 될 수 있다.

였다. 2005년 3월 27일 북한은 평양 인근에 대규모 조류독감이 발생하였음을 발표하고 WHO에 도움을 요청하였다.[12] 남한의 질병관리본부는 '북한에서 조류독감 발생시 접경 지역의 텃새를 통한 국내 유입뿐 아니라 북한이 대 유행의 발원지가 될 수 있다'는 우려를 표명하였다.[13] 당시 북한은 평양 인근에서만 219,000여 마리의 조류를 살처분한 것으로 알려지고 있으며, 북한 관리들은 조류독감 확산을 방지하기 위해 국제기구에 매우 협조적인 태도를 보였다.[14] 뿐만 아니라 북한은 세계동물보건기구(OIE; World Organization for Animal Health), 유엔식량농업기구(FAO; UN Food and Agriculture Organization) 등에 적극적으로 도움을 요청하기도 하였다.[15]

이후에도 북한 지역에서의 조류독감 발생 사례는 간헐적으

---

12. "Avian influenza - outbreak in poultry in the Democratic People's Republic of Korea"(30 March 2005), http://www.who.int/csr/don/2005_03_30/en/ (검색일: 2017. 5. 10).

13. 「북한이 조류독감 블랙홀? 열악한 의료체계 등으로 대유행 근원지 우려」, 『국민일보』(2005. 10. 11).

14. "North Korea has Asia's first outbreak of H7 avian flu"(5 April 2005) http://www.cidrap.umn.edu/news-perspective/2005/04/north-korea-has-asias-first-outbreak-h7-avian-flu (검색일: 2017. 5. 10).

15. "OIE/FAO International Conference on Avian Influenza - The Democratic People's Republic of Korea has formally appealed to the international community for assistance in its fight against Avian Influenza (AI)"(8 April 2005) http://www.oie.int/en/for-the-media/press-releases/detail/article/oiefao-international-conference- on-avian-influenza-the-democratic-peoples-republic-of-korea-has-1/ (검색일: 2017. 5. 10).

로 보고되고 있으며, 북한 역시 조류독감, 구제역 등 가축 질병의 확산 방지에 높은 관심을 보여 왔다. 물론 북한이 국제기구와의 협력에는 적극적이면서도, 남측 전문가들의 현장 조사 등에는 소극적인 이중적 태도를 보인 것이 사실이다. 그럼에도 불구하고 분명한 것은 국가 간 경계를 넘어 확산되는 질병에 대한 관련국들의 공동 대응이 필요하다는 점에 대해서는 북한도 충분히 인지하고 있는 것처럼 보인다는 사실이다. 특히 사회 시스템이 허약한 북한이 전염성 질병 확산의 진원지가 될 수도 있다는 점에서 남한과 국제사회의 관심이 모아지고 있다.

질병 이외에도 남북한 접경 지역에서는 남북 공유 하천과 관련된 문제들이 새로운 이슈가 되고 있다. 이른바 '물샐틈없는 경계'를 뚫고 비무장지대 남북을 흐르는 하천은 10여 개가 된다. 이 가운데 핵심적인 하천은 임진강과 북한강인데, 두 강 모두 북한 지역에서 발원하여 남한으로 흘러드는 하천이다.

북한강 수계는 산악 지형으로 이루어져 경사가 급하고 협곡이 깊어 댐을 건설하기 좋은 조건을 갖추고 있어 대표적인 수력발전 댐들이 건설되어 있는 지역이다. 또한 북한강은 전력 생산 이외에도 2,000만 인구가 거주하는 남한 수도권의 상수원이자 용수 공급에 활용되고 있다. 임진강 역시 북한에서 발원하여 하구에서 한강과 합쳐지는 강으로, 경기 북부 접경 지역의 물 공급을 담당하는 핵심 하천이다. 임진강 상류에 위치한 북한은 크고 작은 댐들을 건설하여 활용하고 있으나, 하류 지역의 남한은 임진강이 접경 지역에 위치하고 있어 적극적인 수자원 이용에 나서지 못하고 있다. 하지만 임진강 하류 지역인 연천, 파주 등 경기 북부 지역 인구가 증가하면서 임진강에서의 남북 수량 분배 등의 문제가 중요한 의제로 대두되고 있다.

문제는 북한이 두 강의 상류 지역에 공히 댐을 건설한 것이다. 1986년 북한은 북한강 수계에 '금강산댐' 건설 계획을 발표하였다. 당시 남한 정부는 북한이 댐을 활용하여 수공(水攻)을 펼칠 것이라는 우려를 제기하였고, 1987년부터 '평화의 댐' 건설이 추진되었다. 북한이 댐의 수문을 열어 하류 지역에 인공 홍수를 일으킬 수 있다는 것이 이유였다. 당시 북한의 수공 계획 진위를 놓고 남한 내부적으로는 많은 논란이 발생하기도 하였다. 하지만 2002년 인공위성 사진을 분석한 결과 북한이 건설한 댐의 붕괴 가능성이 제기되면서, 하류 지역의 홍수 방지용 댐인 평화의 댐 보강 공사가 추가로 실시되었다. 즉, 북한의 건설 기술 수준으로 볼 때, 의도하지 않은 댐의 붕괴가 우려되었던 것이다.

2007년 북한은 임진강 수계에 황강댐을 완공하였다. 황강댐 완공 이후인 2009년 북한이 아무런 통보 없이 댐의 수문을 열어, 하류 지역에서 캠핑 중이던 민간인 6명이 사망하는 사고가 발생하기도 하였다. 당시 북한은 이 사고에 대해서 유감을 표명하고, 댐 방류 시 통보를 약속하기도 하였다. 하지만 댐 방류로 인한 수해 우려 때문에 남한은 임진강 수계에도 홍수 방지용 댐인 '군남댐'을 건설하였다. 북한강에 평화의 댐, 임진강에 군남댐이 건설되면서 하류 지역의 홍수 대책이 마련된 것이다. 물론 이 두 개의 댐은 오로지 홍수 방지가 목적이어서 평상시에는 비워 놓기 때문에 다른 용도로 사용되지 않는다.

그런데 또 다른 문제가 발생하고 있다. 홍수가 아니라, 갈수기 하류 지역의 물 부족이 문제가 된 것이다. 북한강의 금강산댐과 임진강의 황강댐은 공히 유로 변경식 발전을 한다. 즉, 북한은 금강산댐의 물을 동해안으로, 황강댐의 물을 예성강 지역으로 유로 변경을 하여 발전을 한다. 기후변화로 인해 봄철 강수량이 급감한 상태에서 북한의 댐으로 인한 하천 유입량 감소 문제가 더해진 것이다. [표 1]에서 볼 수 있는 것처럼, 금강산댐 준공(2001년) 이후 남한 지역 화천댐의 유입량은 연간 약 18억 톤 정도가 감소하였으며(표 1 참조), 북한강 수계 남한 댐들의 발전량은 약 20% 정도가 감소하였다(그림 1 참조).

임진강 수계에서는 홍수뿐만 아니라 유량 감소로 인한 용수 부족, 염해 발생, 어패류 등 수생태계 변화 등 다른 차원의 문제가 증가하고 있다.[16] 실제 수자원공사는 황강댐 담수 이후 군남댐의 갈수량이 담수 전에 비해 40% 이상 감소하였다고 보고하고 있다(표 2 참조).

임진강 하류 지역의 유량 감소 원인에 대한 다른 연구[17]는 강수량 감소가 황강댐의 영향보다 더 크다고 주장하기도 한

16. 송미영 외, 『임진강 유량감소 실태와 대응방안』(수원: 경기개발연구원, 2015), pp. 45-46.
17. 송미영 외, 『임진강 유량감소 실태와 대응방안』.

댐명	유량	건설전(A) (−1996)	건설중 (1997~2000)	건설후(B) (2001~2009)	증감(%) (B−A)
화천	풍수량(95일)	67.7	46.5	29.7	△38.0(56.1%)
	평수량(185일)	33.3	22.8	13.4	△19.9(59.8%)
	저수량(275일)	18.1	12.8	7.0	△11.0(61.0%)
	갈수량(355일)	8.1	4.3	2.0	△6.1(75.0%)

표 1. 임남댐(금강산댐) 건설 전·후 화천댐 유황 비교(단위: ㎥/s)
출처: 김익재 외, 『공유하천 물안보 체계 구축을 위한 협력방안』(서울: 한국환경정
책평가연구원, 2010), p. 82.

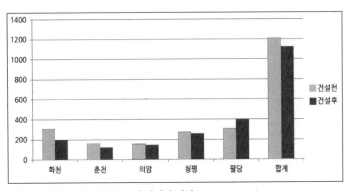

그림 1. 임남댐 건설 전후 주요 댐 발전량 변화(단위: GWh/년)〉
출처: 김익재 외, 『공유하천 물안보 체계 구축을 위한 협력방안』, p. 88.

구분	갈수량 (Q355)	저수량 (Q275)	평수량 (Q185)	풍수량 (Q95)
황강댐 담수전(1996-2007)	27	36	55	102
황강댐 담수후(2008-2013)	15	33	45	73
차이	▽12	▽3	▽10	▽29
비교(%)	44.4	8.3	18.1	28.4

표 2. 황강댐 건설 전·후 군남댐 유황 비교(단위: ㎥/s)
출처: 한국수자원공사, 『임진강 유역 갈수기 가뭄 극복 대책(안)』(2014)

다. 즉, 한반도 기후 환경의 변화에 따른 강수량 감소가 북한의 댐 건설로 인한 영향보다 크다는 것이다. 따라서 임진강 유량 감소의 핵심적 원인이 무엇인지를 특정하는 것은 쉽지 않은 문제일 수 있다. 하지만 원인이 무엇이든 봄철 임진강 하류 지역에 수량 부족에 따른 문제들이 반복적으로 나타나고 있다는 사실에는 변함이 없다. 즉, 그것이 기후변화에 따른 강수량 감소이든, 북한의 황강댐 건설에 따른 유량 감소의 영향이든, 혹은 양자의 복합적인 원인이든 간에 봄철 임진강 하류 지역의 물 부족은 매년 반복되는 현상이 되고 있고, 남북 공동 수계인 임진강에서 물의 공동 이용 문제는 남북 간의 중요한 협상 의제가 되고 있다.

북한강과 임진강 등 공동 수계 문제와 관련된 남한의 일차적 관심은 홍수 방지였기 때문에, 그동안의 남북협상은 대부분 홍수 대책 및 수문 개방시 사전 통보 등에 초점을 맞추었다. 하지만 물 부족 문제는 이미 시작되었고, 향후 수질 악화나 오염 문제 등도 충분히 예상할 수 있다는 점에서 남북 공동 수계에서의 협상과 협력은 불가피한 사안이 되고 있다.

Ⅲ. 북한의 변화와 경계의 약화

1990년대 북한의 심각한 경제난은 이제 새로운 사실이 아니다. 최근 북한 경제가 다소 나아지고 있다는 파편적 증거들이 증가하고 있지만, 아직까지 북한이 자생적인 경제 발전의 동력을 발견하였다는 결정적 증거는 발견되지 않고 있다. 어쨌든 북한의 경제난은 북한 내부적으로 많은 변화를 발생시켰다.

경제난으로 인한 가장 큰 변화의 시작은 배급제의 붕괴이다. 배급 체계가 붕괴되면서 북한 주민들은 생존을 위해 자구책을 마련할 수밖에 없게 되었다. 그 결과, 북한 내부에 장마당이 형성되고, 사람들은 장마당에서 물건을 사고팔기 위해 이동하기 시작하였다. 배급을 줄 수 없는 북한 당국은 제한적이지만 사람들의 이동과 사적 경제활동을 허용할 수밖에 없었고, 이는 많은 변화로 이어졌다.

우선, 북한 사람들이 생존을 위해 이동하면서 북중 국경을 넘는 경제활동이 증가하였다. 북한의 대 중국 무역의존도가 90%에 달한다는 통계를 거론하지 않더라도, 북중 변경 무역은 북한 내부에 생필품을 공급하는 주요 통로가 되고 있다.

이에 따라 북한 주민들이 중국에 나와 외부 정보 특히 남한에 대한 정보를 획득하게 되는 현상이 증가하고 있다.

북한 주민들의 중국으로의 이동이 증가하자, 북한을 떠나 남한으로 이주하는 북한 이탈 주민(North Korean Refugee)들 역시 크게 증가하였다. 1990년대 매년 수십 명 수준이던 북한 이탈 주민 숫자는 2001년 1,000명을 넘어선 이후 2006년부터는 한해 2,000명 이상으로 빠르게 증가하였다. 김정은 정권 수립 이후 국경 통제가 강화되면서 다시 1,500명 수준으로 감소하였지만, 매년 약 1,400-1,500명 수준이 유지되고 있다. 통일부에 따르면, 2017년 현재 남한에 정착한 북한 이탈 주민은 3만 명을 넘어섰다.

남한에 정착한 북한 이탈 주민들의 상당수는 북한 내 친인척들과 연락을 취하고 있으며, 남한에서 북한으로의 송금 역시 일상적이고 지속적으로 행해지는 것으로 알려지고 있다. 북한 당국의 국경 통제는 송금 비용에 차이를 가져오지만, 송금이나 연락 자체를 막지는 못하고 있다. 특히 중국의 휴대전화 전파가 수신되는 북·중 국경 지역에서 남북한의 전화 통화는 더 이상 새로운 사실이 아니다. 북한 이탈 주민들의 상당수가 북·중 국경 지역 출신이라는 점도 이러한 경향을 강화시키는 요인일 수밖에 없다.

북·중 국경 지역을 중심으로 사람들이 오가고 전파가 국경을 넘어 전달되면서, 북한 내부의 소식 역시 매우 빠르게 외부에 알려지고 있다. 일부 북한 이탈 주민 단체들과 북한 전문 언론매체들은 북한 내부 소식통을 인용해 거의 실시간으로 북한 장마당 물가를 소개하거나 내부 소식들을 외부에 전달한다. 물론 북한 체제의 폐쇄성으로 인해 이러한 정보들이 매우 파편적이어서 북한 전체를 대표한다고 보기는 힘들지만, 일부나마 북한의 외부 경계가 약화되고 있는 것은 분명한 사실이다.

최근 북한 이탈 주민 입국 양상의 변화 가운데 두드러지는 것은 제3국에서의 체류 기간이 짧아지고 이른바 '직행(북한을 떠나 바로 남한에 입국하는 것)'의 비율이 크게 증가[18]한 사실이다. 이것은 이미 남한에 정착한 북한 이탈 주민들이 북한 내부의 가족, 친척을 입국시키는 이른바 '기획 탈북'의 증가를 의미한다.

북한을 떠나 남한에 정착하는 사례만큼 중요한 큰 변화는 사람들의 이동에 따른 외부 정보의 유입이다. 식량을 구하기 위해 혹은 경제활동을 위해 북중 국경을 넘나드는 북한 주민들이 증가하면서 자연스럽게 이들을 따라 외부의 소식과 물자들이 북한 내부로 전달되기 시작한 것이다. 북한 이탈 주민들이 가장 많이 발생하는 지역이자 북·중 간 변경 무역이 가

---

18. 최근의 조사에 따르면, 북한을 떠나 남한에 입국하기 전 제3국에 머문 기간을 묻는 질문에 가장 많은 31.5%의 북한 이탈 주민들이 제3국에 머문 적이 없다고 대답하였다. 그 다음이 10년 이상 11.2%, 8-9년 6.6% 등의 순서였다(남북하나재단, 『2014 북한이탈주민 실태조사』 (2014), p. 134). 이 같은 결과는 2000년대 초중반 3-4년 이상씩 제3국에 머무는 경우가 많았던 것과 대조적이다.

장 왕성한 지역은 북·중 접경의 동쪽 지역이다. 북·중 접경의 동쪽 중국 접경 지역은 연변조선족자치주가 위치하고 있다. 연변조선족자치주는 중국의 소수민족 자치주의 하나로 북한과 중국, 러시아가 접경하는 지역에 위치하고 있으며, 중국어와 함께 한국어를 사용하는 지역이다. 이 지역에서는 기본적으로 한국어가 통용되며 남한 방송을 자유롭게 시청할 수 있다. 또한 연변조선족자치주는 한국어로 제작되는 신문과 라디오 및 TV 방송이 이루어지는 곳이기도 하다.

2000년대 이른바 '한류'라고 불리는 한국 문화 열풍이 동남아시아를 비롯하여 중국과 아시아 지역에 크게 영향을 미쳤다. 그 결과, 한국 드라마나 영화, 음악이 많은 지역에 확산되었는데, 북중 국경 지역도 예외는 아니어서 북한 주민들이 중국에 나오면 자연스럽게 한국 영상물과 음악을 접할 수 있게 되었다. 또한 북중 국경 지역 북한 주민들의 경우, 중국의 전파가 닿는 곳에서는 한국 TV 드라마를 접할 수 있다. 2000년 이후 북한을 떠난 북한 이탈 주민들을 대상으로 한 연구의 결과에 따르면, 자강도, 양강도, 함경북도 등 북중 접경 지역은 물론이고 평양, 평안도, 강원도, 황해도 등 북한 전역에서 남한 영상 매체를 시청하고 있었다.[19] 평양 주재 영국 대사였던 존 에버라드(John Everard)는 그의 저서에서 자신의 지인

---

19. 강동완·박정란, 「남한 영상매체의 북한 유통경로와 영향: 지역간·대인간 연결구조 분석을 중심으로」, 『통일정책연구』 제19권 2호(2010), pp. 115-116.

들 중 상당수가 불법 DVD를 통해 남한의 TV드라마를 보고 있음이 분명했다고 이야기한다. 중국에서 인기가 높은 남한의 TV드라마를 담은 DVD는 싸고 쉽게 구입할 수 있다. 문제는 이러한 DVD가 북한으로 밀반입되고 있다는 점이다. DVD는 언어 선택 기능이 있기 때문에 북한 사람들은 중국어가 아닌 한국어로 이를 시청할 수 있다.[20]

남북한이 같은 언어를 사용한다는 사실이 북한 내부에 남한 영상물의 확산에 크게 영향을 미친 것으로 보인다. 일반적으로 외국 언어에 익숙하지 않은 북한 주민들에게 같은 언어로 제작된 영상물을 자막 없이 볼 수 있다는 사실만으로도 남한 영상물은 장점을 가지고 있다고 할 수 있다. 북한 가정에 얼마나 많은 DVD 플레이어가 있는지는 알 수 없지만, 중국 세관에 따르면 2006년에만 DVD 플레이어 35만 대가 북한으로 들어갔다.[21]

북한 내부에 영상을 녹화·재생하는 기기들이 보급되면서 남한을 포함한 외국 영상물의 보급 추세는 더욱 가속화되고 있다. 영상을 담아 전달하는 매체는 VCD에서 DVD로, 최근에는 USB로 점차 발전하고 있으며, 남한에 방영된 방송 프로그램이 북한 내부에 전파되는 속도도 갈수록 빨라지고 있는 것으로 알려지고 있다.[22]

---

20. John Everard, 이재만 역, 『영국 외교관, 평양에서 보낸 900일』, p. 96.
21. Andrei Lankov, "Pyongyang Strikes Back," *Asia Policy* 8 (July 2009), p. 54.

또 다른 외부 정보의 전달 경로는 불법으로 듣는 외국의 라디오방송이다. 북한의 보통 라디오들은 공식 라디오방송만을 수신할 수 있도록 고정되어 있지만, 전자 기기에 대한 기초적인 지식만 있어도 다른 방송을 수신할 수 있게 바꿀 수 있다고 한다. 북한 주민 대상의 대북 방송은 대부분 라디오가 주요 매체이다. 대표적인 대북 방송은 KBS 한민족방송, 극동방송, 자유북한방송, 미국의 소리(Voice of America), 자유아시아방송(Radio Free Asia), 열린북한방송, 북한개혁방송, 자유조선방송 등이 있다.

이와 관련하여 탈북자 단체 및 일부 시민 단체들은 북한 지역에 미디어 보내기 운동을 추진하고 있으며, 대표적인 전달 수단은 이들 매체를 풍선에 담아 북쪽 지역으로 날려 보내는 방법이다. 이처럼 남한 내의 일부 탈북자 단체들과 보수 시민 단체들은 적극적으로 외부 소식을 북한 내부로 전달하기 위해 노력하고 있다. 이러한 시도의 대표적인 것 가운데 하나가 북한 주민들이 외부 영상과 방송을 수신할 수 있는 미디어 보내기 운동이다.

이 가운데 남북 간에 지속적으로 문제를 일으키고 있는 것은 대북 전단 살포 문제이다. 대북 전단은 외부 소식은 물론

---

22. 북한 내 기자들이 기고해 일본에서 발행되는 잡지 『임진강』의 대표 이시마루 지로(Ishimaru Jiro)는 한 세미나에서 "남한의 드라마가 방영 다음날 CD로 복사되어 시장에서 유통될 만큼 북한 내 전파 속도가 이전보다 빨라졌다"고 주장했다. 노정민, 「남한 드라마, 다음날이면 북 전파」, Radio Press Asia(RFA)(2010. 10. 19).

이고, 일반 북한 주민들이 일상적으로 접하기 힘든 북한 권력층의 사생활 등의 내용을 담고 있다. 대북 전단 살포 문제는 북한의 예민한 반응을 초래하여 남북 관계 경색의 한 원인이 되고 있다. 여기에 더하여 과거 남한 정부는 접경 지역에서 대북 확성기 방송을 재개하였다. 2014년 10월 10일 경기도 연천 합수리 일대에서 민간단체가 대북 전단을 날려 보낸 직후 북한군이 연천 일대에 고사총을 발사하여 남한군이 대응사격을 하는 등[23] 군사적 긴장이 높아지기도 하였다. 외부 정보를 북한 내부로 전달하려는 시도와 이를 막으려는 북한의 대응이 교차하면서 실제로 총격전이 오가는 상황에까지 이르게 된 것이다. 이 과정에서 군사적 긴장을 원하지 않는 지역 주민들과 북한에 전단을 살포하려는 시민 단체들 간에 갈등이 빚어지기도 하였다.

반면, 남한 방송의 수신이 확산되면서 의도하지 않은 현상도 발생하고 있다. 예컨대, 남한의 일기예보가 북한의 그것에 비해 정확하다는 사실이 알려지면서 북한의 어부들이 밀수한 소형 라디오를 통해 남한 라디오방송을 청취하고 있다[24]고 한다. 물론 북한의 어선 숫자 자체가 많지 않기 때문에 그 영향이 어느 정도인지는 확실하지 않지만, 북한 방송이 파도 높이

---

23. 박수찬, 「북한, 연천서 대북전단 향해 고사총 발사 … 軍 대응사격」, 『세계일보』(2014. 10. 11).

24. 설송아, 「北 방송이 알려주는 날씨 듣고 조업하면 '귀신' 된다」, *Daily NK* (2015. 8. 20).

나 태풍 등에 대한 오보가 많아 먼바다에 나갈수록 남한 방송을 반드시 청취한다는 이야기는 매우 흥미롭다. 이는 체제 비판이 아닌 날씨 예보 등을 통해서도 남북한이 비교되면서, 북한 주민들의 생활 태도나 인식에 변화가 발생할 수 있다는 의미로 해석될 수 있기 때문이다.

남북한의 비교는 영상물에서도 나타나지만, 북한 시장에서의 남한 물품 유통에서도 발견할 수 있다. 최근에는 북한 당국의 지속적인 단속에도 불구하고 신흥 부유층은 물론이고 일반 주민들 속에서도 남한산 밥솥, TV, 컴퓨터 등이 높은 인기를 끌고 있다고 한다. 남한산 제품은 중국산보다 품질이 좋고, 일본산에 비교해서는 사용하기 편리하다는 점이 장점이다. 즉, 일본산 제품은 100V 전압을 사용하기 때문에 별도로 가정용 변압기를 사용해야 하지만, 한국산은 220V를 사용하기 때문에 편리하다는 것이다. 전자제품 외에도 화장품이나 가구 같은 물품도 팔리고 있는데, 남한산 제품을 사용하는 것 자체가 부의 상징처럼 여겨진다고 한다.[25] 북한에 알려진 남한산 제품 가운데 흥미로운 사례의 하나는 남한의 한 제과업체에서 생산하는 '초코파이'이다. 초코파이는 2006년부터 개성공단에 근무하는 북한 노동자들의 간식과 생산 장려품으로 지급되었으며, 하루 최고 80만 개까지 공급되었다. 남한산 초코파이는 인기가 매우 좋아서 시장에서 높은 가격으로 판매

---

25. 「한국산 전자제품 북에서 부의 상징」, *Daily NK* (2015. 5. 24).

되기도 한 것으로 알려지고 있다. 초코파이는 단순한 과자가 아니라 남한 제품의 질과 남한 사회의 발전을 상징하는 제품이 된 것이다. 최근 북한 당국은 이러한 분위기를 차단하기 위해 초코파이의 반입을 중단시키고, 전량 북한에서 생산되는 대체 상품을 공급하고 있다.[26]

북한 내 한국산 제품의 유통에 대한 정보는 대단히 파편적으로 전해지기 때문에, 실제 북한 전역에서 얼마만큼의 남한 제품이 팔리고 있는지를 정확하게 파악할 수는 없다. 하지만 적지 않은 남한산 제품이 북한으로 유입되고 있으며, 그 품질에 대한 평가가 긍정적이라는 점은 분명해 보인다. 북한 내 한류 및 외부 정보 확산의 결과, 꽤 최근까지도 유지되던 북한 내부적 선전 활동의 하나가 크게 감소한 듯하다. 즉, 양키 제국주의자들의 압제에 시달리는 빈곤한 남한의 삶을 그리는 선전 포스터가 크게 감소하고, 이를 믿는 주민들의 숫자도 감소하고 있다[27]는 것이다.

남한 물품이나 영상의 유통은 시장을 통해 이루어진다. 경제난으로 인해 배급제가 붕괴되면서 북한 내부에는 자연스럽게 시장이 형성되었고, 시장을 통해 물자와 인력 그리고 정보의 이동이 이루어지고 있다. 2014년 2월 14일 남한의 KBS는

26. 안윤석, 「북, 짝퉁 초코파이 개성공단에 본격 공급」, 『노컷뉴스』(2015. 7. 14).

27. John Everard, 이재만 역, 『영국 외교관, 평양에서 보낸 900일』, pp. 107-108.

김정은 집권 이후 북한 사회 내부를 촬영한 영상을 소개하였다.[28] 영상에는 평양 북부의 평성 버스터미널 노선도가 찍혔는데, 평성을 중심으로 총 49개의 노선이 운행되고 있음을 알수 있다. 평성은 평양 북부에 위치한 도시로 북한 내부의 시장들을 연결하는 이른바 '전국 시장'이 위치한 것으로 알려진 곳이다. 즉, 북한 전역의 물자가 평성에 모여서 다시 다른 시장으로 팔려 나가는 것이다. 이와 같은 북한 내부의 시장 연결망은 북한의 경제난이 해결되지 않는 이상 북한 주민들의 생활을 유지하기 위한 핵심적인 기제의 하나가 되고 있다. 문제는 이 시장망이 정보와 물자를 전달하는 유통망으로 기능하고 있다는 사실이다. 아직까지 북한은 외부와 연결된 인터넷망이 없는 것으로 알려져 있다. 또한 북한 내부의 인트라넷역시 활용이 자유롭지는 못한 상황으로 추정된다. 최근 북한의 휴대전화 보급 대수가 빠르게 증가하고 있지만, 그것이 이른바 '아랍의 봄'을 가져왔던 수준에까지 이르지는 못한 것으로 보아야 할 것이다. 그럼에도 불구하고 북한 당국이 직접적으로 통제하지 못하는 장마당을 통해 전달되는 정보 유통 구조 자체는 네트워크와 네트워크가 연결된 인터넷(inter-network) 형태를 갖추고 있다고 할 수 있다. 즉, 전달 속도는 느리지만, 일부가 차단되더라도 정보와 물자의 유통이 완전히 끊어지지는 않는 네트워크형 구조를 형성하고 있는 것이다.

28. 'KBS 파노라마' (2014. 2. 14) 〈http://www.kbs.co.kr/1tv/sisa/panorama/vod/view/2224396_68560.html〉 (검색일: 2017. 5. 10).

2009	2010	2011	2012	2013	2014	2015
69,261	431,919	1,000,000	1,700,000	2,420,000	2,800,000	3,240,000

표 3. 북한의 휴대전화 가입자 수
출처: ITU statistics 〈http://www.itu.int/en/ITU-D/Statistics/Pages/stat/
　　default.aspx〉(검색일: 2017. 5. 10)
참고: 2009년과 2010년 통계는 고려링크(Koryolink) 통계, 2011년 이후는 ITU
　　자체 추정치

　북한 내 정보 유통과 관련하여 최근에 관심을 끄는 주제
는 휴대전화의 보급이다. 국제전기통신연합(ITU: International
Telecommunication Union)은 2015년 북한의 휴대전화 가입자
수를 324만 명으로 추산했다(표 3 참조).[29]
　물론 북한의 휴대전화 서비스 지역이 평양 인근으로 제한되
고, 한 사람이 여러 대의 휴대전화를 가지고 있을 것이라는 주
장도 있어서 단순히 휴대전화 보급 대수의 증가 자체가 얼마
만큼의 영향을 미칠 것인지를 지금 예단하기는 쉽지 않다. 하
지만 스마트폰의 보급이 확대되면, 이를 활용한 외부 영상물
의 시청과 유통이 증가[30]할 가능성이 높다. 물론 이에 대한 북

29. 북한에서 이동통신 서비스는 2003년 처음 시작되었는데, 2004년 용천역
폭발 사고 이후 휴대전화 사용이 한동안 제한되었다. 이후 2009년부터 휴대
전화 서비스가 재개되었고, ITU는 2009년부터 북한의 휴대전화 가입자 수
통계를 발표하였다.
30. 「스마트폰, 북 주민들에게 큰 인기」, *Radio Free Asia* (2015. 3. 4).

한 당국의 통제와 제한이 강화되고 있는 것도 사실이지만, 정보 기기의 특성상 정보 유통의 속도와 양이 크게 증가할 수밖에 없다.

외부 정보의 유통과 확산에 대해 북한 당국은 심한 거부감을 보이고 있다. 2002년 공개된 북한의 간부들에 대한 학습제강에 따르면, "일부 일군들이 자본주의 선전물을 가지고 장난질을 치고 있으며, 어떤 사람들은 이색적인 록화테이프를 혼자 보는데 그치지 않고 그것을 복사해서 외화나 물건을 받고 팔거나 빌려주는 행동"을 자주 하고 있으며, 이러한 현상은 일부 중앙기관 일군들 역시 예외는 아니다. 또한 이 문건은 북한 주민들이 "부르주아 생활풍조에 유혹되어 민족적이며 사회주의적인 우리의 생활양식을 이질화하고 있다"고 비판하고 있다.[31] 실제로 북한 당국은 외부 영상물이나 방송은 물론이고, 외부 정보의 유통과 확산을 막기 위한 통제 수단을 강화하고 있다.[32] 심지어 북한 형법[33]에 따르면, 남한의 영상물이나

---

31. 『자본주의 사상문화적 침투를 짓부시기 위한 투쟁을 강도높이 벌일 데 대하여』(평양: 조선로동당출판사, 2002) in 전미영, 「북한의 외래문화 수용 실태와 문화전략: 북한 텔레비전 방송 분석을 중심으로」, 『통일정책연구』 제23권 1호(2014), p. 150에서 재인용.

32. 탈북자단체인 NK지식인연대는 평안남도 개천시 개천교화소 관계자의 말을 인용하여 개천교화소(교도소)에 수감된 3,000여 명 가운데 3분의 1이 넘는 1,200여 명이 한국 영화와 드라마 건으로 수감되어 있다고 주장했다. 안윤석, 「北 개천교화소 남한영화, 드라마 관련 수감자 1,200명」, 『노컷뉴스』(2010. 12. 6).

33. 2007년 10월 16일 개정된 북한 형법은 제193조 '퇴폐적인 문화 반입, 유

미국의 자본주의 영상물을 보거나 유통한 경우 징역형에 처하기도 하고, 심하면 사형[34]에 처할 수도 있다.

외부 방송 청취에 대해서도 북한 당국은 매우 민감하게 반응해 왔으며, 이를 제어하기 위한 다양한 수단을 동원하고 있다. 예컨대 북한이 2006년 8월 제정한 '조선민주주의인민공화국 전파 관리법'을 보면 외부 방송 청취를 어렵게 하는 방해전파 설비가 이른바 '제압방송 설비'라는 이름으로 전파 감독 기관의 합법적 설비로 인정된다[35]는 점을 알 수 있다.

아직까지 북한 당국은 체제 내부를 통제할 수 있는 상당한

포죄,' 194조 '퇴폐적인 행위를 한 죄,' 195조 '적대방송 청취, 인쇄물, 유인물, 수집, 보관, 유포죄' 등을 규정하고 있다. 장명봉 편, 『2011 북한법령집』, pp. 195-196. 북한 형법 제194조의 퇴폐적인 행위를 한 죄란 '퇴폐적이고 색정적이며 추잡한 해욕을 반영한 음악, 춤, 그림, 사진, 도서, 녹화물과 전자다매체 같은 것을 여러번 보았거나 들었거나 그러한 행위를 한 자'를 의미하며, 2년 이하의 노동단련형(일정한 장소에 넣어 노동을 시키는 형벌로, 집행 기간 동안 공민의 기본권리가 보장됨)에 처하게 되어 있다. 또한 정상이 무거운 경우에는 5년 이하의 노동교화형(교화소에 넣어 노동을 시키는 형벌로, 집행 기간 동안 공민의 기본권리 일부가 제한됨)에 처한다.

34. 북한 형법 제67조는 '민족반역죄'에 대해 최고 사형에 처한다고 규정하고 있는데, 죄에 대한 규정이 '인민의 민족해방운동과 조국통일을 위한 투쟁을 탄압하거나 제국주의자들에게 조선민족의 이익을 팔아먹은 행위' 등으로 모호하게 규정하고 있어, 악용의 소지가 많다.

35. 이주철, 「대북방송 현황과 개선방안」, 『대북 미디어의 현황과 과제: 대북미디어의 효율성 제고를 위한 세미나』(NK지식인연대 주최 세미나 자료집, 2011. 7. 5); "조선민주주의인민공화국 전파관리법" 제20조 (제압방송설비의 리용) 제압방송설비를 리용하는 기관, 기업소, 단체는 설비의 가동준비를 갖추어야 한다. 설비의 가동지령은 전파감독기관이 한다. 장명봉 편, 『2011 북한법령집』(북한법연구회, 2011), p. 958.

능력을 보여 주고 있다. 시장의 확산이 북한 사회 내부에 많은 변화를 만들어 내고 있는 것은 사실이지만, 시장에서 소위 큰돈을 만지는 핵심적 행위자들은 권력기관이거나 이들과 결탁된 상인들이라는 점에 주목할 필요가 있다. 즉, 시장에서 가장 큰 이득을 챙기는 것은 결국 권력자들 혹은 이들과 연결된 사람들이라는 점에 주목해 본다면, 북한 당국이 시장 확대를 허용한 이유를 이해할 수 있다.

북한의 시장은 산업화 진행의 결과로 발전된 것이 아니라, 계획경제의 붕괴로 인한 주민 생존을 위해 허용된 공간이다. 북한의 시장에서 활동하는 개인들은 체제에 도전하거나 비판하지 않는 수준에서 생활을 영위하기 위한 정도의 경제활동을 허용 받는다. 시장에서 큰돈을 버는 사람이 생겨나고 있지만, 이들의 부는 국가 권력기관과의 결탁을 통해서만 보장받을 수 있다. 2009년 북한의 화폐개혁은 경제적으로는 실패였지만, 시장에서 돈을 번 신흥 자본가들의 부를 몰수하는 데는 어느 정도 효과를 거두었다. 물론 다음 해에 북한 당국은 화폐개혁의 실패를 인정하고 그 책임자를 처형한 것으로 알려졌지만, 북한 당국이 시장에 대한 통제를 완전히 포기했다고 보기는 어렵다.

북한 당국의 통제에도 불구하고 북한 내 외부 정보의 확산은 지속적으로 이루어지고 있는 것으로 보인다. 그 이유는 재미가 있기 때문이기도 하지만, 돈을 벌 수 있기 때문이기도 하다. 식량이나 지하자원 등과 비교했을 때 DVD나 USB 등은 부피가 작은 반면 복사가 용이하고, 훨씬 더 높은 가격을 받을 수 있다[36]고 한다. 높은 이윤이 발생하는 물건이 있다면, 이를 유통하는 데 상당한 위험이 수반되더라도 일정 규모의 유통이 이루어지는 것은 일반적인 현상이다. 문제는 그것이 체제를 바꿀 수 있을 만큼 중요한 사안인가 하는 것이 될 것이다.

분명한 사실은 북한이라는 폐쇄 체제의 외부 경계가 일부분이나마 약화되는 모습을 보이고 있다는 것이다. 이러한 변화의 일부는 남북의 협력을 추동하기도 하고, 다른 변화는 남북의 갈등으로 이어지고 있다. 예컨대 말라리아 등 초국경 질병의 증가는 남북의 협력을 불가피하게 만들지만, 대북 전단 살포 등 적극적으로 경계를 넘어 영향을 미치려는 행동은 남북 갈등으로 이어지고 있다.

문제는 한 분야에서 조성된 군사적 긴장이 다른 분야에서의 협력 노력을 좌절시키는 결과를 낳고 있다는 사실이다. 북한이 폐쇄적이며 대단히 일탈적인 국가형태를 가지고 있다는 것은 분명하다. 따라서 북한의 폐쇄성을 허물기 위해 외부 정보를 적극적으로 북한에 전달하려는 노력도 나름의 의의를 가지고 있다고 할 것이다. 하지만 그것이 북한 당국의 경계심을 자극하여 자연스러운 외부 정보의 확산을 억지하려는 노력을 강화시키는 측면이 있다는 사실을 기억할 필요가 있다. 북한

---

36. 「北서 南드라마 한번 빠지면 마약과 같다고 해」, *Daily NK* (2015. 4. 1).

이 외부 정보의 확산에 그토록 거부감을 보이는 가장 큰 이유는 경제적으로 부유한 남한의 존재 때문이다. 더구나 남한은 공공연하고 명백하게 통일을 추구하는 국가이다. 미국 등 제국주의자들의 침탈 속에 피폐한 남한의 이미지를 강조해 왔던 북한으로서는 잘살고 발전된 남한과의 전면적 교류가 두려울 수밖에 없다.

북한 주민들 가운데 어느 정도가 남북한의 격차를 정확하게 인식하고 있는지는 알 수 없지만, 이미 상당수의 북한 주민들은 남한의 발전상을 알고 있는 듯하다. 하지만 이들이 남한과의 통일에 적극적으로 나서지 못하는 이유는 통일 한국에서 그들이 2등 국민 취급을 받을 수 있다는 우려 때문일 것이다. 남한의 물품과 영상이 남한의 발전된 모습을 보여 주는 것은 사실이지만, 그것이 남한 사회의 포용력을 보여 주는 것은 아니다. 실제로 남한에 정착한 북한 이탈 주민들의 상당수는 남한 사회의 포용력에 대해 회의를 보이곤 한다.

어떤 사회의 변화는 그 사회에 살고 있는 주민들의 자발적 선택에 의해 이루어지는 것이 바람직하다. 또한 이는 통일과 관련하여 남한이 유지하고 있는 기본적 원칙이기도 하다. 남한은 평화적 통일을 지향하는 국가이며, 자유민주주의적 기본 질서에 입각한 평화적 통일 정책을 수립하고 추진하는 것을 헌법 전문과 헌법 제4조에 명시하고 있다. 즉, 북한 체제의 변화를 강제하기보다는 자유민주주의적 기본 질서에 부합하는 방식의 북한 사회 변화를 기다리는 것이 타당하다고 할 것이다.

IV. 결론을 대신하여

북한 체제 내부의 변화로 인해 외부 정보가 자연스럽게 북한 내부로 확산되는 것은 이제는 돌이킬 수 없는 추세로 발전하고 있다. 이러한 과정을 통해 남북한이 동서독과 같은 방식의 길을 걷게 될 것인지, 아니면 다른 방식의 변화가 발생할 것인지는 북한 주민들의 자발적이고 민주적인 선택에 달려 있다. 북한의 변화와 이에 따른 외부 경계의 약화는 분명히 중대한 변화의 시작이라고 할 수 있다.

이 가운데 핵심적인 변화는 외부의 의식적인 노력의 결과가 아니라, 북한 사회 자체로부터 발생한 것이라는 점을 강조할 필요가 있다. 잘 알려진 것처럼 지금까지 남한과 외부 사회는 북한을 변화시키기 위해 원조와 관여(engagement), 경제제재와 고립 등 다양한 방법을 사용해 왔지만 별다른 성과를 거두지 못하였다. 따라서 북한의 변화를 더욱 가속화시키기 위한 외부의 적극적 노력들이 자칫 알묘조장(揠苗助長)의 우(愚)을 범하는 것은 아닌지 생각해 볼 필요가 있다.

현 단계에서 중요한 것은 남북 간에 혹은 북한과 외부와의 경계를 넘는 협력 이슈를 발굴하고, 이를 통해 북한이 자신들의 이익을 위해서는 협력이 중요하다는 것을 깨닫게 해 주는 것인지도 모른다. 앞서 살펴본 바와 같이 남북 접경 지역을 중심으로 불가피하게 협력이 필요한 변화들이 발생하고 있고, 이는 남북이 공히 인식하고 있는 사실이다. 질병과 재해, 재난에 대처하거나, 남북 공동 수계 활용을 위한 협력은 남북 모두에게 필요한 것들이다.

현재의 북한이 핵과 미사일을 개발함으로써 한반도는 물론이고 동북아시아와 세계 평화를 위협하는 존재라는 사실은 분명하다. 더구나 북핵 문제는 20년 이상 동아시아 정치의 핵심 이슈였지만 해결은 고사하고 악화일로를 걷고 있다. 북핵 문제 해결 전망은 여전히 어두우며, 이 문제가 해결되지 않는 한 국제사회의 대북 제재는 앞으로도 한동안 지속될 수밖에 없다. 따라서 향후 남북 관계가 개선된다고 하더라도 새롭게 재개되는 남북 교류는 과거와 같은 방식으로 추진되기는 어렵다. 그렇다면 일방적 지원이 아닌 남북 모두에게 도움이 되는 이슈를 적극적으로 발굴하고, 새로운 협력 모델을 개발할 필요가 있다. 접경 지역에서의 협력 이슈나 북한 사회의 외부 경계를 약화시키는 북한 내부의 변화 등에 주목하는 이유가 바로 여기에 있다.

이 글은 『내나라』(2017, 26호)에 「DMZ 및 접경지역의 쟁점과 과제」(pp. 84-109)로 수록된 바 있다.

샴쌍둥이 국가

경계 상 분리와 합체성에 대한 문제

프랑크 비예

> 나의 닮은 꼴이자 내 거울 이미지로서의 이웃 속에는
> 길들여질 수 없는 괴물스러운 사물(Thing)이라는
> 극단적 타자성의 불가해한 심연이 항상 도사리고 있다
>
> — 슬라보예 지젝(2005: 143)

서문

엘리나 김(2014)은 그의 논문 「두루미의 비행(The Flight of Cranes)」에서 한반도를 분할하는 DMZ를 "양측 국경에 백만 명이 넘는 군대와 그 안에 백만 개의 지뢰들이 매설되어 있는 세계에서 가장 중무장된 국경"으로 묘사하였다(2014: 65). DMZ에는 동시에 "106종의 희귀종 및 멸종 위기 종을 포함하여 한반도에 자생하는 모든 생물 종 가운데 13% 이상"(ibid.)

이 서식하고 있다. 엘리나 김은 그녀의 논문에서 이 현상을 "인간의 호전성과 공존하거나 혹은 이 호전성을 상징적으로 극복한, 정화된 '자연'을 단지 '역설적으로' 병치한 것을 뛰어넘는다"(Kim 2014: 66)고 설득력 있게 주장한다. 오히려 이는 "세계 자본주의와 군사화 과정의 상호 연계 과정에서 등장한 자연-문화적 혼종 공간"(ibid.)이다. 그것들은 상호 배타적이지 않을 뿐 아니라 정치적으로도 깊이 얽혀 있다.

나는 또한 정치적 단절과 환경적 지속성 사이의 대비가 이론적으로 비옥함을 발견했는데, 여기에서 나의 구체적 관심은 어떻게 환경이 정치적 구획을 "자연화"하고 국가를 준-유기체로 정의하는 방식에 담론적으로 이용되어 왔는가에 있으며, 이는 내가 다른 곳에서 더 온전히 발전시켜 왔던 주제이다 (Billé 2014). 국민국가의 유토피아적 재현과 실제 영토적 얽힘의 형태 사이의 특수한 긴장은 이 글의 핵심적 논지를 형성한다. 앞으로 논의하겠지만 국민국가의 시각적 재현을 개별적, 자율적인 것으로 파악하는 관점은 국가와 그 이웃 국가들을 묶어 주는 다수의 역사적, 문화적, 종족적 연결을 억압하는 경향이 있다.

한국 학자가 아닌 입장에서 ― 나는 한국어를 할 줄 모르며, 이번이 첫 번째 한국 방문이다 ― 나는 오랫동안 DMZ에 매혹되어 있었다. 국경들은 서로 각각 너무나 다르기 때문에, 국경을 연구하는 학자들 사이에서는 각각의 국경을 비교하거나 보편적 모델을 고안하는 것이 사실상 불가능하다는 의견을 공유하고 있다(Nail 2016: 10-11). DMZ는 논쟁적인 "극단적" 국경이지만, 그럼에도 불구하고 유용한 이론적 모델에 기여할 수 있다. 앞으로 살펴보겠지만, 완전히 절연된 장벽 역할을 하려는 DMZ에서의 시도는 미국-캐나다 국경과 같은 훨씬 불안감이 덜한 곳을 포함한 모든 국경들에 공통된 관심을 반영한다. 이와 동시에 DMZ는 한반도를 가로질러서 물리적으로 통과 불가능한 단절을 만들어 내면서, 미해결된 불안을 무의식적으로 응축하고 남북한 정체성을 구조화하는 핵심이 된다. 이 글에서의 나의 주장처럼 DMZ는 어느 한쪽에만 배타적으로 속하지 않으면서 모두의 생명을 유지해 준다는 점에서 샴쌍둥이가 공유하는 주요 장기들과 흡사하다. 남북한 모두에게 공통적으로, DMZ는 더 강조되도록 의도된 분리의 정치적 허구성을 흐릿하게 하고, 양측이 그곳의 군사력을 늘릴수록 서로는 상대방의 중요성을 재확인하게 된다. 남북한 모두에게 "다른 한국"은 궁극적으로 "침대 밑의 괴물"이며, 모두 통약 불가능한 타자이자 비체적(abjected)이고 양립 불가능한 자아의 일부다.

분리

베네딕트 앤더슨(Benedict Anderson)은 『상상의 공동체(*Imagined Communities*)』(1991)에서 주변국들로부터 분리되어 독

립된 윤곽을 지닌 국민국가의 확립된 정치적 가시화에 대하여 "로고화된 지도(logomap)"라는 생산적인 이론적 용어를 소개했다. 그가 설명하는 것처럼, 이러한 실천의 기원은 충분히 순수하다. 지도를 보다 알기 쉽게 하기 위해 그리고 특히 식민지 소유를 강조하기 위해, 제국주의 국가들은 제국의 염료로 지도 위에 있는 자신들의 식민지를 색칠하기 시작했다. 이러한 동기는 한편으로는 상업적인 것이기도 했는데, 지도 제작자들에게 이러한 색의 추가는 그들의 생산물을 더 매력적으로 보이게 하는 쉬운 방법이었기 때문이다(Branch 2011: 21 참조). 본래의 정치적 혹은 상업적 동기와 관계없이 이러한 색을 통한 부호화가 벽 지도와 지도책에 보편화되면서, 지구 표면을 가로질러서 국가의 영토를 구획하는 선형적 경계가 더욱 강조되었다. 각국의 국가 영토를 채워 넣는 것은 한 주권을 그 이웃과 분할하고, "그 내부가 국가 주권에 의해서 균일하게 측량된 단일한 공간을 의미함"으로써 각각의 "조각"을 개별적이고 자율적인 실체로 바꾸는 것이었다(Biggs 1999: 374). 각 식민지는 현재 조각 그림 퍼즐의 한 조각처럼 보인다.

"개별 '조각'은 그 지리적 맥락으로부터 완전히 분리될 수 있다. 위도선과 경도선, 지명, 강, 바다, 산, 동네를 표시하는 기호 등의 모든 설명적 용어들은 그 최종 형태에서 간단하게 제거될 수 있다."(Anderson 1991: 175)

본래의 지리적 맥락으로부터 분리되어 "로고화된 지도"가 된 국가의 윤곽은 이제 국가를 표시하는 강력한 일상적 상징으로 이용된다. 로고화된 지도의 시각적 힘은 새롭게 나타난 국가의 기저에서 이루어지는 중요한 실천으로서, 베네딕트 앤더슨이 이를 인구조사 및 박물관과 동등한 수준에 놓을 정도였다. 정치학자 산카란 크리슈나(Sankaran Krishna) 또한 어린 시절에 그가 처음으로 사회화되었던 인도의 강력한 시각화에 대해 설명한다. "주변의 연결된 영토도 없고, 그 내부와 외부에 정치적 경계선도 없으며, 위도나 경도도 없고, 대양과 바다와 강도 없이"(1992: 858) 이 "인도는 공간에 걸려" 있었는데, 이는 그의 정신에 영원히 각인된 채로 남아 있었다(p. 859). 그가 이후 전문적인 훈련 및 주로 파키스탄에서 만들어지는 경합하는 재현들에 직면했음에도 말이다.

앤더슨의 로고화된 지도 개념은 이론적 측면에서 태국의 역사학자 동차이 위니차쿨(Thongchai Winichakul)의 "지리체(geobody)" 개념에 빚을 지고 있는데, 이 용어는 지리, 사람, 문화를 아우르는 총체적·유기적 실체를 언급하기 위해 만들어졌다. 위니차쿨(1994)은 태국의 민족주의 부상에 관한 그의 글에서 지리체가 어떻게 애국적 정서를 형성 및 이용할 수 있었는지를 설명했다. 지리체라는 개념이 "자연적"이고 "유기적"인 국민국가의 형성을 비판하고 문제시하기 위해 폭넓게 차용되어 왔다면, 지리체가 지역 및 국제적 공동체로부터 분리되어 있다는 상상은 여전히 충분히 이론화되지 못한 채로 남아 있다. 그러나 지리체들은 고립되어 존재하지 않는데, 한 지리체의 지표는 동시에 다른 지리체의 지표이기도 하다. 사실 지리체들은 단단히 결합되어 있을 때 더 잘 상상되고, 주변의 이웃한 지리체들에 의하여 움직일 수 없게 되며, 한 지리체에서 발생한 변화, 진동, 마찰은 이웃한 지리체들에 즉각적으로 대칭적인 반작용을 일으킨다. 이러한 상호 감각은 국경이 상상되고, 세워지고, 관리되는 데 중요한 영향을 미친다. 이는 예를 들면 완충국, 완충지대, 무주지, 장벽, 방역 저지선과 같은 공간적인 분리 형태들의 진화와 생존을 해명해 준다.

국경 이론가인 브루넷-자일리(Brunet-Jailly 2012: 101)가 언급했듯이, 국경에 대한 초기의 연구들은 완충지대의 중요성을 간과했다. 좋은 국경이란 가급적 인간에 의해 정착되지 않은 채로 사막처럼 존재해야만 했다. 따라서 이러한 전이(liminal) 지역들은 통합되어야 하는 영역이기보다는 본질적으로 분리와 절연의 가장자리를 구성하게 된다. 만약 완충지대들이 최소한 본래의 정의와 형태라는 측면에서 오늘날 훨씬 덜 일반적 현상이라면, 그것들이 수행했던 기본적 기능은 공간을 분할하는 다른 형태들에 의해 유지되었을 것처럼 보인다. 따라서 미개척지(frontier)는 종종 특정 지역의 생물 다양성 보호를 증진하기 위한 목적으로 만들어진 자연보호 구역이 된다. 자연보호 구역이 늘 국경 지역과 일치하는 것은 아니지만, 종종 그런 경향이 있으며, 이는 우연이 아니다. 이러한 지대를 국가 영토의 가장자리에 위치시키는 결정은 부분적으로는 실용적인 이유 때문인데, 중심부에 거대한 울타리가 쳐진 공간을 두는 것은 교통·통신 기반 시설에 부정적 영향을 미칠 수 있기 때문이다. 하지만 이는 인접국들로부터 분리된 자율적인 국민국가라는 핵심 전제를 강화하기 위한 선택이기도 하다. 내가 다른 글에서 논의했던 것처럼(Billé 2014), 이 독자성은 국민국가가 유기체들로 구성되어 있으며, 정치적 국경은 자연적 특징들과 이상적으로 대응한다는 가정에 입각하고 있다. 지리학자 줄리엣 폴(Juliet Fall)은 생태계와 보호 지구를 다룬 뛰어난 연구에서 이러한 지대들의 구획이 여전히 생태지리적 결정론에 의해 굴절되어 있을 뿐 아니라, "생태계"라는 바로 그 개념이 지상에서 거의 발견되지 않는 다양한 종류의 공간들을 나란히 정렬하는 것을 상정하고 있음을 보여 준다. 그러나 생태지역주의에 대한 문헌들은 각기 "이러한 '자연적' 경계들을 반영하는 인간 공동체들에 대응하는 지리적 특성들과 생명의 독특한 패턴을 보여 주는"(Fall 2005: 27) 개별적 생태계들의 존재를 가정한다. 폴이 주장했던 것처럼(2005: 28), 생태계란 최첨단의 환상이 아닐 뿐만 아니라, 사실은 순진한 척하면서 도리어 정치적 공간에 대한 라첼식 이해로 돌아가는 것을 보여 준다.

나는 지난 5년간 러시아 극동에서 현지 조사를 수행했는데, 이 조사는 특히 이러한 절연을 향한 움직임을 보여 주는 좋은 사례다. 현재 RFE(Russian Far East)로 불리는 러시아의 극동은 광활한 지역으로 17세기에 최초의 개척자들이 등장한 바 있으나 19세기까지도 완전히 통제되지 않았다. 소유를 분명히 하고 싶었던 러시아 제국은 1735년에 러시아 서부에서 강제로 집단 이주를 당한 코사크 족에게 국경에 인접한 폭 10km의 기다란 땅에 정착할 수 있는 배타적 특권을 부여했다. 그러므로 제국에 의해 차용된 이 관행은 다른 곳의 국경 관리 체계들과 비교될 수 있다. 그것은 특히 중세와 근대 초기 유럽에서의 행군과 몇 가지 특질을 공유하는데, 여기에서는 적대적인 침입으로부터 국경 보호와 국경무역의 규제라는 관점 하에 상이한 법의 적용을 받았기 때문이다. 이러한 시스템은 소비에트연방의 성립과 함께 더욱 발전하게 되었는데, 이때 군사화는 "제한된 접근(ogranichennogo dostupa)"과 이후 "금지된(zapretnye) 국경 지대"(Ryzhova 2014: 23)의 설정을 동반하였다. 예를 들어, 30년대처럼 소비에트연방기의 특정한 시기를 정의하는 편집증(paranoia)은 닫힌 도시들과 더욱 견고해진 국경 지대들의 등장에서 드러난다. 신뢰할 수 없어 보이는 사람들은 블라디보스토크, 블라고베셴스크, 하바롭스크와 같은 국경도시들에서 추방되었다(ibid. 24). 리조바(Ryzhova)가 설명한 것처럼, "국경 지대들은 정돈되고, 투명하고, 청결하고, 멸균 상태가 되어야 했는데, 그래야만 남아 있는 사람들이 성스러운 소비에트 자주권의 호위라는 신성한 임무를 부여받은 합당한 시민으로 인정받을 수 있기 때문이다"(ibid. 24). 1937년 지정학적 균형의 악화는 일본, 한국, 만주국과 몽골에 인접한 국경 지대의 확대와 경직화를 초래하였다(ibid. 25). 그

시점부터 소비에트연방이 붕괴하기까지, 극동 러시아의 전 지역은 폐쇄된 상태로 남겨졌고 국경 지대는 특수한 금지 체제 하에 있었다(ibid.).

1991년이 되자 갑자기 국경 금지 구역(prigranichnye zony)이 폐지되었고, 철조망, 검문소와 특수한 제도들은 실질적으로 모두 사라졌다. "국경 지대(border zones)"는 폭 5km가 채 되지 않는 좁은 "국경 지구(border strips)"로 다시 명명된다. 이러한 국경 통제의 증발은 특히 어려웠던 전환기에 일어났으며, 대체적으로 전반적인 정치적 통제의 부재를 보여 주는 징후였다. 2004년 법령에 이어 2006년에 법규들이 추가되면서, 국경 지대는 다시금 폭 100km에 달할 정도로 두터워진 출입 금지 구역으로 확장된다(ibid. 7).

러시아-중국 국경의 사례는 일반적이지는 않지만 그렇게 특이한 것도 아니다. 잘 알려지지 않았으나 이와 대단히 유사한 사례가 미국에 존재하는데, 이는 1953년에 만들어진 연방법으로 (뉴욕과 같은) 도시 혹은 (플로리다 같은) 주 전역을 포괄하는 100마일의 "국경 지대"를 설정했다. 국경 연구가 처음으로 등장한 장소인 미국-멕시코 국경은 엄격한 국경 관리의 전형적 사례이며, 양 국가 사이의 문화적, 정치적 분리를 보여 주는 장벽은 수많은 연구들의 주제로 다루어졌다(Anzaldúa 1987, Brown 2010, Meierotto 2014, Nail 2016, Vila 2005). 덜 엄격하게 통제되는 사례로 미국-캐나다 국경은 다른 지역에서도 관찰되는 "국경 작업(border work)"(Reeves 2014)의 특징들을 보여 준다. 소위 "슬래시(Slash)"라 불리는 폭 6미터의 벌채된 구역은 연간 140만 달러의 예산이 할당되는 국가적 프로젝트인데, 이는 세계에서 가장 긴 국경(5,525마일)의 전체 경관에 걸쳐서 물리적 단절을 보여 준다.

당초 벌채는 "일반인들이 그들이 국경에 있다는 사실에 대한 인식"(국제국경위원회)을 확실하게 하려는 단순한 목적을 위해 시행되었는데, 이는 대부분의 국경 지역이 러시아 극동의 국제적 국경처럼 외진 곳에 위치하여 방문객이 거의 없기 때문이다. 따라서 슬래시의 가장 주요한 목적은 실제적이라기보다는 무엇보다도 상징적(시각적으로 상징적)인 것이었으며, 이는 대체로 러시아-중국 국경에도 적용될 수 있다.

극단적으로 상이한 이 국경들에서 발견되는 이러한 질적 유사성들은 지도에 그려진 추상적인 선들을 물리적 환경에 새기게 하는 유사한 정치적 동력을 드러낸다. 사실 이 시점에서 우리에게 주어진 것은 대화적 과정이다. 첫째, 정치적 실체들은 산맥, 강, 호수와 같은 위상학적 식별자들에 따라서 경계가 그어진다. 그리고 이러한 정치적 선들은 다시 상이한 형태의 토지 사용, 벌채, 참호 파기 같은 행위를 통해 재확인되며, 정치적 절연은 공원이나 자연보호 구역 같은 생태 지구에 의해 더욱 증가한다. 이러한 복잡한 과정은 미국-멕시코 국경 혹은 러시아-중국 국경처럼 매우 상이한 문화적 세계를 나누는 국경에서부터, 미국-캐나다 국경 혹은 유럽연합 회원국들 간의 국경처럼 별로 중요하지 않고 대개는 불필요해 보이는 국경

그림 1. "더 슬래시(The Slash)," 미국과 캐나다 사이

들에 이르기까지 정도의 차이만 있을 뿐 거의 모든 국경 지대에서 목격된다.

　남북한 국경은 이 스펙트럼의 양 극단을 구성하고 있다는 점에서 국경 이론가들에게 특별히 흥미로운 주제이다. 비무장지대 혹은 DMZ는 절연의 절대적인 선이다. 남한과 북한을 나누는 4km 너비의 지역은 세계에서 가장 무장된 지대로 가장 많은 지뢰만큼이나 많은 인력이 배치되어 있다. 이런 의미에서 이 지역은 전 세계에서 "가장 바쁜" 국경 중 하나이다. 이 지역은 동시에 인간의 방해를 받지 않는 생태 낙원으로, 여기에서 한반도의 자생식물과 멸종 위기의 동물들이 번성하고 있다.

그러나 전술한 바와 같이 이러한 놀라운 대조가 정치 논리의 중단까지 이어지지는 않는다. 과잉 경계와 생태적 만개는 상호 배타적이지 않다. 역으로, 이들은 "국경 작업"의 두 가지 결정적 측면을 드러낸다. 한편으로, 국경은 국가 보호를 위하여 강력하게 경비되는 통과 불가능한 선이다. 다른 한편으로, 국경은 국가의 유기적 자연을 확인해 주는 드러나지 않은 자연환경이다.

특히 남북한의 사례에서 첨예하게 드러나는 이러한 긴장은 로고화된 지도의 시각적 반복에서 지속적으로 강조되는 이상, 즉 분리에 관한 국민국가의 허구를 발견하는 지점이다. 남아 있는 지면에서 나는 DMZ처럼 인접국을 비참하게 갈라놓는 "극단적" 국경들의 상징적 능력에 대해 좀 더 면밀히 살펴보고자 한다. 남북한의 사례를 통해, 나는 DMZ가 한반도의 양쪽을 극단적인 통약 불가능성의 관계에 놓이게 하였음을 주장하고자 한다. 화해 불가능한 두 정치체제의 대표들처럼, 한반도의 양쪽은 상대방이 존재하지 않음을 상징하는 한에서 결핍과 부재를 통해 구조화되었다. 동시에, 남북한은 동일한 지리적 운명 및 공통의 역사, 언어, 문화로 묶여 있어 결코 따로 떨어져서 존재할 수 없다. 남한과 마찬가지로 북한에서도 상대방은 극단적 타자이면서 분리될 수 없는 샴쌍둥이와 같은 존재다. 둘은 동일하면서도 완전히 다르다.

이러한 쌍생의 모델은 국경에 대한 이론적 정교화를 위한 매혹적인 통로를 열어 준다. 국경의 중간성과 국민국가 상호 간의 역동적 얽힘에 초점을 맞춤으로써, 나는 국가들을 그 주변국들과 묶어 주는 비체화(abjection)와 모방의 이중 과정에 주목하고자 한다. 이후에 더 자세하게 다루겠지만, 국경에서 나타나는 자아와 타자 간의 긴장은 대부분 여전히 이론화되지 않은 채로 남아 있는 국경 관리의 특정 측면을 반영하고 있다. 예를 들어, 국가의 주권적 영역 밖에 있으나 통제와 규제가 필요한 영역을 의미하는 "뒷마당(backyard)"이라는 개념은 국경으로 완전히 가로막혀 있지 않은 국가의 아우라적(auratic) 존재를 암시한다. 이와 유사하게 나는 이후 환영(phantom)과 인공기관(prosthetics) 개념들을 소개하고, 이러한 개념들을 활용해 로고화된 지도가 제공하는 모든 고정된 시각적 재현들에 대한 추가적인 이론적 개입을 시도할 것이다.

괴물들

한반도 분단은 구체적인 적용에 있어서 극단적이긴 하지만, 독특한 것과는 거리가 멀다. 베를린(1961-1989)이나 니코시아(1963년 이후) 같은 도시들의 정식 분할도 그만큼 극적이었다. 키프로스 섬에서는 1974년에 수도 니코시아를 가로지르는 비무장지대가 설치되면서 수도가 둘로 분단되었다. 구(舊) 니코시아 쪽에서는 불과 몇 미터의 폭이지만, 그 반대편으로는 몇 마일에 이르는 녹색 선(Green Line)은 양측을 갈수록 더 크게 분리시켰다.

두 주권 국가 간의 경계선인 비무장지대는 유사한 방식으로 작동하면서 비슷한 정치적, 문화적, 상징적 목적을 추구한다. 4마일 너비의 DMZ는 단지 냉각된 갈등의 최전방이 아니라 반도의 양측을 또한 극단적 타자로부터 절연시킨다. 한반도의 양측은 각각 그들이 일부가 되어 있는 대립적 정치체제의 전형을 상징한다. 대한민국은 동아시아의 가장 성공적인 자본주의 국가들 가운데 위치하는 반면, 북한은 통제경제의 전형이자 지금은 없어져 버린 사회주의 블록의 유일한 생존자이다. DMZ는 따라서 한국의 문화적 세계를 가르는 경계선 그 이상이다. 그것은 각기 그 대립물로부터 자신을 절연시키고자 하는 해소될 수 없는 차이의 지대이다.

분리되면서 또 연결되는 다른 지역의 국경들과 달리, DMZ는 완전히 통과 불가능하도록 설계되었다. 예를 들어 자신의 정체성을 주로 타자와의 대비를 통해 규정하는 인도와 파키스탄 같은 걱정스러운 정치적 관계가 지배하는 맥락에서도 국경은 상호작용의 지점으로 기능한다. 노르웨이 인류학자 프레드릭 바르트(Fredrik Barth 1969)의 생생한 비유에서처럼 정치적 국경과 정원의 울타리는 닮았는데, 둘은 모두 경계선인 동시에 두 이웃이 상호작용할 수 있는 장소이기 때문이다. DMZ에서는 실제 물리적 접촉이 있을 수 없다. 대한민국 국민이 북한에 입국하는 것은 허용되지 않으며, 한편 북한 출신의 난민들은 중국, 몽골 혹은 러시아 극동 지역을 통과하는 순환

적 경로를 통해서 겨우 탈출해 남쪽에 정착했을 때조차도 종
종 남한 사회에 동화될 수 없는 이해하기 어려운 타자로 남아
있다(Go 2014).

　세계의 다른 국가들과 대체로 일치하는 대한민국의 관점에
서, 북한은 뭔가 버림받은 국가이자 궁극의 정치적 타자이며,
최고 지도자 김정은이 지배하는 디스토피아적 전체주의 독재
국가이다. DMZ의 절연적 기제는 여기서 서로 다른 정치적 조
직체의 국경이라기보다는, 접촉에 대한 회피이자 문제적인 지
리적, 언어적, 문화적 근접성에 가담하는 것에 대한 주저함으
로 해석될 수 있다. 마치 오염을 피하려는 것처럼 접촉은 거부
된다.

　대한민국에게 북한은 또한 그 자신이 대항하고자 하는 부
정적인 공간이 된다. 여기서 누군가는 한반도의 밤하늘을 찍
은 극적인 위성사진의 이미지를 떠올려 볼 수도 있을 것인데,
그 사진에서 남쪽 절반은 환하게 빛나고 있지만 북쪽 절반은
어둠 속에 잠겨 있으며, 그 환영적 존재는 거의 지도 위에 기
록되지 않는다. 이러한 빛과 어둠의 대비는 두 경제 체제 간
의 대비 그 이상을 암시한다. 남쪽의 빛은 성공, 자유, 민주주
의를 상징하는 반면, 북쪽의 어둠은 실패, 노예화, 독재를 연
상시킨다. 더 나아가 배부름/배고픔, 근대/전근대, 행복/불
행과 같은 이항 대립들은 빛에 의한 강력한 상징주의를 통해
서 남북한이 각기 서로에 대하여 대립하게 만든다. 이 글의 다
음 부분에서 논의하겠지만, 한반도의 양측은 상대편이라는

바로 그 존재를 구축한다. 정책의 언저리에서 이 어두운 괴물은 공포와 불안을 조장하지만, 동시에 어떤 매력을 이끌어 낸다. 유럽 탐험가들이 아메리카 대륙과 조우하는 맥락에서, 스티븐 그린블랫(Stephen Greenblatt)이 주장한 것처럼 종종 괴물적인 것은 기적적인 것과 공존한다(1991: 76). 미지의 "원시적"이며 "비문명화된" 아메리카 대륙은 식민주의자들을 두렵게 했던 동시에, 이 대륙의 광물 자원과 이국적인 동물군들은 이들을 매혹시켰다. 환상적이고 거대하며 기괴한 생명체들(Ritvo 1998)이 사는 신비스러운 이 공간은 또한 자신을 발견하고 새롭게 하는 장소이기도 했다. 그것들은 탐험가들 자신의 주체성에서 잃어버린 듯한 어떤 것에 대한 갈망을 충족시켰다(Greenblatt 1991: 82). 이러한 의미에서 이 괴물들은 식민주의자들에게 전적으로 외부적인 것은 아니었다. 그것들은 미지의 것, 수용 불가능한 것, 그들의 창조자들이 지닌 욕망과 공포의 물리적 현현을 상징했다(Giffney 2012: 229). 노린 기프니(Noreen Giffney 2012: 228)가 주장하듯이, 괴물은 본질적으로 경계적 형상으로 "내부"와 "외부" 개념의 변화무쌍한 성격을 가리키며, "그것이 바로 관찰자들의 공포를 유발하는 내부에 대한 괴물의 근접성이다."

남북한의 사례에서 바로 그 근접성은 불안으로 가득 차 있다. 국경 너머로부터 스며드는 치명적인 영향력으로부터 자신을 단절시키려는 고군분투에도 불구하고, 한반도의 양측은 결코 완전히 분리될 수 없다. 대신 그들은 냉각된 갈등(frozen

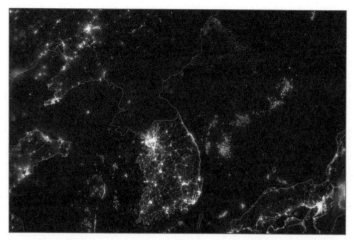

그림 2. 한반도의 야경

conflict)과 깨지기 쉬운 정전(ceasefire)이라는 위태로운 평형 상태에 존재한다. 상대편이 외부자라기보다는 자신의 비체적 일부라는 것은 더욱 문제적인데, 이는 일시적 비체화이므로 양측은 결국 다시 하나의 실체로 합쳐질 운명이기 때문이다. 철학자 줄리아 크리스테바(Julia Kristeva)에 따르면, 비체[1]란 주체와 인접하여 가깝게 존재하지만 동화될 수는 없는

---

1. 'abject'의 번역어에 대해서는 번역어 없이 단어의 발음 그대로 '아브젝트'라고 표현하거나 그 원래 의미대로 '비천한(상태)' 등으로 번역하는 경우들이 있다. 하지만 크리스테바가 말한 'abject'가 체계 내 질서에 속해 있는 주체(subject)나 대상(object)이 아니라, 비천하고 더러운 것으로 멸시받는 동시에 그럼에도 불구하고 체계에서 분리될 수 없는 불편한 무엇인가를 의미한다는 점에서 비천한 주체, 비-주체(a-bject) 등을 의미하는 '비체(卑/非體)'

요소이다. 이는 "정체성, 체제, 특정한 질서를 뒤흔드는 것"
(Kristeva 1980: 12)으로 안정성과 조화를 위협한다.

남북한은 봉쇄와 유출 사이의 중대한 기로에서 살고 있다.
남/북, 민주주의/전체주의, 자본주의/공산주의, 자유/억압. 이
들의 관계는 대립과 상보성 중 하나이다. 자율적이지만 타자
에 대립되는 것으로 정의되면서 그들은 특이성과 쌍생성 사이
를 넘나든다. 이와 유사하게, 그들을 분리시키기도 하고 상호
의존적 관계에서 그들을 묶기도 하는 비무장지대는 그들을
완전히 분리하는 데 실패한 영토의 한 기다란 자락을 구성한
다. 주요 장기를 공유한 샴쌍둥이처럼 "타자-자아는 분리될
수 없다"(Shildrick 2001: 58).

나는 앞서 녹색 선에 의하여 분리되고 절연되어서 양립할
수 없는 둘로 분할된 니코시아의 사례에 대해 논의했다. 흥미
롭게도 이 도시는 표면적으로만 분리되어 있을 뿐이다. 이 두
도시는 지면 아래에 하나의 단일한 하수도 체계를 공유하고
있다. 따라서 시각적으로 분명한 분할은 도시를 종횡으로 가
로지르며 양측을 분리 불가능하게 묶어 주는 광대한 지하의
기반 시설에 의해 상쇄된다. 그리스계 키프로스는 터키계 키
프로스에 오수 처리 비용을 지불하며, 터키 측에서는 특히 관
개용수가 비싼 여름철에 오수를 농업용수로 사용하고 있다.
이러한 도시의 표면과 심층 사이, 시각과 근사 감각(proximate

로 번역하는 경우들이 많다. 이 글에서도 주체나 대상으로 인정받지 못하는
존재라는 측면에서 'abject'를 비체로 번역하였다: 옮긴이.

sense)들 사이에서 나타나는 긴장들은 비체화되었으나 구성
적인 이 타자에 대해 매우 적절한 설명을 제공한다. 이는 특히
부르주아적 신체와 도시 하수도 사이의 긴밀한 관계를 다룬
스톨리브라스와 화이트(Stallybrass and White 2007)의 연구를
떠올리게 한다. 그들은 "부르주아적 신체의 비천함이 말할 수
없게 되고 있"을 때, "우리는 도시의 '저 아래' 있는 '더러운
것들'인 빈민가, 넝마주이, 매춘부, 하수구와 같은 천한 것에
관한 이야기를 그 어느 때보다도 많이 접하고 있다"고 기록
했다(2007: 281-282). 그들의 주장처럼 부르주아 자신의 억압
된 물질성은 도시 하류층에 대한 강박적 집착의 모습으로 귀
환하는데, 집착은 "그 자체가 몸에 대한 담론이라는 관점에서
친밀하게 개념화되었다"(ibid.). 억압받는 사람들은 항상 근사
감각에 관심을 가지는데, 이 감각은 문화적으로는 원시적인
것으로 코드화 되었으며, 동물성과 연결되었다. 이웃은 그 정
의상 냄새나는 누군가이다(2007: 132)라는 지젝의 관찰은 이
웃과의 억압된 일치성의 귀환이라는 의미에서 생산적으로 독
해될 수 있는데, 이는 국가의 개별화 및 국가 정체성의 건설
과정에서 의도적으로 폐기되었던 것이다.

동체성(Concorporateness)

샴쌍둥이 자매 아비가일과 브리타니 헨젤에 관한 다큐멘터

리(The Twins Who Share a Body 2007)에서, 자매의 주치의는 함께 성장하는 샴쌍둥이들에게 개인성은 받아들이기 어려운 개념임을 설명한다. "비록 자매는 별개의 인간으로 여겨지지만, 그 쌍둥이는 또 항상 서로 연결되어서 얽혀 있다." 아비가일과 브리타니 헨젤 자매의 구체적인 사례에서, 각자는 자신들의 몸의 절반인 다리와 팔 하나씩을 완벽하게 통제한다. 자매는 각자의 심장, 위, 척추, 폐, 척수를 가졌으나 방광, 대장, 간, 횡경막, 생식기관은 공유하고 있다. 다큐멘터리가 보여 주듯이 달리기, 자전거 타기, 수영 같은 신체 활동에는 공동 노력이 필수적인데, 각자는 서로 상대방의 최초의 행동에 대해 예측하고 대응해 가면서 협력하는 방법을 배워 나간다. 이러한 상황은 신체적 분리성에 기반한 개인성에 대한 이해를 복잡하게 만든다. 지적으로나 법적으로 두 자매는 두 명의 분리되고 독립된 개인으로 각각 자신만의 인격, 개성, 선호를 가지고 있다. 그러나 이 둘은 이러한 구별을 희미하게 만드는 방식들에 의하여 신체적, 감정적으로 서로에게 조율되어 있다.

이들의 특수한 사례는 남북한 관계를 분석하는 데 유용한 모델을 제공해 준다. 서로 분리되어 있고 구별되지만 역사적, 문화적, 언어적으로 하나이므로, 그들이 작동하기 위해서는 상대에게 정교하게 조율되는 작업을 필요로 한다. 그들은 샴쌍둥이처럼 친숙하게 연결되어 있다. 그리고 샴쌍둥이가 분리되면 종종 이동성과 독립적 기능이 크게 줄어드는 것과 마찬가지로, 한반도 양측의 완전하고 최종적인 분리는 양쪽 모두

가 기대하는 전망과는 거리가 멀다. 유기적으로 단일한 이들의 운명은 화해와 재통합이라는 관점에서 상상된다.

이러한 맞물림은 전술했던 대비 관계에서 가시적인데, 여기에서 대한민국은 성공, 민주주의, 근대를, 북한은 경제적 실패, 권위주의, 근대성의 결여를 상징한다. 이러한 관계는 단지 일종의 대립에 그치는 것이 아니라, 양측이 상대방의 바로 그 존재를 통해서 구조화되는 상보적인 것이다. 문화 이론가 마그리트 쉴드릭(Margrit Shildrick 2001)이 썼듯이, 괴물성이 "정상성의 필수 기표이자 자신이 아닌 것에 대하여 담론적으로 구축되는 자아의 필수 기표"(2001: 30)가 되는 한, "괴물성"과 "정상"은 "서로를 구성하는 관계 속에서 고정되어 있는"(2001: 29) 두 가지 개념이다. 남한은 북한을 디스토피아적 국가로 묘사함으로써 효과적으로 자신을 유토피아로 상정한다. 북한이 더욱 권위주의적이고 독재적일수록, 남한은 더욱 민주적이고 자유롭게 그려진다. 이러한 이분법 또한 남북한이 상대방의 정체성을 정의하는 데 핵심적 역할을 하고 있음을 의미한다. 각각은 상대편의 "부정적 공간"이 되며, 한쪽의 변화는 다른 한쪽의 변화를 만들어 낸다. 쉴드릭은 "자기 동일적 정체성을 보장하는 이항적인 자아/비자아의 분명한 경계는 주체가 자신이 배척한 타자에 의해 정의되어야 한다는 필연성에 의해서 최종적으로 대체된다"고 설명한다(2001: 30). 양쪽을 완전하게 분리시키고 구분하는 것이 불가능함은 상호 보완과 비체화 사이에 내재된 긴장이 있음을 의미한다. 이처럼

"괴물은 적어도 그 이원적 형태에서는 차이에 대한 위험을 나타내는 것이 아니라, 오히려 차이에 개입하기 위하여 위협한다. 자아동일성을 보장하는 안락한 타자성 같은 것은 사라진다"(Shildrick 2001: 45).

도플갱어로서 ― 자크 라캉의 표현을 따르자면 그 외밀성(extimate)에서 ― 각자는 타자의 신체의 대역이자 둘 다 완전한 반대 및 기괴한 닮음을 상징한다. 마치 쌍둥이가 자신들의 독특함과 개성을 주장하는 것처럼, 이러한 모방적 수용에서 벗어나기 위해 남북한은 단순히 상대방(남/북)에 대한 상대적 위치를 통해 구별되는 대신에, 두 개의 한국을 가리키는 두 가지 다른 이름을 사용하려는 경향이 있다. 그러므로 북한이 조선(朝鮮)을 사용하는 반면에 남한은 한국(韓國)을 사용한다. 그러나 이러한 구별에 대한 의지는 둘을 하나로 묶어 주는 피부인 DMZ에 대한 양쪽의 강력한 감정적, 상징적 투자에 의해 대단히 약화된다. 아이러니하게도 둘을 분리시키는 완충지대로서 DMZ가 더 강조될수록 둘의 쌍둥이적 관계는 더 명확해진다. 사실, DMZ는 정확히 그 분리의 기능을 통해서 양국의 상징이 되었으며, 물신화의 대상이 되었다. 최근 한 글에서 발레리 줄레조(Valérie Gelézeau)는 DMZ에서의 군사적 긴장이 주의 깊게 무대화되는 모습을 지적했는데, 특히 남한 측 병사들은 "신장을 기준으로 선발"되며 "특수무술 훈련을 받은" 엘리트 병사들이다. 병사들의 눈은 또한 "선글라스로 완전히 가려져 있으면서 위험과 위협의 아우라를 물씬 풍긴다"(2013:

25). 남북한 사이의 실질적 경계에 위치한 작은 마을인 판문점은 이와 유사하게 "지구상에서 가장 무서운 장소"(Gelézeau 2013: 25)이자 "관광객이 총격을 받을 수 있는 유일한 장소"(Amusing Planet 2013)로 적극 홍보되었다.

나는 앞서 어떻게 주권적 통제가 불분명하고 중복되는 지대들이 견고하고 경직된 선으로 진화하는 과정을 거쳐 상대적으로 최근에 현대의 정치적 국경들이 나타나게 되었는지, 그리고 어떻게 이 경계들이 유기적이고 "자연스러운" 세계에 대한 정치적 관점을 투사하기 위해 효과적으로 경관에 새겨졌는지를 설명했다. 현대의 정치적 국경들은 모순되는 욕망들의 중대한 기로에 위치하여 다소 모순적 공간을 구성한다. 이곳은 정체성과 통치권이 강력하게 그리고 분명하게 각인되어 있는 장소일 뿐 아니라, 이상적으로는 분단선이 부드럽고, 드러나지 않으며, "자연스러운" 장소이다. DMZ는 "초-국경(hyper-border)"(Richardson 2016)으로서 남북한 사이의 정치적 불연속성을 드러내고자 하는 충동을 예증한다. 비록 DMZ가 생태적 "낙원"이 되었어도, 여기에 여전히 짙게 깔린 역사와 폭력이 심하게 두드러진 장소로 남아 있다. 그리고 한반도 양쪽의 복잡한 연루 관계와 "샴쌍둥이성"이 가장 극명하게 드러나는 곳이 바로 DMZ다. 분리 및 절연에 대한 지배적 충동에도 불구하고, 바로 이 뒤얽혀 있는 성격은 DMZ가 흔히 묘사되듯이 그렇게 단순한 이분법적 선이 아님을 의미한다. 그 대신에 줄레조의 표현처럼 여기는 "복합적인 공간 구역"

인데, 이곳은 1953년 정전협정에 의하여 연결된 다수의 구획 선들을 따라 단절되었다(2011: 326). 나는 앞으로 이어지는 장과 결론에서 국경 지대가 남북한 사이에서 자아/타자, 내부/외부, 정상/괴물성 관계를 더 복잡하게 만드는 다수의 위요지(enclave)를 포함하고 있음을 논할 것이다.

영토적 인공기관

키시 섬은 이란 해안으로부터 11마일 떨어져 있는 자유무역 지대로 "이란의 파티 섬"으로 불린다. 시민들이 엄격한 종교적 규율에 구속되는 이란 본토와는 달리, 키시 섬에서는 음주, 음악 감상, 춤, 도박이 허락된다. 변방의 외딴 섬으로서의 키시 섬의 지위는 "본토에서 요구되는 금욕적 생활로부터 허용되는 편리한 일탈"을 제공한다(Baldacchino 2010: 131). 키시 섬은 실험 지대로서의 역할을 담당하며 "과잉"의 위험 없이 국가의 나머지로부터 안전하게 분리된다. 이러한 유의 공간적 실험은 특히 1990년대 기근 이후 북한이 몹시 받아들이고 싶어 하는 것이다.

연구자들은 본토와 월경지(exclave) 간의 관계를 발전한 도심과 "대도시권을 먹여 살리는 외곽의 서비스센터" 같은 배후지에 비유하면서, "한 지역에서 발생한 수요가 다른 지역에서 충족되는 관계"로 설명한다(Baldacchino 2010: 67). 한반도의 사례에서 이러한 예외 지역들은 주권 국가 너머에 있다. 북한 체제가 유지될 수 있도록 도와주는 단둥(丹東)은 중국에 있고, 주로 대한민국 국민을 대상으로 하는 남북 간 특별경제지구인 금강산은 북한에 있다. 이로 인해, 배후지라는 용어는 여기에 적합하지 않으며, 나는 그 대안으로 "영토적 인공기관(territorial prosthetics)"을 제안한다.

인체의 측면에서 인공기관은 몸을 연장하고 확장시키는 데 쓰이는 외부의 물체이다. 이들은 절단된 사지에 대한 대체물로서 복원적일 뿐만 아니라, 기구나 도구처럼 확장될 수 있다. 엘리자베스 그로츠(Elizabeth Grosz 1994: 80)는 "외과의사는 그의 신체 이미지에 통합되어 있는 메스나 의료용 도구 없이 수술할 수 없을 것"이며, 지팡이나 자동차 같은 외부의 사물은 놀라울 정도로 쉽게 개인의 "신체 지도"에 흡수된다고 기술했다.

인공기관에 가까운 정치적 현상들이 주권국가를 넘어서는 공간 관리 속에서 이미 관찰되고 있다. 관타나모와 같은 구금시설들도 유사한 역할을 하는데, 여기에서 각국 정부들이 자신들의 주권적 토양에서는 불법 혹은 비난받을 일들을 국경 너머의 캠프들에서는 할 수 있게 된다는 점에서이다. 이와 유사하게 호주는 이주 문제를 위하여 국경을 축소하면서 동시에 확장해 왔다. 멜빌 섬, 크리스마스 섬과 여타 영토들은 이민 목적 때문에 실질적으로 호주의 외부로 선언되었다. 이들을 "잘린 연안 지역"으로 범주화하면서, 호주 정부는 이주자들이 이 지역에 상륙하는 것은 보장하지만 국내의 법적 체계에 대한 접근은 차단한다. 더 최근에 호주는 비용을 대신 지불하면서 망명 신청자들을 나우루, 파푸아뉴기니, 피지로 보내는 과정을 외부에 위탁했다. 동일한 국내법이 적용되는 배후지와는 달리, 인공기관 영토들은 국가들이 다양한 의도와 목적을 위해서 자신들의 정치적, 경제적 의지를 국가 영토 너머로 확장할 수 있게 해 준다.

한반도의 맥락에서 나선경제무역지대와 개성공단과 같은 남북 경제특구는 인공기관과 유사한 역할을 한다. 각각 남한과 러시아 국경 부근에 위치한, 다시 말하면 북한의 영토 내에 겨우 포함되어 있는 이 경제특구는 국가의 나머지 지역과 전혀 다른 법의 적용을 받는다. 이곳에서 그들의 행동 방침은 경제성이다. 이 두 경제특구는 현 정치체제를 위협하지 않으면서도 국가가 안전하게 흡수할 수 있는 외국 자본을 유치하기 위한 목적으로 지정되었다. 금강산 관광 지구는 북한 영토 내의 또 다른 위요지로서 단순한 경제 발전 이상의 목적을 수행한다. 이는 수익 창출 이외에도 한국 문화에서 매우 중요한 의미를 지닌 산이자 조선 왕조(1392-1910)의 사실상 모든 시인과 예술가들의 순례지였던 금강산을 방문할 수 있게 해 준다.

금강산 관광 지구의 탄생은 북한을 방문할 수 있게 함으로써 양측의 유대를 새롭게 했고, 분리와 절연에 대한 양측의 정치적 의지를 약화시켰다. 줄레조(2013: 31)가 쓴 것처럼, 남북한 국경 주변의 위요지의 지속 및 연이은 등장은 국경이 전혀 정적인 곳이 아님을 보여 준다. 남북을 연결시켜 주는 이러한 위요지들과 함께, 대한민국이 통제하는 지역인 민통선 안에도 대한민국 관광객을 대상으로 하는 위요지가 있다. 따라서 DMZ는 남북한 간의 단일한 완충지대가 아니라 다양한 두께와 깊이에서 통제가 이루어지는 "파편화된 공간 구조" (Gelézeau 2011: 338)이고, 시간을 거치며 양국 관계의 성질에 따라 진화해 왔다. 이곳은 비록 견고하고 통행 불가능한 국경 (border)으로 묘사되지만, 그래서 미개척지와 훨씬 더 유사하다(Gelézeau 2011: 344-345).

DMZ의 환경을 조성하는 철조망으로 둘러쳐진 공간은 배제와 상호 보완, 그리고 앞서 언급한 공포와 유혹 사이의 긴장을 보여 주는 적절한 예시이다. 이곳은 또한 남북한을 분리하면서 동시에 묶어 주는 지표의 두께를 잘 보여 준다. 모순적인 충동, 정동(affect)과 야망이 드러나는 사회적 공간인 DMZ는 (특히 액체와 바다의 불분명한 경계선을 고려해 보면) 비균질적이고 매우 유출적인 공간이다. 위요지들은 남북한이 상징하는 두 세계 사이의 이분법적 분단선을 불분명하게 만들며, 국경 양측에서 모방적으로 이루어진 군사적 증강 때문에 분리는 더욱 모호해진다. DMZ는 사실상 독특한 연결성을 지닌 뫼비우스의 띠와 같은데, 이는 단일한 표면으로 구성된 기하학 도형으로, 만약 중간에 선이 그어진다 해도 그 선은 다시 시작점으로 되돌아올 것이다(Barr 1964: 24).

결론

한반도를 깔끔하게 둘로 나뉜, 완벽하게 상호 절연된 것으로 묘사하는 경향에 반대하여, 우리는 DMZ가 사실상 미개척 지대임을 보았다. 수많은 위요지들과 예외 지대들이 DMZ 안에서 그리고 DMZ 너머 인근에서 발견되며, 이들은 DMZ를 역사와 정동적 투자로 가득 찬 비균질적인 공간으로 만들고 있다. 나는 서두에서 DMZ가 "독특"하다기보다는 "극단적인" 국경이라고 언급했고, 이 점에서 DMZ 사례는 특히 국경 연구에 시사하는 바가 크다. 현대적 형태의 정치적 주권은 청결하고, 고정되어 있으며, 감시되고 있는 국경에 의존하고 있다. 근대 주권의 핵심적 실천인 로고화된 지도는 국민국가의 응집성과 폐쇄성에 대한 상징적 보증이다. 로고화된 지도는 국가가 어디에서 끝나고 인접국들이 어디에서 시작하는지를 분명하게 묘사하는데, 이는 전적으로 개별적이며 겹치지 않는 지리적 실체들로 구성된 세계에 대한 관점을 제공함으로써 문화적 분리라는 허구를 지속시킨다.

그러나 내가 여기에서 다룬 것처럼, 시각적, 상징적 힘들에도 불구하고, 유기적이며 영원한 국민국가의 국경에 대한 상징적, 도상학적인 재현인 로고화된 지도는 정치적 실체에 대한 진정한 재현이 아니다. 지나치게 시각적으로 정의되어 물신화되어 버린 로고화된 지도는 사실 지도상에 표현될 수 없는 추가적인 층위에 의해 보충된다. 이 점은 특히 남북한이 서로 상대편을 구조화하고 상대방에 생명력을 주는 부정적 공간을 구성하는 한반도의 사례에서 적용된다. 남한은 상당 부분 북한과의 차이를 통해 정의되며, 북한 역시 마찬가지다. 북한이 남한의 근대적 정체성의 핵심을 잃어버린 것으로 그려지며 그 반대도 마찬가지인 한, 로고화된 지도는 환영적 분신에 의해 보완된다. 그것들은 모두 상대방의 상실된 사지(missing limb)인데, 이는 더 이상 국가의 일부는 아니지만 환상통(phantom pain)으로 알려진 현상과 담론적으로 유사한 정동을 지속적으로 이끌어 낸다(Billé 2014). 내가 여기에서 보여 주고자 했던 것처럼, 오래된 관계들을 상기시키고 잠재된 미래를 암시하는 이 상실된 사지들, 이 비체화된 괴물들은 전위(dislocation)와 절연의 담론 너머에 닿아 있는 정치적 상상을 계속해서 추적하고 있다.

참고 문헌

Amusing Planet. 2013. "Panmunjom, The Only Place Where Tourists Can Get Shot," accessed online at http://www.amusingplanet. com/2013/01/panmunjom-only-place-where-tourists-can.html

Anderson, Benedict. 1991. *Imagined Communities: Reflections on the Origin and Spread of Nationalism*. London: Verso.

Anzaldúa, Gloria. 1999. *Borderlands/La Frontera: The New Mestiza*. San Francisco: Aunt Lute Books.

Baldacchino, Godfrey. 2010. *Island Enclaves: Offshoring Strategies, Creative Governance, and Subnational Island Jurisdictions*. Montreal: McGill-Queen's University Press.

Baldacchino, Godfrey. 2013. "Only Ten: Islands as Uncomfortable Fragmented Polities" in *The Political Economy of Divided Islands: Unified Geographies, Multiple Polities*, ed. Godfrey Baldacchino. Houndsmills: Palgrave Macmillan.

Barr, Stephen. 1964. *Experiments in Topology*. New York: Dover Publications.

Barth, Fredrik. 1969. *Ethnic Groups and Boundaries: The Social Organization of Culture Difference*. Bergen: Universitetsforlaget.

Biggs, Michael. 1999. "Putting the State on the Map: Cartography, Territory, and European State Formation," *Comparative Studies in Society and History*, Vol. 41, No. 2 (April), pp. 374-405.

Billé, Franck. 2014. "Territorial Phantom Pains (and Other Cartographic Anxieties)," *Environment and Planning D: Society and Space* 32 (1): 163-178.

Branch, Jordan. 2011. "Mapping the Sovereign State: Technology, Authority, and Systemic Change," *International Organization*, Vol. 65, Issue 01, January, pp. 1-36.

Brown, Wendy. 2010. *Walled States, Waning Sovereignty*. New York: Zone Books.

Brunet-Jailly, Emmanuel. 2012. "Securing Borers in Europe and North America" in *A Companion to Border Studies*, eds. Thomas M. Wilson & Hastings Donnan. Chichester: Wiley-Blackwell.

Canguilhem, Georges. 1962. "Monstrosity and the Monstrous," *Diogenes*, December 1962 Vol. 10 No. 40, pp. 27-42.

Dolar, Mladen. 1991. "'I Shall Be with You on Your Wedding-Night': Lacan and the Uncanny." *October* 58, pp. 5-23.

Fall, Juliet. 2005. *Drawing the Line: Nature, Hybridity and Politics in Transboundary Spaces*. Aldershot: Ashgate.

Gelézeau, Valérie. 2010. "Beyond the 'Long Partition.' From Divisive Geographies of Korea to the Korean 'Meta-Culture,'" *European Journal of East Asian Studies* 9:1, pp. 1-24.

Gelézeau, Valérie. 2011. "The Inter-Korean Border Region — 'Meta-border' off the Cold War and Metamorphic Frontier of the Peninsula," in *The Ashgate Research Companion to Border Studies*, ed. Doris Wastl-Walter. Farnham: Ashgate, pp. 325-348.

Gelézeau, Valérie. 2013. "Life on the Lines: People and Places of the Korean Border" in *De-Bordering Korea: Tangible and Intangible Legacies of the Sunshine Policy*, eds. Valérie Gelézeau, Koen De Ceuster and Alain Delissen. London: Routledge, pp. 13-33.

Giffney, Noreen. 2012. "Monstrous Bodies," *Postmedieval: A Journal of Medieval Cultural Studies* 3, pp. 227-245.

Go Myong-Hyun. 2014. "Resettling in South Korea: Challenges for Young North Korean Refugees," The As an Institute for Policy

Studies, August 8, accessed online at http://en.asaninst.org/
contents/resettling-in-south-korea-challenges-for-young-
north-korean-refugees.

Grosz, Elizabeth. 1991. "Freaks," *Social Semiotics* Vol. 1, Issue 2, pp.
22-38.

Huet, Marie-Helene. 1993. *Monstrous Imagination*. Cambridge, MA:
Harvard University Press.

International Boundary Commission. http://www.international
boundarycommission.org, accessed on September 22, 2016.

Kim, Eleana. 2014. "The Flight of Cranes: Militarized Nature at the
North Korea-outh Korea Border." in *Asian Environments:
Connections across Borders, Landscapes, and Times*, edited
by Ursula Munster, Shiho Satsuka, and Gunnel Cederlof, RCC
Perspectives No.3, pp. 65-70.

Krishna, Sankaran. 1992. "Oppressive Pasts and Desired Futures,"
Futures 24, pp. 858-66.

Kristeva, Julia. 1980. *Pouvoirs de l'horreur: Essai sur l'abjection*. Paris:
Editions du Seuil.

Meierotto, Lisa. 2014. "A Disciplined Space: The Co-Evolution of
Conservation and Militarization on the US-Mexico Border,"
Anthropological Quarterly 87:3, pp. 637-664.

Nail, Thomas. 2016. *Theory of the Border*. Oxford: Oxford University
Press.

Pullan, Wendy. 2013. "Spatial Discontinuities: Conflict Infrastructures
in Contested Cities" in *Locating Urban Conflicts: Ethnicity,
Nationalism and the Everyday*, eds. Wendy Pullan & Britt Baillie.
Houndsmills: Palgrave Macmillan.

Reeves, Madeleine. 2014. *Border Work: Spatial Lives of the State in
Rural Central Asia*. Ithaca, NY: Cornell University Press.

Richardson, Paul Benjamin. 2016. "Beyond the Nation and into the State: Identity, Belonging, and the 'Hyper-Border,'" *Transactions of the Institute of British Geographers* 41, pp. 201-215

Ritvo, Harriet. 1997. *The Platypus and the Mermaid, and Other Figments of the Classifying Imagination*. Cambridge, MA: Harvard University Press

Ryzhova, Natalia. 2014. *Freedoms, the State and Security: Border Exclusion Zones in Post-Soviet Russia*, Unpublished MPhil dissertation, University of Cambridge.

Shildrick, Margrit. 2001. *Embodying the Monster: Encounters with the Vulnerable Self*. London: Sage.

Stallybrass, Peter and Allon White. 2007 [1986]. "The City: The Sewer, the Gaze, and the Contaminating Touch" in *Beyond the Body Proper: Reading the Anthropology of Material Life*, eds. Margaret lock and Judith Farquhar. Durham, NC: Duke University Press.

Vila, Pablo. 2005. *Border Identifications: Narratives of Religion, Gender, and Class on the U.S.-Mexico Border*. Austin, TX: University of Texas Press.

Winichakul, Thongchai. 1994. *Siam Mapped: A History of the Geo-Body of a Nation*. Honolulu: University of Hawai'i Press.

Žižek, Slavoj. 2005. "Neighbors and Other Monsters: A Plea for Ethical Violence" in *The Neighbor: Three Inquiries in Political Theology*, edited by Slavoj Žižek, E. L. Santner and K. Reinhard, pp. 134-190. Chicago: The University of Chicago Press.

Žižek, Slavoj. 2007. "From objet a to Subtraction." *Lacanian Ink* 30 (Fall).

금지된 국경 지대의 생태 공간

DMZ와 러시아 극동 지역의 안보와 자연

박현귀

서론

　1990년대 이후 등장한 '비판의 위기'를 상정하면서 브뤼노 라투르(Bruno Latour 1993)는 베를린 장벽의 붕괴를 시대적 단절을 가장 압축적으로 보여 주는 핵심적 사건으로 보았다. 이 사건은 근대적 계몽주의에 기초한 희망을 없애 버렸고, 우리가 자본주의 및 사회주의 국가 모두에서 자연주의(과학과 기술)를 통하여 지구를 파괴해 왔음을 인정하게 하였기 때문이다. 1989년은 라투르에 따르면 베를린 장벽의 붕괴로 상징되는 사회주의 체제의 몰락을 동반한 '이중의 실패'(Latour 1993: 10)를 보여 주는 해였다. 한편에서는 '마르크시즘이라는 헛된 희망에 대한 자유주의, 자본주의 및 서구민주주의의 승리'가 있었고, 다른 한편에서 이 승리는 전 지구적 차원에서

'자연에 대한 무한한 정복과 완전한 지배라는 헛된 희망'에
대한 자각으로 이어졌다(Latour 1993: ibid.). 즉, 자본주의의 승
리는 자연의 파괴에 대한 자각과 함께 일어났는데, 이는 자연
이 사회주의 체제에서도 '억압'되었다는 사실에 대한 통렬한
인식 덕분이었다. 그러므로 1989년 이후의 세계는 20세기 후
반의 근대적 기획들을 부정하는 반근대주의와 포스트모더니
즘이라는 반동적 경향에 직면하였다.

베를린 장벽이 무너진 후 20여 년이 지난 지금, 그 '이중의
실패'로부터 인류의 종말을 일컫는 '인류세(Anthropocene)'
라는 말이 어느 정도 대중화되었고, 그에 따라 앞으로 인간
은 지구에서 더 이상 살 수 없는 운명이라고 할 정도로 상황
이 악화되었다. 인류세 시대의 가장 흥미로운 지점은 인간이
지구에 심각한 문제들을 야기했으나 스스로 자신들이 야기
한 문제들을 해결할 능력은 없다는 사실이다(Latour 2015: 1).
즉, 인간은 인류세의 가해자인 동시에 피해자인 셈이다. 인류
세 시대에 주목할 것은 자연이 더 이상 인간으로부터 분리되
어 있지 않으며 인간이 닿을 수 없는 '자연'은 지구상에 없다
는 점이다. 이것이 인류세 시대를 구성한다.

1989년의 근대주의적 기획의 종말에 대한 라투르의 통찰과
2000년대 인류세 개념에 내재된 지구상에 새롭게 떠오르는
행위성(agency)들을 보완하기 위하여, 이 글에서는 DMZ와
러시아-북한 국경 지대를 베를린 장벽의 붕괴로 드러난 변
화의 반명제(antithesis)로 보고자 한다. 이 비교를 통하여 나

는 잠정적으로 세계화에도 불구하고 DMZ와 러시아-북한 국경 지대 폐쇄로 인한 단절의 지속이 갖는 함의를 언급할 것이다. 이 글은 특히 북한의 남쪽과 북쪽 지역 끝에 있는 두 국경 지대들 — 남쪽으로는 한국의 비무장지대(DMZ), 북쪽으로는 북한의 북부 지방과 접한 러시아 지역인 프리모르스키 크라이(Приморский Край)[1]의 국경 지대(이하 북러 국경 지대) — 에서 일어난 생태적 발흥의 문제를 논의하고자 한다. 만약 우리가 국경이 작동하는 방식을 개방과 폐쇄로 본다면, 이 두 국경은 폐쇄적 국경의 극단적 원형을 보여 준다. 이 국경 지대들은 인간에 의한 거의 어떠한 종류의 자유로운 흐름이나 교류를 허용하지 않으며, 두 정치적 집합체들을 거의 완전한 단절 상태로 갈라놓는다. 비록 북중 국경을 따라서 상호 교류가 어느 정도 이루어지기는 하지만, 북한을 '은둔의 왕국'으로 묘사하는 증언들은 이 두 국경의 폐쇄적 성격을 보여 준다. 이 국경 지대에 관한 이야기들에서 두 지대가 비슷한 방식으로 민간 거주지가 부재하거나 드물며, 이를 '자연스러운' 상태와 긴밀한 연관을 짓는 것은 놀라운 일이다. 이 두 국경 지대는 '무인 지대'로서 인간의 행위성 밖에 있다고 여겨지며, 그 대신 국경 지대 그 자체가 특정한 행위성을 가지고 북한의 고립적 평형 상태를 유지해 왔다. 이와 유사하게 지구는 인간의 자연에 대

---

1. 이 글에서 주요 논의 대상이 되는 지역은 한국에서 '연해주'로 주로 지칭되나, 이 글에서는 러시아어 지명을 그대로 소리 나는 대로 써서 '프리모르스키 크라이'를 사용하겠다.

한 착취의 표식이 되었고, 이 금지된 국경 지대들은 인간의 부재 덕분에 자연의 천국이 되었다. 지구의 행위성과 금지된 국경 지대 사이의 유사성은 인간의 자연에 대한 갈등에서 도출된다. 금지된 국경 지대와 인류세의 지구를 묘사하기 위해서 구성된 이 반명제처럼 보이는 쌍은 아래와 같이 도표화될 수 있다.

DMZ와 북러 국경 지대	인류세의 지구
• 인간에게 너무 자연적 • 야생 자연 • 정치적 과열 • 인간의 간섭을 넘어섬 • 시장이 없음 • 경계: 철책과 무장한 경비대 • 보안	• 단지 자연화되기엔 너무 사회적 • 착취된 자연 • '오래된' 정치적 관념, 즉 이데올로기의 무용함 • 완벽히 인간 통제 하에 있음 • 전 지구적 자본주의화 • 대기권: 기후변화 • 생태학

주권적 자연
매장된 역사
녹색 이데올로기

비록, 내가 이 글에서 다루는 두 국경 지대와 인류세의 지구를 표상하기 위하여 상반된 개념과 이미지들을 모순적 유사성으로 도표화했지만, 이는 실제로는 개념적 대립이 아니며, 오히려 세계의 정치 지형에서 서로의 도식(schema)에 구성적 역할을 한다.

비록 이 글을 인류세라는 개념에서부터 시작했지만, 나는 이 글에서 DMZ와 북러 국경 지대의 일반적 특징들을 고도의 보안장치들과 그것의 생태학적 함의에 초점을 맞춰 논의하고자 한다. 잘 알려져 있듯이, 이 두 지대의 엄격한 단절과 금지된 자연은 DMZ에서는 철책선과 무장한 국경 경비대, 러시아 프리모르스키 크라이의 남서부에서는 국경에 대한 엄격한 통제에 의하여 상징된다. 전자는 대중매체의 사진과 이미지들을 통하여 세계적으로 널리 알려졌지만, 후자는 상대적으로 외부 세계에 덜 알려져 있다. 비록 이 두 국경 지대가 북한에 의해서 서로 단절되어 있지만, 이들은 역사적 측면에서 세계의 다른 지역에 있는 국경 지대들과 구별되는 특질들을 공유하고 있는데, 이 또한 이 글에서 다루어질 것이다. 이제는 이 두 국경 지대뿐만 아니라, 자연과 국민국가의 안보화라는 명목 하에 장벽과 철책을 세워서 사람들의 접근을 제한하는 유사한 안보 국경 지대들이 세계 각지에서 등장하고 있다.

역사적으로 이 두 국경 지대들은 팔레스타인 장벽이나 미국-멕시코 경계에 있는 철의 장벽과 같은 최근의 안보 장벽들보다 이른 시기에 만들어졌다. 이 금지된 지대들의 역사적 차이가 우리에게 어떤 의미를 보여 줄 수 있을까? 그리고 왜 이 모든 금지된 국경 지대들이 만들어진 역사적 시기와 무관하게 특히 냉전 종식 이후 최근에 와서야 생태학적 문제들이 제기되었을까? 이 글은 사변적이기는 하지만, 자연과 생태학적 차원을 고려함으로써 안보, 국제 관계, 냉전과 같은 오래된 역사적 질문에 대한 혁신적 접근법에 주목하고자 한다.

동북아시아의 생태학적 낙원으로서의 두 국경 지대: 개관

한국의 DMZ는 중국인민지원군, 조선인민군, UN군 대표들이 정전협정에 서명한 1953년 7월 27일에 만들어졌다. 이 협정으로 군사분계선(MDL)이 만들어졌으며, 모든 무장 병력들은 여기에서 2km 거리를 두고 군대를 철수시켜야만 했다. 그 결과, 한국의 DMZ는 북방 한계선(NLL)과 남방 한계선(SLL)으로 제한된 너비 4km, 길이 250km에 이르는 지역이 되었다. 이 한계선들에는 철책선이 설치되었다. 또 다른 지대는 '민간인 통제선(CCL)'이라고 불리는데, 이는 미군 사령부가 1954년에 군사시설을 보호하기 위하여 지정하였다. 대부분 농촌인 이 지대에는 약 19,000명의 거주자들이 살고 있다. 이 거주자들은 민통선에 자유롭게 출입할 수 있는 특수 허가증을 가지고 있지만, 다른 민간인들이 이 지역에 들어오는 것은 엄격히 제한된다. 정전협정에 따라 DMZ 내에 군사시설이 위치하는 것이 금지되었을 때, 민통선 지대는 중무장되었다. 그러므로 한국 DMZ의 역설은 이 지역이 '비무장'으로 지정되어 있음에도 불구하고 세계에서 가장 중무장되어 있다는 것이다.

초기의 학문 연구들이 1960년대에 남한의 국가안전보장회의와 스미소니언 재단의 협력으로 이루어졌던 반면, 1990년대 이후에 들어서야 국내 및 국제적으로 DMZ의 환경 및 생태학에 대한 담론들이 나타나기 시작했다. 이는 남한의 군부독재로부터 문민정부로의 변화 및 사회주의 블록의 붕괴와 함께 일어났다. 일찍이 냉전 기간 동안 DMZ 지역에서는 군사적 갈등이 종종 일어났으며, 이 때문에 또 다른 전쟁에 대한 위험이 상존해 왔다. 생태 친화적 발전과 더불어 남북한 공존이 처음으로 제안된 것은 남한에서 자유 민주화가 더 진전된 2000년대 동안이었다. 그러나 2008년에 비로소 처음으로 생태 과학적 연구가 이 지역에서 실시되었다. DMZ 내에서 전면적 연구를 진행하는 것은 수십만 개의 지뢰들 때문에 불가능했지만, 이 과학적 연구 덕분에 DMZ 내의 '태고의 자연'이라는 신화가 전 지구적으로 퍼지기 시작했다. 이 연구의 과학적 증거들은 어떠한 인간적 개입도 없는 이 안보 지역을 유지하는 것이 DMZ 내의 자연의 지속적 번성에 기여한다는 대중적 믿음을 만들어 내었다. 이 환경 담론에서 인간의 부재와 자연계의 번성 사이에는 강력한 연결 고리가 형성되었다.

실제로 DMZ에는 '2,800종의 동식물, 관속 식물 1,170종, 멸종 위기 146종, 어류 83종, 고유종 18종이 서식한다'고 보고되었다. 발견된 것 중에는 희귀종 88종, 특이종 48종, 그리고 '천연기념물'로 지정된 6종이 있었다(Korean Foundation 2010). 발견된 더 흥미로운 종들은 시베리아 사향노루, 한국에서는 멸종된 것으로 알려진 아무르 산양, 아시아 흑곰, 그리고 산염소와 같은 희귀 포유류였다(National Institute of

Environmental Research 2010).

비록 프리모르스키 크라이의 배타적 국경 지대의 현재 국경선은 2007년 4월 러시아 연방 입법의 결과물이기는 하지만, 한국의 DMZ와 비교하면 그 기원은 더 오래되었다. 소비에트연방이 '"국경 지역(пограничные районы)"으로 불리는 특별지속 행정구역을 구획하는 법률'을 만든 것은 1923년 7월이었다(Martin 2001: 314). 체르놀루츠카야(Chernolutskaia 2011)는 이 기간을 '국경 지대 체제'의 시작이라고 본다. 1923년 법령에서 '고도 보안 국경 지구(пограничные полосы)'는 '4m, 500m, 7.5km, 16km, 22km의 다른 폭으로 소비에트연방의 전 국토와 바다를 따라서' 이어졌다(Martin 2001:31). '무제한적 수색과 압수 권한'을 부여받은 소비에트 정치경찰(OGPU와 NKPD, KGB, 1990년대 이후 연방보안국 FSB) 출신의 국경 경비대가 이처럼 다층적인 국경 지대를 감시했다(ibid.). 이 국경 지대에서는 거주에 관하여 다양한 규제를 두었으며 출입에는 여권을 필요로 했다. 체루놀루츠카야에 따르면, 이러한 국경 지역에는 거주 제한 지역인 '6개의 특수 구역'이 있었다.

그 결과, 국경 통제는 1920년대에 중요한 국내 정치 이슈였다. 이는 특히 1920년에 내전이 끝나면서 해산된 적군, 백군, 그리고 파르티잔 집단들 다수가 모여 있었던 러시아 극동(RFE)에서 문제가 되었다. 이 중 많은 수의 백군 장교와 그 가족들이 이 글에서 중점적으로 다루는 중국 및 한국과 러시아의 국경 지대에 있었다(Chernolutskaia 2011: 26). 체르놀루츠카야(ibid.)에 따르면, 이때 수천의 전직 백군과 그 군속들이 국경을 넘어 상하이나 해외로 나가기 전에 훈춘, 지린, 하얼빈으로 이동했다. 다른 일부는 이후에 극동에서 소비에트연방에 위협이 되었던 만주 군벌 장줘린이 이끄는 군대에 가담했다. 비록 지면의 한계 때문에 여기에서 상세하게 다루지는 못하나, 일본 제국주의에 대한 태도에 있어서 반일/친(親)적군 성향의 한인 파르티잔들과 볼셰비키 사이에 복잡한 관계가 있었음을 또한 염두에 두어야만 한다. 이는 1937년에 이 국경 지대의 한인 정착지들을 없애는 데 직접적인 요인이 되었다.

현재 프리모르스키 크라이의 남서부 지역의 '무인 지대'는 인구학적 의미에서뿐만 아니라 지정학적 의미에서도 1937년의 고려인 강제 이주와 긴밀하게 연결되어 있다. 이 강제 이주 전까지 고려인 인구는 현재의 국경 지대가 설정된 지역에 집중되어 있었다. 역사적 연구(Pak 1995; Nam 1998; Chernolutskaia 2011)에 따르면, 하산스키 라이온[2]은 인구의 80% 이상이 한인인 '한인 라이온'이었다. 포시엣스키 라이온에는 1930년대에 53개의 한인 셀소비에트(마을 소비에트)가 있었고, 수하노브카(한국전쟁 기간에 부상당한 군인들을 영웅적으로 돌본 간호사를 기념하고자 1950년대 중반에 츄카노보로 개명)는 프리모르스키 크라이의 현재 국경 지대 안에 있는 7개의 정착지(пункт) 중 하나였다. 비록 이후에 전직 적군 군인들과 그들의

---

2. '라이온'은 한국의 군(郡)에 상응한다. 1930년대 행정구역상 명칭은 '포시엣스키 라이온'이었다.

가족들이 고려인 마을로 재이주하였지만, 다른 많은 마을들은 1937년 고려인 강제 이주로 인하여 폐허로 변했다.

포시엣스키 라이온은 현재 하산스키 라이온으로 불리는데, 그 인구는 슬라비안카(라이온의 행정 중심지)와 어업과 해운업이 주요 경제활동인 자루비노와 같은 소도시 정착지에 집중되어 있다. 경제력이 강한 동부 해안 지역과 지구 내의 침체된 남서 국경 지대 사이에는 뚜렷한 경제적 불평등이 존재한다. 1923년의 국경 획정은 사실 해안 지역을 포함하는 것이었으나, 현재의 법규는 두만강 하구가 표르트 대제 만으로 이어지는 지역 이외에는 이 지역을 제외하고 있다. 국경 지대의 주요한 통제는 이 지대가 '청결'해야 한다는 기본적 원칙하에 '통과 허가증(пропуск)'을 발급하는 것을 통해서 사람과 물자의 흐름을 관리하는 것을 목적으로 한다. 이 청결(отчистки)은 1937년의 고려인 강제 이주로 실행되었는데, 그 사회정치적 함의는 경계를 '청결'하게 유지하고 이 지대 안을 자유로운 야생 상태로 내버려 두고자 하는 것이며, 이는 물리적 국경선의 실제 관리에서 구체적인 방식들로 계속해서 드러난다. 내가 2014년 6월에 훈춘 근처에 있는 중러 국경의 중국 측을 방문했을 때, 나는 철조망 너머에 있는 러시아 측 잡초들이 긴 낫으로 완전히 제거된 것을 볼 수 있었다. 소비에트와 러시아의 서사들에는 '청결한' 경계에 대한 지속적 강조가 있으며, 이 국경의 청결한 상태는 국경 내의 그 지역을 '야생'의 무인지대로 남겨 놓았다.

멸종 위기 종의 행위성: 호랑이와 두루미

한국의 DMZ와 프리모르스키 크라이의 남부, 즉 북러 국경 지대는 그들의 역사 및 현재 관리되는 방식의 차이에도 불구하고 둘 다 생물 다양성을 강조하며, '야생'이라는 개념을 중심으로 재현된다는 공통점을 가지고 있다. 카라킨의 프리모르스키 크라이의 남서부 지역에 대한 묘사(2003)에 따르면, '이 지역은 분류학적으로 놀라울 정도로 고도의 생물 다양성을 가지고 있으며,' 주목할 만한 멸종 위기 종들인 표범, 호랑이, 두루미 등이 이 국경 지대에서 발견된다. 이 두 국경 지대에서의 생물 다양성에 대한 서사 또한 유사한데, 각각 그 나라(남한) 및 지역(프리모르스키 크라이)의 나머지와 대비되는 고도의 생물 다양성을 강조한다. 호랑이는 이 국경 지역보다 더 북쪽에서도 흔하게 발견되는 반면, 표범은 두만강 지역의 두루미들처럼 이 국경 지역에 유일하다.

그러나 두 국경 지대에서 모두 중시하는 상징적인 종으로 알려진 호랑이와 두루미 사이에는 흥미로운 상징적 비대칭과 대비가 있다. 비록 과거 일본 제국주의에 의해서 도입된 근대화 이전에 시베리아 호랑이[3]들이 한반도 전역에 다수 존재했다고 하더라도, 현재는 오직 러시아 극동의 야생에만 존재하는 것으로 알려져 있다. 한반도에서의 멸종 이전에 이 시베리

---

3. 러시아, 적어도 극동 지역에서는 '아무르' 호랑이로 불린다.

아(아무르) 호랑이들은 남한에서 '백두산' 호랑이, 북한에서는 '조선' 호랑이로 불렸다. 남한에는 52마리의 '백두' 호랑이가 동물원에 있고, 북한에는 10여 마리가 있다고 보고되었다. 극동의 야생에는 2014년 5월, 푸틴이 중국 동북 지방과 러시아 극동 사이의 국경에 추적 장치를 달아서 풀어 준 3마리의 호랑이를 포함하여 약 400마리 정도의 호랑이들이 있다고 추측된다. 남한에서 야생 백두 호랑이가 사라진 것은 종종 DMZ의 존재 및 일본 제국주의가 도입한 근대화 탓으로 여겨지고는 한다. DMZ 장벽이 없었다면 호랑이는 아마도 계속해서 북으로는 백두, 남으로는 태백산맥까지 뻗어 있는 산줄기를 따라서 자유롭게 돌아다녔을 것이라고 가정한다. 이것이 남한에서의 호랑이에 대한 대중적 내러티브이다. 실제로, 조사자이자 정책 컨설턴트인 피터 헤이에스(Peter Hayes 2010)는 한반도, 중국, 러시아를 아우르는 동북아시아의 생물 다양성 보존 계획을 제안했는데, 이는 멸종 위기의 동물 종들에게 남쪽에서 한반도 너머 북쪽에 이르는 회랑 역할을 할 수 있는, 생태계에 대한 한국의 민속 개념인 '백두대간'을 근거로 한다. 대중들에게 야생 호랑이의 부재는 DMZ라는 장애물로 가로막힌 한반도 분단을 상징하는 것이었는데, 이는 백두산 호랑이와 시베리아 호랑이가 같은 종으로 여겨졌기 때문이다. 한편, 러시아 극동에서 야생 국경 지대를 떠도는 호랑이의 지속적 출현은 러시아의 잠재적인 힘을 상징하는 것이었고, 러시아가 국경 너머의 누구에게도 통제되거나 영향을 받는 것을 거부한다는 푸틴의 메시지이기도 했다. 이러한 의미에서 호랑이는 환경 위기의 시대에 대중적인 이미지로써 주권성을 상징화한다.

한국의 야생에서 사라진 호랑이들은 DMZ라는 현재 분단선의 의미를 확인해 주고 '한국의 미개척지(frontier)'로서의 북에 대한 향수(cf. Schmid 2002)를 보여 줌으로써 사람들에게 한반도와 대륙 사이의 끊어진 관계를 개탄하게 하였다. 그러나 두루미는 자연과 그 자연에 대한 인간 행위성의 성격에 대하여 매우 상이한 메시지를 전달한다. 이는 현재의 지정학적으로 분단된 공간뿐만 아니라 더 중요하게는 인간과 자연이 분리되고 심지어 적대시하는 야생의 자연이라는 개념에 함축된 '잘못된 자연'(Cronon 1995)을 잠재적으로 초월하는 것으로 여겨진다. 환경사학자인 크로농(1995: 80)에 따르면, '생물다양성'과 '멸종 위기 종'이라는 두 핵심 개념에 기초한 야생이라는 개념은 '인간'과 '비인간'이라는 '양극단의 도덕적 척도'를 만들어 내면서 자연을 인간으로부터 매우 동떨어진 어떤 것으로 제시한다. 그 결과는 인간을 비인간으로부터 분리해 내는 양극단의 논리 하에 다른 문화적 차이들과 사회집단들을 포섭하는 것이다. 좀 더 구체적으로, 우리가 크로농의 통찰을 생태학적 낙원인 국경 지대에 적용해 본다면, 이 국경 지대 근처의 주민들은 단지 이 무인 지대에서 '자연'을 위협하는 '인간'으로만 재현될 것이다. 그러므로 생태학이 중요한 이슈가 될 때 국경 지대 근처 주민들의 안녕은 전혀 문제가 되지 않는데, 국제 환경 단체는 1990년대 러시아 극동에서 '호랑이 1마리당 하루에 250불'을 쓴 반면(Sun and Tysiachniouk 2008 참조), 주민들은 탈사회주의의 과도기에 경제 악화로 인한 영양실조로 고통 받았다. 그러므로 이런 종류의 '야생성'이라는 개념은 현재의 반평화적 냉전 도식을 공고히 하며, 이는 최근 멕시코와 접한 미국 국경의 '자연보호의 무기화'에서도 발견된다.

이러한 측면에서 인류학자 엘리나 김(Eleana Kim)의 한국 DMZ에 대한 연구는 시사하는 바가 크다(2014, 2016). DMZ의 두루미에 대한 민족지적 연구와 이들을 둘러싼 다양한 생태학적 이슈들은 인간과 철새의 삶이 상호 연관됨을 보여 주는데, 그 결과 엘리나 김은 DMZ를 '자연 문화 혼종 공간'으로 부른다(Kim 2012). 즉, 그녀의 연구에 따르면, 두루미의 안녕은 그 공간을 희귀 조류 종들과 공유하고 있는 인간의 안녕과 명확히 분리되지 않는다. 장엄한 아름다움으로 유명한 두루미는 전통적 동아시아 문화에서 중요한 상징이다. DMZ의 생태계에 대해서 아직 어떠한 과학적 연구도 수행된 적이 없을 때, 철새들은 사람들에게 한국전쟁 동안 완전히 파괴된 이 지역의 생태계 복원에 대한 실마리를 던져 주었다. 이 두루미들 중에서 재두루미와 붉은 관 두루미는 멸종 위기 조류들이다. 특히, 붉은 관 두루미는 세계적으로 3천 마리가 안 되는데, 이 붉은 관 두루미 중 1/3이 DMZ에서 겨울을 보내고, 북한으로 날아가서 두만강 하구에서 다시 얼마간 머무른 후 몽골로 날아간다. 이 두루미들과 다른 철새 조류들이 DMZ로 돌아온 것은 남한 정부가 DMZ 인근 농부들의 재정착 프로그램의 일환으로 인공 저수지를 건설했던 1970년대 중반 이후부터였는데, 이는 DMZ 북부의 자연 호수로부터 오는 물의 흐름이 끊겼기 때문이었다. 그 이후로 이 인공 저수지는 조류들의 서식지가 되었다. 또 다른 증거는 1990년대 후반 및 2000년대 초반의 DMZ 남부에서 철새 개체 수가 증가한 것인데, 이 기간 동안 북한은 대기근에 의한 식량 부족으로 고통 받았고 두루미 또한 북한 지역에서 지내기 어려워서 남쪽 지역에 주로 머문 것으로 볼 수 있다. '조류학자와 생태학자들이 농부들에게 수확 후 볏짚들을 내버려 두게 해서 조류들이 남겨진 곡식들을 주워 먹을 수 있게 했던' 이 먹이 공급 프로그램은 이 지역 철새들의 숫자를 증가시키는 데 기여했다(Kim 2012).

안보와 생태학의 상호 연관성

세계의 다른 국경 지대들, 특히 미국 국경에서 생태학 개념은 안보 이슈와 점점 더 밀접하게 연관되고 있다. 여기에서 미군은 갑자기 자연의 감시자이자 보호자로 등장하였는데, 이는 한국 DMZ의 장벽과 유사한 방식이었다. 커닝햄(2010)은 애리조나 남부의 미국-멕시코 국경에 대한 연구에서 미국 연방 정부가 1990년대 중반에 강화 철제 펜스를 세운 이후로 다양한 시민 단체들 사이에서 생태학적 어젠다들이 등장하는 것을 지적하였다. 철책이 쳐진 높은 울타리는 미국-멕시코 국경 근처의 예전 자연보호 구역 자리에 세워졌는데, 이는 인간의 이주뿐만 아니라 다른 종들의 이동에도 장애가 되었다. 그 여파는 인간들의 고통과 생태학적 피해 모두에 미쳤는데, 이 울타리는 생태계를 분리시킬 뿐만 아니라 이주 경로를 밀입국업자들이 정한 먼 사막 지역으로 돌려놓았다. 그 결과, 미국에 들어오기 위해서 사막을 거치게 된 다수의 이민자들이 그 과정에서 사망하였으며, 이민자들이 남긴 쓰레기들은 생태학적 이슈가 되었다. 그러나 커닝햄은 이 보안 장벽이 그 자체로는 국경을 구성하지 않으며 '국경 폐쇄의 한 복합'이라는 타당한 지적을 하였는데, 왜냐하면 '국경은 그것의 물리적 속성뿐만 아니라 일상적 기초 하에 그것의 실제를 구성하는 수많은 정치적, 경제적, 정치적(덧붙여서 생태학적) 관계의 복합이기 때문이다(Cunningham 2010: 129).

특히, 그녀는 국경 통제의 구체적 변화에 깔려 있는 정치경제적 의미를 이해하기 위하여, 새로운 안보 장벽에 대한 분석적 시야를 물리적 국경에 한정하지 않고 더 전반적인 맥락에서 보고자 한다. 커닝햄(2010)에 따르면, 국경을 넘는 흐름을 확대시키는 전 지구화는 미국-멕시코 국경에 안보 장벽을 세우는 것과 함께 진행되어 왔다. 일례로 전 지구화의 지역적 변이로서 1994년의 NAFTA(북미자유무역협정) 체결은 멕시코 국민경제를 약화시켰고, 그 결과 경제 붕괴로 인한 멕시코의 일자리 부족은 일자리를 찾는 많은 사람들을 미국으로 이주하게 만들었는데, 이 안보 장벽은 이러한 이민자 증가에 대한 조치였다. 게다가 2001년 9/11 테러 공격 이후 미국 안보 상황의 급격한 변화는 장벽을 강화·확장시켰다. 미국-멕시코 국경에 있는 새로운 철제 장벽들의 비교적 짧은 역사에서, 커닝햄(2010)의 연구에서 제시된 것처럼, 이에 대한 정치의 예상치 않은 '녹색화(greening)'는 높은 철제 장벽이 환경에 미치는 영향 및 생태학적 이슈를 둘러싸고 갈등하는 정치집단 및 시민 조직과 함께 여전히 진행 중에 있다.

국경 지대의 생태학에 관하여 늘어나고 있는 연구 프로젝트들 중에서 멕시코와 접한 남서 애리조나의 국립 야생동물 보호구역에 대한 메이어로또(Meierotto 2014)의 연구에 따르면, 야생 자연은 지역에 대한 철저한 보안 및 인간의 진입을 엄격히 통제하는 미군의 보호 하에 놓임으로써 그녀가 "통제된 공간"으로 부르는 것이 되며, 군사화와 자연보호가 병행하여 진화하는 과정의 일부임을 보여 준다. 원래 국립 야생동물 보호구역을 둘러싼 군사기지는 냉전 시기 동안 미군들이 이라크와 아프가니스탄 전쟁에 파병되기 전에 군사훈련을 받는 장소였다. 그 후 군사기지는 야생동물 보호구역과 합쳐져서 고도로 군사화된 자연보호 구역으로 바뀌었다. 야생 자연은 인간의 개입을 방지하기 위하여 장벽으로 보호해야 할 어떤 것이 된 셈이다. 그 결과, 국경 지대의 녹색 지역은 확장되었고 미국-멕시코 국경은 더 고도로 보호되었다.

러시아의 국경 지대 또한 많은 지역에 폴리곤(полигон)이라고 불리는 군사기지들이 위치해 있는데, 여기에는 군사시설들이 위치해 있고, 시민들의 접근을 금지한 채로 군사훈련이 진행되고 있다. 물론 한국 DMZ가 더 극도로 군사화되고 중무장되어 있음은 말할 필요도 없다. 특히, DMZ 내에 수백만 개도 넘는 지뢰들의 존재가 인간들의 출입을 막고, 심지어 그것들이 군사기술적 물체임에도 불구하고 생태계의 일부가 되어 자연환경을 보호하는 것으로 여겨지는 것은 아이러니하다(Kim 2016 참고). 그러나 심지어 가장 무시무시하고 파괴적인 지뢰의 행위성도 '지뢰와 인간의 상호작용(intra-action)'으로 '분산(distributed)'될 수 있는데, 이는 지뢰의 (비)활성화가 인간의 행위성과 밀접한 관계에 있다는 것을 의미한다(Kim 2016: 181). 즉, 엘리나 김(2016)에 따르면, 같은 활동 영역에서 인간과 지뢰의 존재를 상관관계적으로 만드는 '상호작용,' 즉 지뢰가 그 자체로 나타나는 것이 아니라 폭발 위험을 안은 채 가까운 거리에서 인간이 공존하는 것은 새로운 정치적 가능성을 연다. 그것은 (인간이 들어가는 것을 막음으로써) 지뢰의 군사적 목적을 무화시키는데, 이는 인간과 지뢰가 두 행위자가 가지는 행위성의 팽팽한 균형을 유지하면서 공존할 수 있는 바로 그 순간에 가능하다.

에스코바르(Escobar 1999)는 사회적 자연의 세 가지 다른 체제가 서로 얽혀 있는 '삼분 모델'을 제안하는데, 이는 "유기적 자연"(인간과 자연 형태 사이의 연결에 대한 생태학적 관점), "자본주의적 자연"(대상화, 관리, 천연자원의 채취), 그리고 "기술-

자연"(신유전학처럼 사회와 자연을 재창조하는 생문화적bio-cultural 기술들을 포함)이다(Escobar 1999: 2, Masco 2004: 533에서 인용). 나는 이 모델에 '지정학적 자연'이 추가되어야 한다고 생각하는데, 이는 커닝햄의 '차단된 생태계(gated ecology)' 혹은 '국경-생태 교차점'(2010)과 같은 개념과 상당히 유사하다. 이 차단된 국경이 흥미로운 점은 이것이 제기하는 상당히 배타적이고 부정적인 의미에서의 인간 행위성에 대한 질문이다. 이는 이 글의 서두에서 간략하게 논의한 것처럼, 인간 행위성의 개념이 다르게 형성되어 있었던 인류세의 시대에 그 설명력을 얻었던 것이다.

맺음말

안보와 생태학 사이의 강력해진 상호 연계로부터 나타난 것은 다른 사회 집단 사이의 공유 및 공생의 이야기인 역사의 제거를 따라서 분할된 지구이다. 크로농(1995)의 작업으로 다시 돌아가면, 그는 야생이 '유일무이한 진짜 자연'이라는 개념은 실상은 문화적 구성이라고 주장한다. 미국의 야생에 대한 문화적 구성(이는 현재 전 지구적으로 매우 지배적이며 대중적이다)에 있어서 핵심적 문제 중 하나는 이 야생 자연을 만들어 낸 바로 그 역사의 제거에 있다. 실제로 한 번 생태계가 차단되고 국경 지대가 무인 지대가 되면, 자연 파괴의 역사, 인간의 퇴거, 과거 국경 지대에서의 갈등은 그 의미를 잃고 현재 그 지역의 야생 자연에 의하여 잊히게 된다. 야생 자연에서 희미해진 것은 국경을 넘으려고 시도했던 5,000명이 넘는 멕시코 이민자들의 죽음, 한국전쟁에서 수백만에 달하는 민간인의 죽음, 1937년 러시아 극동에서 일어난 170,000명이 넘는 고려인들에 대한 대량 강제 이주이다. 역사는 과거에 대한 공유된 기억이지만, 그것은 고통스럽고 잔혹한 행위로 가득 차 있을 수 있다. 정치의 생태화에 의한 역사의 제거로 인하여 기억은 그 장소를 잃고, 자연은 인간 공동체를 분리시키는 광범위한 금지 지대가 된다. 이것이 안보와 생태학에 대한 이슈가 매우 중요한 도덕적 질문인 이유인데, 이는 잘못된 것이긴 하나 생태학적 질문들이 가장 높은 위치를 점하는 그럴듯한 도덕적 가치의 위계를 만들어 내었기 때문이다. 녹색 이데올로기는 냉전 종식 이후 인류세의 담론에서 최고 지위를 차지하였다. 이러한 구도 하에 세계는 분리되어 갔으며, 높은 장벽들, 더 중요하게는 자연보호라는 명목 하에 사람들의 마음에 높은 장벽들이 세워졌을 때에만 비로소 경제적으로 발전한 지역의 안녕과 번영이 가능하게 되었다. 이 폐쇄된 국경 지대에서 야생의 자연이 번성하는 동안, 과거사는 녹색의 국경 지대 아래에서 부식되며 자연의 일부가 되고, 다시 식물과 꽃으로 번성하여 피어나고 있다.

참고 문헌

Elena.N. Chernolutskaya. 2011. *Prinuditel'dnye migratsii na sovetskom dal'nem vostoke v 1920 - 1950 -e gg.* [*The forced migrations in the Soviet Far East in 1920s-1950s*]. Vladivostok: Dal'nauka [in Russian].

Cronon, Willliam. 1995. "The Trouble with Wilderness, or, Getting Back to the Wrong Nature." In *Uncommon Ground: Rethinking the Human Place in Nature*. William Cronon, ed. pp. 69-90. W.W.Norton.

Cunningham, Hilarly. 2010. "Gating Ecology in a Gated Globe: Environmental Aspects of Securing our Borders." *In Borderlands: Ethnographic Approaches to Security, Power and Identity*, edited by Hastings Donnan and Tom Wilson. University Press of America.

Hayes, Peter. 2012. "Sustainable Security in the Korean Peninsula: Envisioning a Northeast Asian Biodiversity Corridor." Seoul: the Korean Association of International Studies.

Kim, Eleana. 2014. "The Flight of Cranes: Militarized Nature at the North Korea–South Korea Border." In: *Asian Environments: Connections across Borders, Landscapes, and Times.* edited by Ursula Münster, Shiho Satsuka, and Gunnel Cederlöf, RCC Perspectives, no. 3, 65-70.

Kim, Eleana. 2016. "Toward an Anthropology of Landmines: Rogue Infrastructure and Military Waste in the Korean DMZ." *Cultural Anthropology* 31, no. 2 (May 1, 2016): 162-87.

The Korea Foundation. 2010. *The DMZ: Dividing the Two Koreas.*

Korea Essentials 3. Seoul: Seoul Selection.

Latour, Bruno. 1993. *We Have Never Been Modern*. Cambridge: Harvard University Press.

Latour, Bruno. 2015. "Agency at the Time of the Anthropocene." *New Literary History* 45, no. 1: 1–18.

Martin, Terry. 2001. *The Affirmative Action Empire: Nations and Nationalism in the Soviet Union, 1923-1939*. Ithaca and London: Cornell University Press.

Masco, Joseph. 2004. "Mutant Ecologies: Radioactive Life in Post–Cold War New Mexico." *Cultural Anthropology* 19(4): 517–50.

Purdy, Jedediah. 2015. *After Nature: A Politics for the Anthropocene*. Cambridge, Massachusetts: Harvard University Press.

Sun, Yanfei, and Maria Tysiachniouk. 2008. "Caged by Boundaries? NGO Cooperation at the Sino-Russian Border." In *China's Embedded Activism: Opportunities and Constraints of a Social Movement*. Peter Ho and Richard Louis Edmonds, eds. Pp. 171–194. London and New York: Routledge.

Zalasiewicz, Jan, Mark Williams, Will Steffen, and Paul Crutzen. 2010. "The New World of the Anthropocene1." *Environmental Science & Technology* 44, no. 7: 2228–31.

다른 방식으로 번역하기

틈새/망령/균열로서의 경계

제인 진 카이젠

> 우리는 어떻게 경계를 넘는가? […] 경계 너머에서
> 도 전율하지 않는 사람은 경계의 존재를 모르고 자
> 기 정의에 의심을 품지 않는다.[1]

경계에서의 실천으로서의 예술 — 번역 공간으로서의 경계

경계는 번역과 쟁점 사이의 공간이다. 번역은 어원상 '가로
질러 옮기다' 혹은 '가로지르다'라는 의미이다. 그러나 나는
경계 넘기와 번역이 이음새 없이 매끄럽게 넘어서려는 노력이
라기보다는, 인식과 의미-창출의 불확실한 관계성을 강조하

---

1. Hélène Cixous, *Three Steps on the Ladder of Writing*, transl. Sarah
Cornell and Susan Sellers, Columbia University Press, New York 1993,
p. 131.

그림 1. DMZ를 넘은 여성들: 2015 한반도 평화를 위한 여성 걷기 대회, 2015년 5월 17-25일

는, 상이하고 종종 상반되기도 하는 일련의 기억, 감각, 시각을 그려 내는 공간을 경계라고 생각한다.

나의 예술 활동은 '다르게 번역하기'의 한 시도이다. 즉, 비판적 성찰, 대화, 타협의 공간을 창출해 내려는 열망을 가지고 끊임없이 질문함으로써 만들어지는, 경계에서의 실천이다. 나에게 이러한 '다르게 번역하기'의 실천은 학문들을 가로지르는 미학적 매개들과 장르들이 교차하는 지점에서, 지배적인 사회·문화·정치적인 현실들과 주변적인 현실들이 합류하는 지점에서 펼쳐지는 탐구 양식이자 미학적 접근이다. 경계가 명확히 드러내는 담론들과 트라우마적 반응에, 그리고 경계인이 경계에 거주하는 방식과 경계의 취약한 한계에 의문을 제기하는 방식에 관심을 가질 것이다. 이를 통해 경계를 넘어서는 것만이 아니라, 선험적 지식과 관점에 도전할 수 있을 것이다. 이로써 경계 자체만이 아니라 우리들이 보고 기억하는 방식인 정신적 경계가 구조화되는 방식을 섬세하게 성찰하고 대화할 수 있는 공간으로서 경계가 열릴 것이다.

이 글에서 나는 남북한을 나누는 DMZ의 경계 넘기에 대해 언급하면서, 동시에 기억, 재현, 인식의 미학과 정치학을 예술적으로 고려하는 방식에 대해 성찰할 것이다. 이것은 실천으로서 경계 예술이 '다르게 번역하기'가 될 수 있는 방식을 고찰하는 것이기도 하다. 다시 말해, 나의 예술이 인정(認定)의 윤리학과 미학을 바라보고 섬세하게 성찰하는 또 다른 방식들을 제공할 수 있을 것이다.

경계 넘기

분단 후 70년이 되는 2015년 5월 17~25일, 나는 6개 대륙 16개국에서 온 30명의 여성 대표의 일원으로서 북한에서 출발해 DMZ를 넘어 남한으로 들어왔다. 시각 예술가인 나뿐 아니라, 영화감독을 비롯해 노벨 평화상 수상자 두 명, 인권 변호사, 여성학자, 역사학자, 평화와 사회정의 활동가가 참여했다. 대표단은 비무장화와 국제 평화 협상에서 여성의 역할을 강조하면서, 공식적인 종전을 의미하는 남북 간의 평화협정이 필요하다고 주장했다. 여행 중 대표단은 공동 선언문을 만들기 위해 다양한 증언을 들었고 남북 여성 단체들과 만났다.

특별한 노력 없이 세계에서 가장 무장된 경계 중 하나인 DMZ를 넘을 수 있는 사람은 없다. 오히려 DMZ를 바라보는 다양한 힘들과 끊임없이 협상하는 자세가 필요했다. 70년의 남북 분단사에서 외국 민간인이 경계를 넘을 수 있게 허용된 일은 두 차례 있었지만, 공식적인 허가를 얻어 실제 경계를 넘은 것은 우리 대표단이 처음이었다.

대표단의 참여자는 독특한 이력과 경험을 가지고 있었다. 몇몇은 내전을 겪었고, 또 몇몇은 한국, 오키나와, 괌, 필리핀, 라이베리아, 북아일랜드, 멕시코, 과테말라, 콜롬비아, 짐바브웨, 미국 등지에서 비무장화의 해결책을 찾기 위해 노력했다. 대표단 중 약 3분의 1은 이산가족과 망명 등으로 남북 분단의 피해를 경험한 디아스포라 한국인들이었다.

나는 2001년 제주도에서 한국의 가족들과 재회한 후, 국외 입양 예술인, 학자, 예술가 집단에 관여하게 되었다. 이후 지난 15년간 한국전쟁과 남북 분단이 미친 영향에 대해 개인적·예술적 탐구를 해 왔고, 이러한 탐구의 끝에 나는 이 여행에 참가하게 되었다. 이러한 경험 때문에 나는 국외 입양의 역사적·사회적·정치적 토대를 한국전쟁과 연관된 양상으로 고민하게 되었는데, 이는 국외 입양을 비역사적인 것으로 바라보는 지배적인 표상들과 충돌하는 것이다. 한국의 국제 입양이 한국의 군사적인 근대성과 얼마나 복잡하게 엮여 있는

지 검토하는 과정에서 나는 개인 트라우마를 집단 트라우마와 연결하기 시작했고, 국외 입양을 식민성, 전쟁, 군사주의, 이민이라는 또 다른 역사적 조건들과 관련시킬 수 있었다. 젠더와 디아스포라의 관점에서 나는 공적 담론에서는 금기시되고 침묵하는 경향이 있던 경험들의 반향들을 발견할 수 있었다. 이에 나는 군 매춘, 과거 '위안부' 문제, 1948년 4월 제주 3차 봉기와 대학살을 둘러싼 문제를 예술적인 측면에서 다루게 되었다.

지난 수년간 나는 남한을 종종 방문해 전쟁 유산에 주목해 왔다. 북한은 DMZ를 넘는 여성 대표단에 참여하면서 처음 방문할 수 있었다. 역설적이지만, 국외 입양으로 내밀한 가족 관계를 잃어버리는 대신 덴마크 국적을 얻을 수 있었고, 이 때문에 나는 분단과 이산의 상징인 남북한의 국경을 넘을 수 있었다.

한국에 돌아와 가족과 재회한 것과 북한을 여행한 것은 모두 나에게 넘을 수 없다고 여겨졌던 정신적, 신체적 경계를 초월하는 계기가 되었다. 두 경험은 내가 알고 있던 것과 당연시 여기던 것에 대해 다시 생각하게 만들었다. 경계에 서서 경계의 양측에서 공명하는 트라우마를 경험하는 것은 아물지 않는 상처를 마주하는 감각인 동시에 내 주체성의 조건이면서 예술적 탐구의 원천인 원초적 장면(primal scene)으로서 분단과, 여전히 세계 정치의 수준에서 움직이고 있는 분단과 만나는 감각이었다. 결국 우리는 물리적 경계를 넘을 수 있었지만, 냉전 논리가 그어 놓은 의심과 적대의 경계를 넘는 것은 훨씬 더 어렵다는 점을 분명히 알 수 있었다.

붉은 필터: 경계를 가로지르는 응시와 재현의 정치학

나는 덴마크로 돌아와 그 경험을 이해하는 나만의 방식으로 작품을 만들기 시작했다. 나는 우리에게 보여 준 것을 모두 촬영할 수 있었고, 많은 이미지를 가지고 돌아왔다. 그러나 나는 이미 알려진 북한의 의미를 부각시키지 않는 방식에 대해 고민했다. 북한의 시각적 재현과 관련한 고민들은 여행에서 돌아와 얼마 뒤에 쓴 일기에 나타나 있다.

그것은 무엇처럼 보이는가? 김일성과 김정일의 사진은 곳곳에 있는가? 지속적인 통제를 받고 있었나? 거리에서 군사 행진을 볼 수 있었나? 영상을 찍을 수 있었나?

북한에 대한 일반적인 가정과 재현을 어떻게 넘어설 수 있는가? 즉, 이 나라에 대한 수많은 클리셰를 확인하거나, 보여 주는 것과 보여 주지 않는 것 사이의 뚜렷한 경계를 무디게 만드는 시각적인 페티쉬와 함정을 극복하는 방식은 무엇인가? 냉전 이후에도 지속되어 온, 성공적으로 구축된 북한에 대한 견고한 편견들을 어떻게 넘어설 수 있을까? 그것들을 넘어서는 새로운 이해는 시도하기도 전에 실패할지도 모른다.

붉은색 필터로는 현재 세계 질서에 이상한 자취를 남기며 버텨 가고 있는, 지구상에서 가장 고립되고 혐오스럽고 조롱 받는 국가에 대한 어떠한 명확한 관점도 제시할 수 없다. 나는 어떤 사진도 사용하기를 주저했고, 사용할 이미지가 없다는 것 자체가 이미 종속된 것이기도 하다. 나사(NASA) 인공위성이 찍은 북한의 이미지는 북한이 남한과 얼마나 다른지를 대조적으로 보여 준다. 본질적으로 볼 수 없거나, 인터넷의 설명문에는 '당신은 심지어 우주에서도 공산주의를 볼 수 있다'고 말하며 빈 공간으로 처리된다.

이미지는 볼 수 있는 것과 인지할 수 있는 것을 구조화한다. 이미지는 촬영자의 관점과 촬영 당시의 조건들을 보여 준다. 그러나 이미지가 배포되어 유통되기 시작하면, 이미지의 의미는 관찰자가 독해하는 맥락에 따라 달라진다. 이로 인해 이미지는 번역의 공간을 만들어 내고 동일한 이미지가 완전히 반대의 목적이나 수단으로 사용되기도 한다. 잠복한 국제 저널리스트와 영화 제작자는 때로는 북한이 만든 군사 행진, 리더십, 집단체조, 어린이 공연 등의 흔한 이미지들을 냉전의 렌즈를 통해 보는 경향이 있다. 냉전의 렌즈는 계속 반복되어 나타나 마치 매우 중립적인 것처럼 변해 간다. 권력을 과시하려는 북한은 이러한 유형의 이미지를 유지함으로써, 경외감, 민족적 자부심, 일체감을 심어 주려 한다. 반면, 이러한 이미지들이 외부로 유통되면 억압과 북한 체제에 대한 공포를 의미하게 되어, 흔히 반대편인 자본주의 질서를 공고히 하는 수단이 되기도 한다. 동일한 이미지가 특정한 번역 권력 내에 각각 갇히게 되는 것이다.

외국인이 찍은 또 다른 종류의 북한 이미지들은 보여 주는 것과 드러내려는 것의 페티쉬 위에 있다. 보통 저널리스트나 촬영 작가가 북한의 공식적인 재현 이면에 얼마나 접근할 수 있는가가 성공의 척도가 된다. 그러나 그들이 드러내고자 하는 것은 국제사회의 비난을 지지하는, 또 (북한) 시민들의 인간성이 없어 보이게 만드는 공식적인 이미지들과 거의 다르지 않다.

폴 비릴리오(Paul Virilio)[2]는 시각을 우선시하는 시각 중심주의가 전쟁, 정복과 밀접하게 연결되어 있다고 주장한다. 본래 사진 촬영 장치의 발전은 전쟁 시 적의 영토를 지도로 제작하려는 군사 전략적인 필요가 중요한 동인이었다. 한편, 위성, 드론 장치들 역시 군사 이미지 기술이 정교화 됨에 따라 발전하였는데, 이 장치들이 찍은 이미지는 또 다른 범주의 북한 이미지를 구성하고 있다. 이러한 유형의 이미지들은 아직 분류되지 않은 영역을 정복하려는 오랜 페티쉬와도 관련이 있다. 안젤름 프랑케(Anselm Franke)가 말했듯이, "서구의 식민화 초기부터 소위 '근대성의 선봉'이라 불리는 것들은 지도 제작

2. Paul Virilio, *War and Cinema: The Logistics of Perception*, Verso, 1989.

기술 그리고 분류 기술과 함께 발전했다."[3] 마지막 냉전의 최
전선인 북한 이미지에 대한 시각 중심적 페티쉬는 이미지 기
술의 진보와 지도 제작 기술의 발전이라는 계보 속에서 해석
될 수 있다.

이처럼 북한 이미지의 생산과 재현이 경합하는 영역 속에
서, 나는 외부에 유통되는 북한 이미지들의 제한적인 틀을 인
정하면서도 새로운 성찰을 위한 관점을 만들어 내야 했다. 삼
성 리움미술관에서 전시했던 최근 작품인 〈구멍 | 유령 | 균열
(Apertures | Specters | Rifts)〉(2016)에서, 나는 이러한 제한적인
틀을 관람자와 이미지 사이에 바로 붉은 필터를 넣는 방식으
로 다루기로 결정했다.

〈구멍 | 유령 | 균열〉은 세 폭짜리 조명 상자이다. 전시장의
뒷벽에 걸어 놓았다. 수평으로 놓인 붉은 물체는 벽을 구획하
는 선처럼 보이지만, (5미터가 넘는 길이임에도) 전시실 공간의
크기 때문에 멀리서는 명확히 보이지 않는다. 멀리서 보면 하
나하나 객관적으로 분리되어 있는 것처럼 보이지만, 조명 상
자나 그 안의 사진들을 눈여겨보지 않으면 분간하기 어려워
수평으로 놓인 모호한 물결이나 진동처럼 보인다.

3. Anselm Franke, Interrupted Survey: Fractured Modern Mythologies,
exhibition publication by Asia Culture Institute, Korea, 2016. p. 18.

그림 2. 구멍 | 유령 | 균열(Apertures | Specters | Rifts), 2016. 설치 장면, 삼성 리움 미술관. 사진: Byunghun Min / Halo Studio.

분단의 지속성

분단 후 70년이 지나 경계에 접근했던 일은 과거와 현재로 동시에 수렴되는 강한 감정을 느끼는 계기가 되었다. 그리고 북한의 재현 방식에 스며 있는 붉은 필터의 개념을 다루는 것을 넘어 당분간 경계에 주목하기로 결정했다.

나는 여행 중에 내가 참여한 대표단과 유사한 역사적 사건이 있었음을 알게 되었다. 한국전쟁이 한창이던 1951년 5월 17~27일, 18개국에서 온 여성 22명으로 구성된 국제 대표단이 북한을 여행했다. 여성주의 역사학자 프란시스카 드 한(Francisca de Hahn)에 따르면, 당시 북한을 방문한 대표단은 1945년 이후 가장 크고 아마도 가장 영향력 있던 국제 여성 조직인 '국제여성민주연맹(WIDF, The Women's International Democratic Federation)'이 결성한 것이었지만 주류 역사서에는 기록을 찾기 힘들다. 이들은 당시 서구 언론에 거의 보도된 적 없던 북한의 민간인 사상자에 대한 증거를 기록하고 수집했다.

나는 북한에 들어간 WIDF 대표단 중 한 명인 덴마크 저널리스트 카테 플레론(Kate Fleron)의 저서 『북한으로부터(*Fra Nordkorea, From North Korea*)』를 국립 덴마크도서관에서 찾을 수 있었다. 이 책은 저자가 여행에서 돌아온 다음 해에 개인적으로 제작한 한정판 출판물이었다. 일종의 회고록 형식으로, 대표단에 참여했던 자신의 경험을 토대로 냉전의 기운, 전

그림 3. 방북 대표단, 1951년 5월 17~27일. 국제여성민주연맹

쟁이 드러낸 불균등한 기억들을 성찰적으로 서술하고 있다. 나아가 한국전쟁이 내전이었을 뿐 아니라 제2차 세계대전 이후 주요 강대국의 패권 다툼의 장이었다는 점도 잘 보여 주고 있다. 이 책에는 글 외에도 북한에 들어간 WIDF 대표단의 사진이 많이 실려 있다. 거의 65년이 지났지만, 이 책의 내용은 지금도 여전히 유효하며, 2015년 내 여행과 여행 이후의 경험과도 상통했다. 이 책의 사진들은 내가 기존에 접했던 책들과는 매우 다르게 북한의 상황과 사람들을 묘사하고 있다. 일상적인 여성 모임들, 슬픔에 빠진 여성, 아이를 간호하는 여성 등을 비롯해 항공사진이 아니라 매우 근거리에서 촬영된 파괴

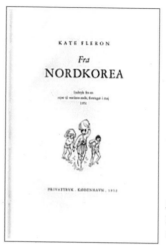

그림 4.
Kate Fleron, *Fra Nordkorea*
(From North Korea), 1952

된 건물, 공동묘지, 민간인 행렬 등을 담고 있다. 나는 플레론의 저서에 실린 사진들과 내가 여행에서 찍은 사진들 중 분위기상 일정한 관계가 있는 것들을 선별해 병렬해 보기로 했다.

구멍 | 유령 | 균열

〈구멍 | 유령 | 균열〉을 가까이 들여다보면, 붉은 아크릴 시트 뒤 조명 상자 안에 놓인 일련의 흑백사진들을 볼 수 있다. LED 조명을 뒤에서 비추어, 붉은 아크릴 표면은 관찰자와 사

진 사이에서 필터 혹은 스크린으로 바뀐다. 작품의 제목 〈구멍 | 유령 | 균열〉은 경계가 다층적이고 양면적인 번역을 촉발시킨다는 개념에서 붙였는데, 열린 관점을 의미하는 구멍 (apertures),[4] 부딪히는 기억, 실현되지 않은 열망을 의미하는 유령(specters), 물리적 심리적 균열(rifts)을 벌리는 상처의 의미를 불러일으킨다.

구멍으로서 경계

구멍은 열린 부분, 틈새, 통로이다. 사진에서 구멍은 빛이 지나가는 렌즈 조리개의 열린 부분을 의미하는데, 이 구멍의 크기는 사진 속 현장의 깊이에 영향을 미친다. 사진기는 인간의 눈과 유사한 측면을 가지고 있다. 렌즈 구멍을 더 작거나 더 크게 만드는 구멍의 덮개는 동공을 크거나 작게 만들어 빛의 양을 조절하는 인간의 홍채처럼 움직인다. 경계에 대한 은유로서 조명 상자는 크기가 변하는 구멍과 밀접한 관계가 있다. 경계에 접근하면서 구멍이 변환하는데, 붉은 빛에 의해 변화하는 관찰 조건에 맞춰 조리개가 확장되고 재조정된다. 가까워지면 스펙트럼 내의 색이 강해지기도 하고 사라지기도 한다. 조명 상자 내부의 사진들은 크기가 약 5x8센티미터 정도

---

4. Michelle Dizon's notion of aperture in her PhD dissertation *Vision in Ruins*, University of California Berkeley, 2011 참조.

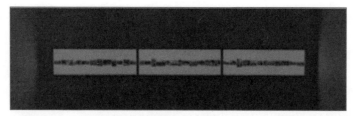

그림 5. Apertures | Specters | Rifts, 2016. 설치물(상세), 삼성 리움미술관. 사진: Byunghun Min/Halo Studio.

로 작다. 자세히 보려면 아주 가까이서 조명 상자의 필터를 통해 나오는 붉은 빛에 빠져들 필요가 있다.

북한과 경계에 대한 지배적인 표상은 보통 매우 남성적이며 군사적이다. 이는 관찰자가 복잡한 감정을 느끼지 않을 만큼 여러 위협으로부터 안전이 확보된 거리에서 전쟁 기계라는 렌즈를 통해 바라본 이미지들이다. 반면, 나는 성 역학적이고 디아스포라적인 동시에 영속적인 시간의 관점에서 분단에 접근한다. 붉은 필터를 은유로서 사용하고 한국전쟁기와 분단 후 70년간의 사진을 병렬하는 작업을 통해 경계가 일종의 변화하는 구멍임을 제시하고자 했다. 나는 경계가 먼 거리에서는 추상적으로 보인다는 점을 현상적인 감각을 통해 전달하는 데 관심을 두었다. 그러나 경계에서는 경계를 긋는 사건으로, 불확실성과 불안의 매우 감정적인 공간으로 구현함으로써, (관찰자는) 점점 더 깊이 빠져 들어가 전망과 관점의 변화가 만들어 내는 긴장을 경험하게 된다. 경계에 접근하면서, 렌

그림 6. Apertures | Specters | Rifts, 2016. 설치물(상세), 삼성 리움미술관. 사진: Byunghun Min / Halo Studio.

즈 구멍은 점점 상이한 시간과 지리적 공간에 접근하는 통로가 되고, 상이한 관찰 방식과 다른 계보가 수면 위로 떠오르게 된다.

유령으로서 경계

유령과 유령이 반복적으로 출몰하는 공간으로서 경계라는

개념이 여행 중에 떠올랐고, 나는 분단 문화를 물려받는다는 것이 무엇을 의미하는지에 대해 반문하게 되었다. 분단의 편견, 편집증, 지속성은? 유령의 관점에서 기억의 정치학에 접근하는 것은 무엇을 의미하는가? 나는 자크 데리다(Jacques Derrida)가 유령 개념을 발전시킨 『마르크스의 유령들』을 다음과 같이 인용한다.

고수(固守), 대화, 동료들, 동료애에서, 유령과의 거래가 없는 거래에서 유령과 함께 사는 것을 배우는 것. 다른 방식으로 그리고 더 낫게 사는 것. 아니, 더 낫진 않지만 더 정의롭게. 그러나 유령들과 함께. 타자와 함께하는 존재 없이는, 이것 없이는 사회(socius)가 없다. 이는 함께하는 존재를 일반적으로 이전보다 더욱 불가사의하게 만든다. 그리고 이 같은 유령과 함께하는 존재도 역시, 마찬가지로, 기억의, 유산의, 세대의 정치이다.[5]

유령은 끝나지 않은 일의 기호이다. 유령은 마무리되어야 하는 것에 대한 부름이다. 한국전쟁의 교착 상태가 지금도 계속 출몰하고 있고, 유령의 우물이 경계의 공간에서 나타난다. 카테 플레론의 책 속 사진들은 나와 유령처럼 공명했다. 그리고 유령에 사로잡힌 듯한 그 사진들을 내가 최근 북한에서 찍은 사진과 병치했을 때, 무언가 말하는 것처럼 보이기도 했다.

5. Jacques Derrida, *Specters of Marx: The State of Debt*, The Work of Mourning & the New International, exordium xvii-xviii.

두 여행에서 찍은 사진들을 흑백으로 인화해 가까이서 봐도 서로 유사해 보이지만 구별 가능하다. 그러나 나에게 과거의 사진과 현재의 사진들 둘 다 부정확성과 초시간성의 분위기를 자아낸다. 두 사진들은 계속 정적인 상태로, 동시간대는 아니지만 시간과 공간 사이에 있는 것처럼 보인다. 조명 상자에서 뿜어 나오는 붉은 빛은 사진을 현상하는 암실을 연상시키면서 이미지의 유령 같은 속성을 강조한다. 붉은 빛은 인화지가 민감하지 않은 가시 스펙트럼이기에 안정적인 빛으로 기능한다. 암실의 붉은 빛 아래서 사진들은 불확정적인 상태에 있다. 현상 과정에 있지만, 아직 인화지에 고정되거나 물질화되지 않았다.

사진을 연구하면서, 나는 스스로에게 반문했다. 과연 무엇이 사진의 유령적인 속성을 만들어 내는가? 분단의 지속성은 시간이 분할되어 있다는 느낌과 함께 과거가 끊임없이 되살아나 현존하게 만드는 힘이다. 근대 전쟁 기술의 향상에도 불구하고, 정치적 교착 상태가 진보의 선형적 시간을 사라지게 만드는 것처럼, DMZ의 남과 북, 판문점에서 마주 서 있는 병사들은 나에게 끊임없는 기다림 상태에 있는 것처럼 보인다. 60년에 걸친 사진 속에서 볼 수 있던 것은 모방한 듯 서로 닮은 모습이었다. 즉, 알지 못하는 적들에게 오랫동안 계속되는 비애를 담은 절망적인 슬픔의 얼굴들, 더러운 구덩이와 폐허 옆에서 다음 공습을 기다리는 아이, 적막한 언덕 위에서 배반 행위를 감시하며 참을성 있게 서 있는 군인들처럼 기다리는 모

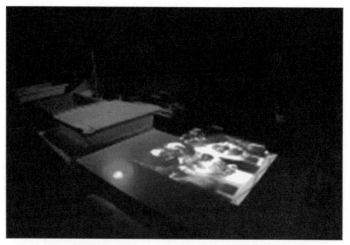

그림 7. 암실(출처: 위키미디어)

습들의 사진들. 모두 결코 풀려날 수 없는 멈춰 버린 시간 속
교착 상태에 영원히 갇혀 있다.

유령을 더 연구하며, 나는 다음과 같이 질문하게 되었다. 실
현되지 않은 채 남아 있는 열망은 무엇인가? 유령이 우리에게
요구하는 것은 무엇인가? 실현되지 않은 채 남아 있는 평화에
대한 열망은 매우 쉽게 잊히고 단념되고 중단된다. 나는 분단
70년이 지나 북한을 방문한 우리 대표단의 관점에서 한국전
쟁 중에 북한을 방문했던 WIDF 대표단을 떠올렸다. 한국전쟁
의 책임과 공모 의식에서 추진된 국제적인 여성 연대와 평화
운동을 회고하며, 장기적이고 다층적인 관점에서 경계를 바라

그림 8. Of Specters – or Returns, study for Apertures | Specters | Rifts, 2016. 투명한 필름에 인화되어 유리판에 올린 두 여성 대표의 사진.
사진: Guston Sondin-Kung

보기 위해 노력했다. 1951년 북한 방문 대표단에 참여한 여성들은 자신들의 전쟁 경험과 복잡하게 연결되어 있는 한국전쟁 와중의 민간인의 고통을 보았다. 독일 점령에 저항하는 덴마크 레지스탕스 운동을 주도한 인사 중 한 명인 카테 플레론을 비롯한 WIDF의 창립자 중 몇몇은 제2차 세계대전 중 유럽 파시즘과 싸웠고 나치 캠프에 끌려가기도 했다. 종전 이후 대표단의 많은 여성들은 전쟁 중 양측 민간인에게 가해진 잔혹행위가 평화를 향한 교훈이 되어야 한다고 생각했다. 여성들은 한국전쟁이 제3차 대전으로 발전하는 것을 두려워하며, 남북 민간인에게 가해진 잔혹 행위에 반대하는 입장에서 한반도를 방문했다.

균열로서 경계

세 번째로 나는 경계를 균열로 생각했다. 상처처럼 경계는 양측에 트라우마를 남기고 경계를 떠나 흩어진 사람들, 즉 디아스포라들도 이를 물려받는다. 균열은 치료되지 않고 더욱 더 깊게 파열되는 경향이 있다. 자기 자신의 상처를 기억하기는 쉽지만 다른 사람의 상처를 기억하기는 어렵다. 종결되지 않은 전쟁 상태로 인해 비상 상태가 지속되고 있다. 이로 인해 경계를 넘어서는 민간 교류가 시도되기는 더욱 어렵다. DMZ를 넘어 남한으로 들어온 뒤, 우리는 다양한 방송 매체를 만났다. 그들은 종종 거들먹거리고 여성 혐오주의자와 같은 태도를 보이면서, 이내 우리의 경계 넘기와 우리가 주장한 평화가 편향되어 북측에 구실을 주고 있다거나 순진하고 섣부른 것이라고 치부했다. 이렇게 함으로써 경계 넘기는 일반적인 분쟁 구조로 이해된다. 한쪽에는 절대적인 인간성을, 다른 쪽에는 비인간성을 부여하는 강고한 경계 유지 기제가 작동되는 것이다.

내가 여행 후 유럽으로 되돌아왔을 때, 시리아 전쟁은 지속되었고, 그와 관련해 경계 구획이 다시 대두되었다. 탈출에 실패해 익사한 채로 터키의 지중해 해안에 떠밀려 온 3살 알란 쿠르디(Alan Kurdi) 사진은 일시적으로 많은 사람들에게 동정심을 불러일으켰다. 그러나 이내 유럽을 방호하는 철조망의 이미지, 무장 경계병의 이미지가 다시 지면을 차지했다. 그리고 독일 민족주의, 사회주의가 부흥했던 1930년대 이후 유례없던 우파 민족주의 감성이 대두되었다. 경제 불황과 대규모 난민 사태에 부유한 유럽 국가들이 미온적인 태도를 취하고 있는 것은 1945년 이후 현재 유럽이 가장 큰 정치 위기에 봉착했다는 징후이다.

경계가 강고해지고 있는 현 상황에서 한국전쟁 당시 북한을 방문한 WIDF 대표단을 회상하는 일은 평화에 대한 열망을 가진 유령들의 소리에 귀를 기울임으로써 전쟁에 대한 대안적인 기억을 그려 내려는 노력이었다. 평화를 향한 그들의 열망이 지속되고 있지만, 한국에서뿐 아니라 유럽 그 어디에서도 아직 실현되지 않고 있다. 두 대표단은 반전 정신에서 구성되었지만, 의구심이라는 균열에 직면하게 되었다. 이 상황은 아프리카계 미국인 역사학자이자 인권 운동가인 두보이스(W.E.B. Dubois)가 1951년 미국의 한국전쟁 참전을 반대하며 했던 말을 떠올리게 한다. "평화는 위험하다. 모든 민중에게는 아니지만 권력과 삶의 기준을 전쟁에 두는 사람들에게는 분명히 위험하다."[6] 〈구멍 | 유령 | 균열〉은 성찰의 전제 조건이

6. W.E.B. Dubois, Peace is Dangerous, November 11, 1951, Special Collections & University Archives, University of Massachusetts

그림 9. 붉은 그림자, 2016 Shades of Red, 2016. 무한정판 영한 포스터. 설치 장면. 삼성 리움미술관. 사진: Byunghun Min / Halo Studio.

되는 타자의 인정을 어렵게 하는 견고한 냉전의 필터를 드러내면서, 구멍으로 혹은 시공간적으로 상이한 경로를 통해 경계에 접근하려는 노력을 보여 준다. 그것은 현재의 정치적 장애로 인해 만들어진 경계 너머의 경계를 상상하는 한 가지 방식이며, 현재 실현되지 않은 부름에 답하기 위해, 실현되지 못한 평화에 대한 열망을 가진 과거의 유령에 가 닿으려는 시도였다.

Amherst.

붉은 그림자 — 막간으로서 텍스트

나는 이미지의 잠재적 현혹을 극복하기 위해, 그리고 이미지를 둘러싼 불균등한 인지 논리에 의문을 제기하기 위해, 이미지에 기대는 것을 주저한다. 이에 나는 다른 방식으로 번역하고 볼 수 있는 성찰적인 시간이나 공간을 만들기 위해 종종 이미지를 텍스트와 함께 병렬해 놓는다. 〈구멍 | 유령 | 균열〉 직후 나는 작품 〈붉은 그림자(Shades of Red)〉를 추가로 선보였다. 그것은 내가 쓴 시를 한 면은 한국어로, 한 면은 영어로 써 넣은 무한정판 포스터였다. 이 포스터는 내가 〈구멍 | 유령 | 균열〉을 만들게 한 일종의 성찰 과정을 글로 표현할 수 있는 기회였다.

포스터에 인쇄된 글은 이미지의 성격을 성찰하는 것과 붉은 색을 다르게 연상하는 것 두 가지를 번갈아 언급한다. 이 글은 대표단이 여행하면서 이미지의 의미가 변화하는 방식과, 보이는 것이 반드시 보는 것과 같지 않고 오히려 기존의 감각을 반영하는 경향이 있다는 점을 설명하고 있다. 이 글 사이사이에 붉은색에 대한 연상이 배치되어 있다. 한반도 분단의 상황에서 붉은색은 공산주의, 공포, 처단의 의미를 갖고 있다. 붉은색은 경고를 지시하는 감정적인 색이며, 사랑이자 분노, 전쟁, 피를 의미하는 양면적인 색이다. 조명 상자 옆 포스터의 텍스트는 붉은 필터를 통해 북한의 이미지와 분단에 접근한다는 인상을 강조하고, 이러한 관점을 넘어설 수 있는 방식에

그림 10. Shades of Red, 2016 포스터. 설치 장면. 삼성 리움미술관. 사진: Byunghun Min / Halo Studio.

대해 문제를 제기하고 있다.

기억의 윤리와 인식의 미학을 향해

두 작품을 통해 나는 북한의 현실을 감추려는 의도는 없었다. 그러나 나는 구멍으로서 경계라는 개념을 통해, 기억에 더 미묘하게 접근할 수 있게 해 주는 또 다른 관점으로 나아갔다. 이는 양측에 새겨진 균열을 회복하기 위한 전제 조건이다. 이것은 유령과 그들의 실현되지 않은 열망에 귀를 기울이는 일이자 자신의 고통뿐 아니라 타자의 고통을 인식하는 일, 전쟁이 만들어 놓은 불균등한 기억, 자신의 책임을 고려하는 일이 된다. 유령은 자신의 윤리, 정치학을 기억에 불러온다. 분단에 대한 미묘한 접근을 위해서는, 기억이 만들어지고 유지되고 보호되는 방식을 다층적으로 고려하면서, 공식적인 역사가 경계 양측에 가한 외과 수술이 남긴 결과, 즉 기억을 추적해 과거와 현재를 함께 재고할 필요가 있다. 『아무도 죽은 적이 없다 — 베트남 전쟁의 기억(*Nothing Ever Dies — Vietnam and the Memory of War*)』에서 비엣 탄 응우옌(Viet Thanh Nguyen)[7]은 정당한 기억을 주장한다. 기억에 대한 동등한 접근과 자신뿐 아니라 타자에 대한, 즉 인간성과 비인간성에 대한 윤리적 인식을 주장한다. 이와 더불어, 국가를 넘어 생각하고 바라볼 수 있는 상상력을 요구했다. 비엣에게 예술은 인지 틀을 변형시키고 새로운 점을 인정하게 만든다는 점에서 정당한 기억에 접근하는 데 중요한 역할을 한다. 기억은 '우리가 지각하는 방식'뿐 아니라 '타자를 인정하는 방식'에서 바라보는 것과 관련되어 있다. 사진의 역할이 지속되고 있는 분단의 상처에 난 균열을 봉합하는 것이 아니라 위로하는 것임을 고려하면, 예술은 관람과 미학을 결합해 윤리학으로, 사회적 영역으로 만든다.

---

7. Viet Thanh Nguyen, *Nothing Ever Dies: Vietnam and the Memory of War*, Harvard University Press, 2016.

필자 소개

최완규

경희대학교 정치학 박사. 북한대학원대학교 총장 역임. 신한대학교 탈분단경계문화연구원 원장. 주요 저서 및 논문: 『글로벌 거버넌스와 북한의 정치경제』, 「북한의 체제전환 전략과 국제협력: 평가와 과제」, 「김대중 정부 시기 NGO 통일교육의 양극화 현상」, 「남북한 통일방안의 수렴가능성 연구: 연합제와 낮은 단계의 연방제」 등.

데이비드 뉴먼

영국 더럼 대학교 지리학 박사. 『지정학』(학술지) 편집인 역임. 이스라엘 벤구리온 대학교 인문사회과학부 학장. 주요 저서 및 논문: *Territory, Boundaries and Postmodernity*, "Middle East Peace and Security," "The Lines that Continue to Separate Us: Borders in Our 'Borderless' World," "Borders and Bordering: Towards An Interdisciplinary Dialogue" 등.

박배균

미국 오하이오 주립대학교 지리학 박사. 서울대학교 지리교육학과 교수. 주요 저서 및 논문: "How to See State Rescaling in Non-Western Contexts," "Territorial Politics and the Rise of a Construction-oriented State in South Korea," 「동아시아에서 국가의 영토성과 예외적 공간: 동아시아 특구의 보편성과 특수성」, 「한국학 연구에서 사회-공간론적 관점의 필요성에 대한 소고」 등.

발레리 줄레조

프랑스 University Paris IV-Sorbonne 지리학 박사. 프랑스 사회과
학고등연구원 부교수. 주요 저서 및 논문: *Seoul, giant city, radian
cities, Debordering Korea. Tangible and Intangible Legacies of
the Sunshine Policy*, 『아파트공화국: 프랑스 지리학자가 본 한국의
아파트』, "the Francis Garnier price of the French Geographical
Society," "Cinema, society and architecture in the Democratic
People's Republic of Korea" 등.

니콜라이 토이플

독일 바이로이트 대학교 지리학 박사. 독일 바이로이트 대학교 문화지리
학연구원 원장. 주요 저서 및 논문: *Von den Wunden der Geschichte
zu den Laboren für das neue Europa? Geteilte Grenzstäte entlang
der polnisch-deutschen Grenze, Grenzforschung im Nexus
Vergangenheit-Gegenwart-Zukunft* 등.

도진순

서울대학교 한국사 박사. 창원대학교 사학과 교수. 주요 저서 및 논문:
『동아시아의 로칼리즘, 내셔널리즘, 리저널리즘』, 「동북아 평화벨트 시
론: 한중일 전쟁 기억, 망각을 넘어 평화의 연대로」, 「왕인 현창의 양면:
민족주의와 식민주의, 연계와 변주」, 「육사의 「절정」: '강철로 된 무지
개'와 'Terrible Beauty'」, 「망각에 이르는 두 가지 길: 일본 가고시마와
한국 남해안의 전쟁 기억」 등.

김성경

영국 에식스 대학교 사회학 박사. 북한대학원대학교 조교수. 주요 저
서 및 논문: *Worlding Multiculturalisms: The Politics of Inter-*

Asian Dwelling, "I am well-cooked food: survival strategies of North Korean female border-crossers and possibilities for empowerment,"「북한이탈주민의 월경과 북·중 경계지역: '감각'되는 '장소'와 북한이탈여성의 '젠더'화된 장소 감각」 등.

최용환

서강대학교 정치학 박사. 경기연구원 연구원. 주요 저서 및 논문: 『한국의 외교안보 퍼즐』, "North Korea's New Leadership and Diplomacy: Legacy and Challenges of the Kim Joung Il Era,"「한국의 통일 정책 평가와 과제」,「남북교류의 구조적 특징과 지방자치단체의 역할」 등.

프랑크 비예

영국 케임브리지 대학교 박사. 미국 UC버클리 동아시아연구소 객원 연구원. 주요 저서 및 논문: *Sinophobia: Anxiety, Violence, and the Making of Mongolian Identity*, "Territorial Phantom Pains (and Other Cartographic Anxieties)" 등.

박현귀

영국 케임브리지 대학교 사회인류학 박사. 영국 케임브리지 대학교 인류학과 고고학과, 몽골과 내륙 아시아 연구원. 주요 저서 및 논문: "One river and three states: the Tumen River triangle and the legacy of the post-socialist transition," "A house of our own: diaspora politics among Koreans in the Russian Far East" 등.

제인 진 카이젠

덴마크 왕립미술아카데미 문학 석사, 미국 LA캘리포니아 대학 순수예술 석사. 덴마크 왕립미술아카데미 시각 예술가. 주요 저서 및 논문:

"Loving Belinda (Published in connection with the solo exhibition Loving Belinda at Galleri Image)," "Revolution is not a bird's eye view ⋯ but a rose is a rose is a rose ⋯ (2-volume artist book published in relation to the solo exhibition Revolution is not a bird's eye view ...but a rose is a rose is a rose...at Office in Denmark)" 등.

번역자

오창현 (1장 데이비드 뉴먼, 10장 제인 진 카이제 번역)
서울대학교 인류학 박사. 국립민속박물관 큐레이터. 번역서: 『지구화시대의 문화정체성』, 『증여의 수수께끼』, 『청바지 인류학』.

서대승 (4장 니콜라이 토이플, 8장 프랑크 비예, 9장 박현귀 번역)
서울대학교 인류학 박사과정 수료. (전) 미국 UCLA 방문연구원. 미국 한인 이민교회의 역사적 형성과 분열 과정에 대하여 연구 중.

최윤경 (3장 줄레조 번역)
이화여자대학교 불어불문학 박사. 중앙대학교 다빈치교양대학 조교수. 주요 저서 및 논문: 「말라르메의 창작의 위기와 거짓말 유희」, 「프랑스 문학과 예술을 활용한 대학 교양교육 사례 연구」, 「프랑스 시와 청춘의 주제-대학 교양교육에서 프랑스 시 읽기」, 「이주자의 초상과 자전적 허구의 구술성」, 『나의 가슴은 표범의 후예』(역서) 등.